공짜는 없다

공짜는 없다

1판 1쇄 인쇄 2022년 10월 28일
1판 1쇄 발행 2022년 11월 10일

지은이 조대근
펴낸이 김미영
펴낸곳 지베르니

디자인 놀이터

출판등록 2021년 8월 2일
출판등록 제561-2021-000073호
팩스 0508-942-7607
이메일 giverny.1874@gmail.com

ⓒ 조대근, 2022
ISBN 979-11-975498-2-3 (93000)

인터넷의 시작과 용어부터 넷플릭스 소송, 국내외 정책 논쟁까지
망 사업자와 콘텐츠 사업자간 쟁점의 허와 실을 밝히다

공짜는 없다

조대근 지음

지베르니

최근 CP가 망 이용대가를 부담해야 하는지 여부를 둘러싼 우리나라에서의 논란을 전 세계가 주목하고 있다. 크게 두 가지 이유 때문이다. 하나는 전 세계 유례없는 소송이 진행되고 있는 점이다. 국내 초고속인터넷사업자인 SK브로드밴드와 글로벌 OTT(Over The Top) 사업자인 넷플릭스는 망 이용대가 지불 여부를 두고 항소심 진행 중에 있다. 이는 전 세계 ICT 업계 및 정책결정자들의 관심을 끌기에 충분한 사건이다. 다른 하나는 입법부의 망 무임승차방지법(안) 발의 움직임이다. 이 역시 전 세계 유례가 없는 법안이라는 점도 놀랍지만 여야가 함께 총 7개의 법안이 발의한 점은 더욱 주목할만하다. 이러한 움직임에 구글과 넷플릭스는 매우 강력한 저항을 하고 있는 중이다.

2019년, SK브로드밴드는 넷플릭스에게 요구한 망 이용대가 협상에 진전이 없자 방송통신위원회에 재정을 신청하였고, 결국 언론을 통해 이 사건은 알려지게 되었다. 이후 3년이 지난 지금도 생산적이고 통합적인 논의가 이루어지고 있지 못한 듯하다. 2020년 저자가 용어의 통일을 주장하며 논문을 발표한 지도 만 2년이 다 되어 가는데 용어의 혼란이 여전한 것이 단적인 예이다.

주지하듯이 양사간 분쟁은 수렴이 아닌 확전으로 나아가는 양상이다. 넷플릭스가 법원에 채무부존재 확인 소송을 제기하여 재정은 중단되었다. 최근에는 국회를 중심으로 망 무임승차방지법(안) 심의가 임박하자 이해관계자들의 움직임 또한 활발해지고 있다. 망 무임승 차방지법(안)을 두고 법안 통과를 지지하는 통신사업자, 법안 통과를 반대하는 콘텐츠사업자는 물론이고 부처별로, 의원 개개인의 의견이 다양해지고 있다.

법안을 두고 다양한 목소리가 제기되고 숙의(熟議) 과정이 진행되는 것은 매우 바람직하다. 문제는 이러한 담론이 충분한 정보를 바탕으로, 공통된 지적 자산 위에서 이루어지는 것이 필요한데 과연 그러한가이다. 저자가 보기에 적어도 이 영역은 그렇지 못한 측면이 있다. 이는 시장에 대한 이해와 충분한 연구에 기반하지 않은 주장이 다투어 제기되면서 벌어지고 있는 불가피한 양상이라고 생각된다.

분명한 것은 지금 이 시기는 정책 형성에 참여하는 이들이 함께 고민하고 토론하고 숙의해 나가기 위한 기초가 될 수 있는 자료가 필요한 시점이다. 이에 일천하지만 그동안 저자가 공부해온 내용을 정리하여 함께 논의할 자료로 제공하고자 한다.

이 책은 다음과 같은 몇 가지 목적을 두고 있다.

첫째, 정책형성에 참여하는 이해관계자들의 생산적인 논의를 위한 기초 자료를 제공하고자 한다. 그동안 알려지지 않았고 인터넷 생태계에 참여한 당사자간에 거래 시장으로 성장해온 CP-ISP, ISP-ISP,

CDN-ISP 사이의 네트워크 연결 상의 관행과 거래 방식이 매우 생소한 점을 감안하여 본서의 전개과정을 시장을 이해하는 것에 중점을 두었다. 소비자가 다양한 상품을 선택할 때 충분한 정보를 가지고 선택(Informed decision)할 수 있도록 하는 것처럼 정책 결정자들이 이 사안에 대해 가능한 많은 자료를 검토하고 정책 형성에 임하도록 지원하고자 한다.

둘째, 혼선을 빚을 수 있는 요소(예를 들어 용어, 법규 등)에 대해서 가능한 해외 문헌 중심으로 정리된 자료를 제공하고자 하였다. 망 이용대가를 둘러싼 논의에서 지속적으로 나오는 문제 제기는 '용어가 통일성이 없고 어렵다', '각종 이론이 혼재되고 충분한 설명이 없어 파편적인 지식만이 오고 간다', '해외 사례, 규제 기관의 결정 문서, 보고서 등에 대한 충분한 정보가 제공되고 있지 못하다' 등 이 사안을 정확히 이해하는데 방해가 되는 요소를 가능한 다루어서 관심을 가진 독자들이 이 사안을 이해하는데 도움을 주고자 하였다.

셋째, 망 이용대가를 둘러싼 다양한 주장 중에 오류가 있거나 명확히 할 필요가 있는 사안에 대해서는 다양한 문헌을 근거로 논증을 하고자 했다. 망 이용대가를 둘러싼 여러 가지 주장을 보면 막연한 두려움을 불러 일으키거나, 직관적으로는 맞는 것 같지만 사실은 그렇지 않은 것, 일부는 맞는 것 같지만 전체 맥락으로 볼 때는 오류가 있는 것 등 생산적인 논의에 방해가 될 수 있는 사안에 대해 검토할 목적으로 작성하였다. 이 때문에 본문에는 해외 문헌의 원문(영어)을 그대로 담기도 하였다. 읽기에 불편하지만 혼선을 줄이기 위해 불가피한 측면이 있었다.

한편 본 서는 현재 발의되어 있는 법안에 대한 평가나 입장에 대해서는 기술하지 않고 있다. 앞으로 국회에서 논의되어야 할 부분이기도 하고 본 서의 목적에 부합하지 않기 때문이다. 다만 향후 시간이 흘러 SK브로드밴드-넷플릭스 소송의 최종 판결 내용이 공개되고, 현재 논의되고 있는 법안의 향배가 결정된 시점에서 본 서의 내용을 보완할 생각이다. 더불어 현재 유럽과 미국에서 진행되고 있는 망 이용대가 관련한 다양한 움직임도 지속적으로 모니터링하고 연구하여 별도의 장으로 정리할 계획이다.

아무쪼록 이 책이 우리나라를 비롯한 여러 국가에서 당면하고 있는 망 이용대가 문제를 지혜롭게 풀어나가기 위한 단초가 되길 바라는 마음이다.

조대근

감사의 글

책을 준비하면서 많은 분들의 도움을 받았습니다. 특히 추천을 해주신 권순엽 변호사님, 권남훈 교수님, 홍대식 교수님에게 감사의 말씀을 드립니다. 책을 내도록 도와주신 지베르니의 김익겸 팀장님, 바쁘신데도 꼼꼼히 검토해 주신 장주봉 변호사님에게도 감사의 말씀을 전합니다. 사랑하는 아내 진희, 수아, 요한이에게 사랑과 감사의 마음을 전합니다. 이 모든 것을 허락하신 하나님 아버지께 감사와 영광을 올려드립니다.

　망 이용대가 논쟁은 어렵다. 복잡하게 얽혀 제기되는 여러 주장들을 듣고 있다 보면 옳고 그름을 판단하기는커녕 어디서부터 갈피를 잡아나가야 할지 혼란스럽기 일쑤다. 그 이유는 인터넷의 기술적 특성과 사업자들의 경제적 이해관계, 정책적, 법적 환경과 역사에 대한 이해가 어느 정도 갖춰져야 논쟁의 초점을 이해할 수 있기 때문이다. 어떤 선진국에서 일어나 이미 정리된 논쟁이 아니라 우리가 하는 결정이 세계적으로도 첫 사례가 될 수도 있는 사안이기 때문이기도 하다. 조대근 박사의 책은 망 이용대가 논쟁을 이해하기 위해 필요한 배경지식은 물론 최근의 논란을 둘러싼 양측의 주장을 자세히 소개하고, 그에 대한 평가를 제시하고 있다. 그의 해석에 동의하는 사람도 있고 그렇지 않은 사람도 있을 것이다. 그러나 이 책의 내용이 망 이용대가 논쟁을 둘러싼 많은 혼란을 걷어내고 중요한 의제에 집중할 수 있도록 도움을 준다는 것은 분명하다. 인터넷 정책에 관심을 가진 사람이라면 가까운 곳에 두고 종종 참고할 만한 책이 한 권 더 늘었다.

권남훈(건국대학교 경제학과 교수)

추천사

1969년 인터넷의 모태 ARPANET이 등장한 지 50여 년이 조금 넘은 지금, 인터넷은 개인에게는 삶의 일부이자 일상 생활의 플랫폼이 되었다. 경제활동 영역에서도 경제 주체들이 웹 기반의 효율적인 사업 관리와 함께, 인터넷 데이터를 활용하는 최적화된 결정 방식으로 경제 생산성을 높여 가고 있다. 이러한 움직임은 모바일 인터넷이 일상이 되면서 더욱 강화되는 추세이다.

인터넷 서비스도 과거 텍스트 기반 서비스에서 영상, 음악, 사진 등이 중심이 되는 콘텐츠 서비스로 진화하였다. 이와 같은 인터넷을 통한 콘텐츠 서비스의 다양화와 함께 지난 10년간 인터넷 트래픽도 폭발적으로 증가하였고, 이를 뒷받침하기 위해 인터넷 전송망 역시 고도화를 거듭하였다. 문제는 메타버스 등의 등장으로 앞으로도 인터넷 트래픽은 지속적으로 증가할 것이고, 이로 인한 망 고도화 노력도 상당 기간 계속 되어야 한다는 것이고, 지속적인 망 고도화 투자를 위해서는 상당 규모의 자금이 필요하다는 점이다.

이렇다 보니, 망 사업자와 대형 콘텐츠사업자들 간에 망 투자 부담 관련하여 분쟁이 발생할 수 밖에 없었고, 최근 우리 국회에서도 뜨거운 논쟁 거리가 되고 있다. 그리고, 한국이 세계가 인정하는 인터넷 강국이다 보니, 우리 국회에서 전개되는 논의에 대해 전세계 규제 당국과 관련 사용자들이 관심을 보이고 있다. 이런 시점에서 조대근 박사의 연구 결과는 매우 시의적절하고 의미 있다고 생각된다.

국내·외 인터넷접속제도의 형성과 진화에 대해 자세히 다루고 있어 충실한 연혁적 이해를 돕고 있고, 국내에서 진행되는 논의 뿐만 아니라 관련 해외 논의도 폭넓게 다루고 있어, 독자들이 사안을 객관적 시각에서 이해하는데 도움이 될 것으로 보인다. 아울러, 망 이용대가 분쟁을 둘러싼 이해관계자들에게 논의의 틀(frame of reference)을 제공하고, 나아가 문제 해결의 시작점이 되기를 기대해 본다.

20여 년이 넘도록 ICT 분야에서 국내·외 규제정책을 연구해온 저자의 노력이 많은 이들에게 잘 전달되기를 바라면서 추천사를 대신한다.

권순엽(법무법인 광장 국제업무대표·변호사)

통신시장은 우리의 일상생활에 깊숙이 스며들어 있을 뿐만 아니라 디지털 경제의 근간을 이루고 있다. 통신시장의 핵심 기능은 '연결'이다. 이 연결을 책임지고 있는 것이 통신망인데, 전통적으로 통신망은 필수설비이면서 자연독점의 성격을 갖고 있다는 이유로 시장에 단순히 맡겨져 있지 않고 정부의 정책적 관여와 규제의 대상이 되어왔다. 1990년대 중반 이후 인터넷의 발전에 따라 통신망을 통해 가치 창출을 담당하는 새로운 참여자가 급증함에 따라 통신망에 대한 관심이 높아졌고, 이는 미국의 팀 우 교수가 주창한 '망 중립성'이라는 대중적인 담론을 낳았다.

이 책은 망 중립성과 대척점에 있다고 볼 수 있는 '망 이용대가'라는 새로운 대중적인 담론에 대한 해설서를 표방하고 있다. 저자가 서문에서 밝히고 있듯이 주된 독자는 일반인이 아니라 정책형성에 참여하는 이해관계인들이다. 디지털 경제를 다루는 대중서는 차고 넘치지만 정작 정책결정자들이 쉽게 접할 수 있으면서 대중적인 담론에 묻히지 않고 실용적이고 맥락에 맞는 결정을 하도록 돕는 덜 무거운 전문서는 부족한 것이 현실이다. 이 책은 통신망 정책 논의에서 생겨나고 있는 빈틈을 적절한 시기에 메워주는 단비 같은 책이다. 저자인 조대근 전문위원은 특유의 꼼꼼한 자료 조사와 복원 능력, 원문에 충실한 논증을 무기로 하여 이 어려운 작업을 해냈다. 특히 통신망 이용관계를 둘러싼 다양한 참여자들 간의 역학관계 변화를 역동적인 인터넷 생태계 발전의 맥락에서 돌아보게 해준 점은 이 책의 백미이다. 필자가 연구 내용을 토대로 제시하는 아젠다와 정책 방향에 대해서 당장은 동의하지 않는 분들도 계시겠지만, 망 이용관계에 얽힌 복잡한 문제를 정책적으로 풀어갈 해법을 찾는 생산적이고 실용적인 논의의 기초를 제공한다는 점에서 이 문제에 관여하는 모든 분들에게 이 책을 읽어볼 것을 추천한다.

홍대식(서강대학교 법학전문대학원 교수)

차례

9부 궁금한 점 다시 보기

10부 결론 및 향후 논의 과제

1

인터넷의
시작과 진화

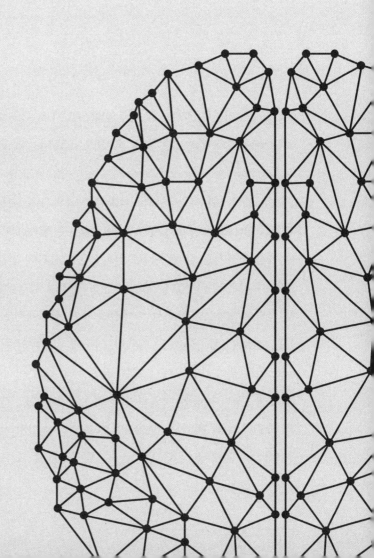

인터넷 시작:
ARPANET과 NSFNET

　인터넷의 기원은 1969년 말 미국 국방부(The United States Department of Defense, DoD) 주도로 개발된 ARPANET(The Advanced Research Projects Agency Network)으로 알려져 있다. ARPANET 개발에 재원을 조달하고 연구한 기관은 미국 국방부 산하의 고등 연구국(Advanced Research Projects Agency, ARPA)이다. ARPA는 ARPANET을 통해 국방부 산하 연구기관 간 컴퓨터를 전화선을 이용하여 연결하는 네트워크를 개발하고자 하였다. 당시는 동서 냉전이 한창이던 때였고, 미국 국방부 고등계획국에서는 핵전쟁 등의 상황에서도 살아남을 수 있는 네트워크를 연구하고 있었다. 연구결과 기존의 회선교환(circuit switching) 방식보다는 패킷교환(packet switching) 방식이 매우 견고하고 생존성이 높음을 확인하였다. 최초의 2개 노드 간의 상호 연결은 1969년 10월 29일 UCLA와 SRI 연구소 간에 있었는데, 이 통신망

그림 1. 미국 ARPANET의 확장(1974년)

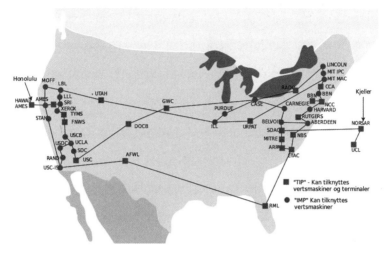

출처: 브리태니커(2021)

을 ARPANET이라고 하였다. 이후 ARPANET은 4개의 서로 다른 장소에 위치한 컴퓨터들을 서로 연결하되 당시 주류인 서킷 통신이 아닌 패킷 통신을 적용하였다.[1] ARPANET은 접속 노드 연결을 지속적으로 확대해 나갔고 그림 1과 같이 미 동부와 서부에 걸쳐 네트워크가 구축되었다.

 ARPANET에 대한 중요한 요청사항 중 하나가 통신에 참여하는 개

---

1 당시 ARPANET에 의해 연결된 기관은 University of California at Los Angeles (UCLA), the Stanford Research Institute (SRI) in Menlo Park, California, the University of California at Santa Barbara (UCSB), the University of Utah which together comprised the Network Working Group (NWG). 등이었다. 회선교환 방식과 패킷교환 방식에 대해서는 제1장 [참고]에서 별도로 설명한다. Cohen–Almagor, R. (2013). Internet history. In Moral, ethical, and social dilemmas in the age of technology: Theories and practice (pp. 19–39). IGI Global.

별 네트워크가 서로 다른 방식으로 운용되고 있더라도 상호 통신이 가능하도록 하는 것이었다. 당시 ARPANET을 이용하려 했던 연구소, 대학, 정부기관 등은 자체 사내 네트워크 및 시스템을 운용하고 있었고 상호호환이 되지 않았다. 이렇게 독립적이고 다양한 형태의 네트워크(Each distinct network) 사이에서 통신이 이루어질 수 있도록 네트워크 간 연결하도록 하는 작업이 필요하였는데 이를 "인터넷팅(internetting)"이라 한다. 이 개념에 충실하기 위해서는 기존의 전화망 이외에 위성을 이용한 통신망이나, 지상의 무선 네트워크 등도 포괄하여 연결해야 했다. 이를 위해 ARPANET은 기존 전화망에서 사용하던 서킷(circuit) 기반의 네트워크가 아니라 데이터 패킷(packet)을 기반으로 하는 네트워크 이론과 시스템을 만들 필요가 있었다.[2]

이를 위해 도입한 것이 개방형 아키텍처 네트워킹(Open Architecture Networking)이다. 즉 연결을 하고자 하는 개별 네트워크 기술이 무엇이든 상관없이 인터넷 네트워크에서 통신이 가능하도록 수용할 수 있도록 한다는 개념이다. 앞서 말한 인터넷팅 개념에 충실한 네트워크 디자인인 것이다. 당시 이러한 접근법을 택한 사람이 밥 칸(Bob Kahn, DARPA[3] 개발)이었다. 1972년 칸(Kahn)이 제안한 개방형 아키

2 https://www.venturesquare.net/514020

3 DARPA(Defense Advanced Research Projects Agency): 미 국방부 산하R&D 기획·평가·관리 전담 기관을 말한다. 1957년 구 소련의 스푸트니크 발사(스푸트니크 쇼크)를 계기로 1958년 2월 ARPA, 7월 NASA를 설립(당시 대통령: 아이젠아워)하였는데 그 중 APRA의 명칭이 변화하는 과정 중에 DARPA가 등장한다. 즉 ARPA(Advanced Research Projects Agency, 1958) → DARPA(1972) → ARPA(1993) → DARPA(1996) 등으로 기관명의 변경을 거쳤다. 이 기관은 파괴적 혁신기술에 전략적 선제 투자로 적국으로부터의 기술적 충격을 방지하고 적국에 대한 기술적 충격을 창출하는 것을 사명으로 하고 있다.

텍처 네트워킹이 구현되기 위해서는 신뢰성 있는 네트워크와 단말 사이의 통신 프로토콜(Protocol)을 만드는 것이 가장 중요하였다. ARPANET 초기에 사용되던 NCP(Network Control Protocol)라는 프로토콜은 이러한 요구를 충족할 수 없어 새로운 프로토콜 개발이 불가피하였다.[4]

칸은 개방형 아키텍처 네트워킹을 도입하면서 몇 가지 중요한 규칙을 제시한 바 있는데 이 규칙은 여전히 유효하다.

첫째, 인터넷은 소위 OSI(Open Systems Interconnection) 계층 구조를 이루고 있다. OSI의 경우 7개의 계층으로 나누고 있고 각 계층마다 기능을 설정하고 있다. 따라서 네트워크가 서로 다르더라도 각각의 계층에 맞게 프로토콜을 설계함으로써 어떠한 네트워크들이더라도 서로 연결이 가능하다.[5] 즉 개별 망이 인터넷에 연결되어 통신하더라도 망 내부의 프로토콜을 변경하지 않고 그대로 유지할 수 있도록 한다. 즉 대학, 연구소, 기관, 기업들이 어떠한 프로토콜을 이용하여 내부망을 운용할 지라도 TCP/IP(Transmission Control Protocol/Internet Protocol)라는 프로토콜을 이용하면 인터넷을 이용하여 서로 소통이 가능하다. 더불어 연결에 참여한 기관 내부에서 사용하는 프로토콜을 변경할 필요가 없다.

이는 통신 레이어(TCP layer, IP Layer, Link Layer, Physical layer)가

(출처: https://now.k2base.re.kr/portal/issue/ovsealssued/view.do?polilsueId=ISUE_000000000
000915&menuNo=200046&pageIndex=1)

4 https://www.venturesquare.net/514020

5 장우영. (2005). 이용자 정보통제권과 인터넷 기술규제 고찰: 인터넷 내용등급제 기술 원리와 구조의 정치적 함의. 한국컴퓨터정보학회논문지, 10(1), 189-199.

그림 2. OSI 7 Layer와 TCP/IP Layer 비교

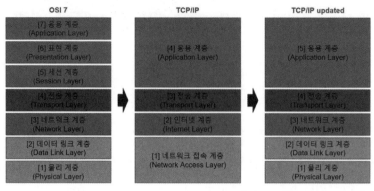

출처: https://ys-cs17.tistory.com/58

서로 분리되어 있도록 설계하였기 때문에 가능하다. 즉 인터넷 아키텍처에 구현되어 있는 핵심적인 계층 원리는 "계층분리(layer separation)" 및 "계층 침해 최소화(minimizing layer crossing)"이다. 전자는 각 계층들의 영역과 역할을 분리함으로써 정보의 자유로운 소통을 보장한다는 의미이며 후자는 계층들 간의 분리가 침해되어서는 안되며 만일 침해가 불가피할 경우 그것이 미치는 영향을 최소화한다는 뜻이다.[6]

둘째, 인터넷 통신은 최선형(Best Effort) 기반으로 한다. 최선형이란 '패킷이 목적지에 도달하지 못하면 즉시 발신지에서 패킷을 다시 전송하도록 하는 방식'을 의미하는데 달리 말하면 패킷의 도달에 책

---

6 장우영. (2005). 이용자 정보통제권과 인터넷 기술규제 고찰: 인터넷 내용등급제 기술 원리와 구조의 정치적 함의. 한국컴퓨터정보학회논문지, 10(1), 189-199.

그림 3. 단대단(End-to-End) 구조 개념도

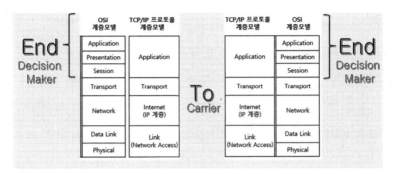

출처: 조대근(2022)

임을 지지 않는다는 뜻이다.[7] 주지하듯이 인터넷은, 더미 네트워크 (Dummy network)라 하여 네트워크 측은 단순하게 패킷을 나르기만 하도록 하고 단말 측이 지능적인 역할을 담당하는 구조(이를 단대단 구조, End-to-End라고 한다)로 고안되어 있다. 따라서, 망측에서는 IP 계층이 데이타그램의 전송을 위하여 최대의 노력을 하지만, 확실한 전송의 보장을 하지는 않는다. 즉, 데이터의 흐름이 많거나 적거나 간에 시간지연이 없도록 하는 등의 신뢰성을 보증하지 않는 것이 특징이다.

셋째, 네트워크들 사이를 연결하는 어떤 보편적인 블랙박스(Black box) 같은 것이 필요하다. 여기서 블랙박스는 게이트웨이(gateway)와 라우터(router)와 같이 패킷을 목적지로 전달하기 위해 IP 주소를 읽고 교환해주는 장비를 의미한다.

---

7 Leiner, B. M., et al. (2009). A brief history of the Internet. ACM SIGCOMM Computer Communication Review, 39(5), 22~31.

넷째, 운용 상 글로벌 통제가 없도록 한다. 이는 달리 표현하면 일반적인 네트워크 관리 시스템이 없다는 뜻이다. 당시 ARPANET은 광범위한 하드웨어를 지원하고 방대하고 글로벌한 규모로 데이터를 전달할 수 있는 탄력적이고, 중복적이며, 분산된 시스템을 제공하는 다용도 프로토콜 시스템을 만들고자 하였다. 이러한 분산 환경을 구현한 것이 TCP/IP 프로토콜 이었는데 이 프로토콜의 두 가지 주요 기능 중 하나가 엔드 노드 검증이다. 이에 따르면 인터넷을 통한 의사소통을 관리하는 중앙 시스템이 없고 양 끝의 단말이 통신을 송수신 하는 책임을 진다.[8]

로버트 칸의 이러한 개방형 아키텍처 구현을 위한 규칙을 구체적으로 담을 수 있는 프로토콜 개발에 고려사항이 많아지면서 칸(Kahn)은 TCP/IP 세부 사항 디자인 및 개발을 위해 빈트 서프(Vint Cerf)에게 참여를 요청하였다. 칸의 뛰어난 아키텍처 개념에 빈트 서프(Vint Cerf)의 NCP 및 운영체제에 대한 지식이 합쳐져 나온 결과물이 오늘날의 인터넷 기기들의 소통언어라고 할 수 있는 TCP/IP(Transmission Control Protocol / Internet Protocol) 프로토콜이다.

이제는 패킷교환에 대해 알아보자. 인터넷은 데이터를 전송하는 루트를 다원화하여 특정 통신 루트가 단절되더라도 전체적인 통신망을 유지할 수 있는 군사적 목적 때문에 등장하였다는 것은 잘 알려진 사실이다. 루트의 다원화를 실현하기 위해 전달하려는 정보를 작은 조각으로 나누고 이들이 여러 경로를 이동하지만 하나의 목적

---

8 조캐서드 저, 정용석 옮김, TCP/IP 교과서, 도서출판 길벗, 2020.12.28.

그림 4. 패킷 교환 방식을 이용한 데이터 전송 개념도

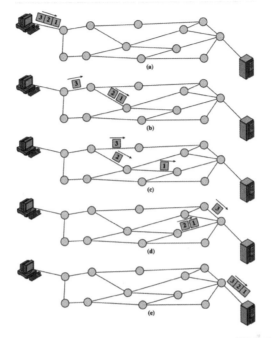

출처: Stallings, W. (2017)

지를 향해 갈 수 있도록 하겠다는 아이디어에 기반한 것이 패킷교환
이다.

　패킷교환 개념이 등장한 것이 1960년대 초였고 앞서 소개한
ARPANET에 적용되었다. 즉 ARPANET은 컴퓨터들을 직접 연결하는
회선 교환 방식 대신, 대규모의 기간 통신망을 구축해 이에 연결된
컴퓨터끼리 자유롭게 데이터를 주고 받을 수 있는 백본(backbone)
을 이용하는 패킷교환방식을 도입하였다. 그림 4에서 보듯이 패킷
들은 발신측에서 여러 경로를 통해 목적지로 전달되며 착신측에서

그림 5. 미국 최초의 인터넷 백본망 ARPANET의 구조(1983년)

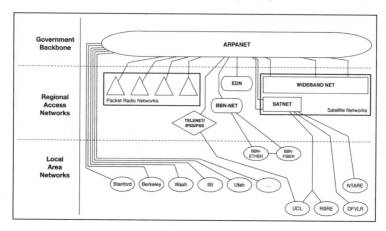

출처: Leiner Barry, Cerf et al.(2012), Group (2014)에서 재인용

다시 정렬하여 수신자에게 조합된 모습으로 제공되어 데이터를 인식할 수 있도록 한다. 이 당시에는 미국 정부가 운영하는 백본 즉 ARPANET 하나만이 존재하고 각 대학이나 연구소가 ARPANET을 통해 트래픽을 전송하는 구조였는데 이들 기관 간에도 패킷교환방식으로 정보를 교환하였다.

그림 5에서 보듯이 가장 상단에 정부가 구축한 ARPANET에 지역액세스망(Regional Access Networks)과 그 하위의 로컬액세스망(Local Access Networks)이 직접 연동되어 있고 각 하위 네트워크 간의 트래픽 교환은 ARPANET을 이용하고 있다. 따라서 이 당시에는 개인, 가정, 기업과 같은 일반 상용 목적의 IP 백본 간 상호접속 수요가 발행할 수 없었으며, 국방, 연구 등 공공 부문의 필요 또는 정부 정책 목적 달성을 위해 정부 주도로 구축된 네트워크라고 할 수 있다.

한편 인터넷 역사에서 주목할 대목이 1980년대 중반 미국과학재
단(National Science Foundation, NSF)에 의해 만들어진 NSFNET의 등
장이다. NSFNET에 주목하는 이유는 미국 인터넷 역사에서 정부
가 운영하던 인터넷이 상용화되는 과정에서 가교 역할을 했기 때
문이다. 당시 NSF는 재원을 출연한 각 대학 내 슈퍼컴퓨터 간 통신
을 위해 NSFNET을 만들었고, 이때 프로토콜로 TCP/IP를 채택하였
다. 1985년 NSF가 창설한 슈퍼컴퓨터센터에는 5개 대학이 참여했다.
NSF는 전 세계 과학자들의 연구 협업을 이끌어 내기 위해 이들 대학
에 설치된 슈퍼컴퓨터 간 네트워크 연결이 필수적이라고 판단하고
NSFNET을 구축한 것이다.[9]

· 프린스턴 大: John von Neumann Center

· 코넬 大: Cornell Theory Center

· 카네기멜론 大+피츠버그 大: Pittsburgh Supercomputing Center
  (PSC)

· 일리노이 大: National Center for Supercomputing Applications
  (NCSA)

· UC 샌디에고: San Diego Supercomputer Center (SDSC)

NSFNET은 슈퍼컴퓨터센터간을 연결함에 있어 3계층의 아키텍

9 National Science Foundation Network. Wikipedia (https://en.wikipedia.org/wiki/National_
Science_Foundation_Network)

그림 6. 미국 NSFNET과 지역망사업자 및 기관간 계위 개념도

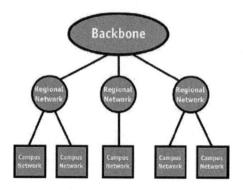

출처: Wikipedia

처를 이용하였다. 즉 지역네트워크사업자(Regional Internet Service Provider, 또는 ISP라고 병행하여 사용한다)가 슈퍼컴퓨터 센터에 액세스 망을 구축하고 자신은 NSFNET 즉 백본에 연결한다. 그리고 백본을 이용하여 다른 슈퍼컴퓨터센터와 통신을 하도록 한다.

앞서 언급한 바와 같이 주로 연구 목적으로 구축·운영되던 NSFNET에 소요되는 재원은 정부 지원금이었다. 이 때문에 지역 네트워크사업자는 NSFNET과 연결하여 백본을 이용하지만 비용을 지불하지 않았다.[10] 그 이유는 학술적 연구라는 공공의 목적 때문에 NSFNET에 관련된 비용을 정부 재원으로 충당하였기 때문이다.[11]

---

10 "Using this three tier network architecture NSFNET would provide access between the supercomputer centers and other sites over the backbone network at no cost to the centers or to the regional networks using the open TCP/IP protocols initially deployed successfully on the ARPANET."(출처: https://en.wikipedia.org/wiki/National_Science_Foundation_Network)

11 조대근. (2021). 인터넷 망 이용의 유상성에 대한 고찰–미국 인터넷 역사 및 Charter 합병승인조

미 정부가 NSFNET 지원을 중단하기 2년 전 지원 상황을 보자. 1993년 NSF는 NSFNET 운용을 위해 연간 11.5백만 달러를 지원하였고, 지역네트워크 구축 및 운영 비용을 보조하기 위해 연간 7백만 달러를 지원하였다. 이 지원금 규모는 NSFNET의 세 가지 비용 요소 즉 회선 비용과 라우터 비용, 그리고 운용국(NOC, Network Operation Center)을 위한 비용이었다. 전체 소요 비용 중 통신사업자로부터 임차하는 회선 비용과 구매해야 하는 라우터비용이 약 80%에 육박하고, NOC가 7% 정도로 알려져 있다. 이 당시에도 인터넷망 비용 요소로 선로설비, 교환설비, 전송설비를 고려하고 있었고, 이에 대한 비용 보전 방안으로 지원금 제공 방식을 채택하였음을 알 수 있다. 최초 구축 당시 NSFNET은 6개 사이트에서 56kbps 속도의 회선으로 연결되어 있었으며 1991년에 45Mbps로 상향되었다.

한편 NSF는 1992년 12월 23일 일정 시한 내 NSFNET 지원을 중단하겠다고 발표하였고 1995년 4월 30일부터 실제 정부 지원은 중단되었다. 이는 인터넷이 정부지원 방식에서 상업적 인터넷(commercial internet)으로 이전되는 중요한 결정이었다.

NSF가 이러한 결정을 하게 된 것은 기술이 발전하면서 인터넷을 공공부문에 두는 것보다 시장에서 제공하는 것이 보다 효과적일 수 있다고 보았기 때문이다. 당시 인터넷 연결을 위한 거래구도를 살펴보자. 대부분의 이용자들은 NSFNET 백본에 연결하기 위해 지역 ISP가 제공하는 인터넷전용회선을 이용하였고 이때 요금은 정액제(fixed

---

건 소송 중심으로. 인터넷정보학회논문지, 22(4), 123-134.

그림 7. 미국 NSFNET 네트워크 최초 구성도(1986년 vs. 1992)

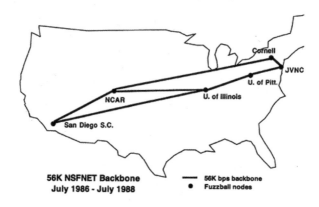

56K NSFNET Backbone
July 1986 - July 1988

—— 56K bps backbone
● Fuzzball nodes

NSFNET T3 Network 1992

출처: Wikimedia, cybertelcom.org

access fee)였다. 이 요금은 백본에 액세스하는 기관(대학, 연구소)이 부담하였고, 그 기관에 속한 개인은 부담하지 않았다.

구체적인 거래 구조를 보면 인터넷을 이용하려는 기관(이용자)들은 미국의 유일한 백본이었던 NSFNET에 직접 접속하지 않고 지역 ISP를 통해 접속하였다. 예를 들면, 대학은 지역망사업자(Regional

표 1. 1992년 한 미국 대학에 청구된 인터넷 액세스 요금(T1=1.544Mbps)

		Fee Components		
		Annual Fee	Initial Connection Cost	Customer Premises Equipment
	ALTERnet	24,000	8,900	incl.
	ANS	32,000	incl.	incl.
	CERFnet	20,100	3,750	incl.
	CICnet	10,000	15,000	incl.
Service	JvNCnet	33,165	13,850	incl.
Provider	Michnet	24,000	14,250	incl.
	MIDnet	6,000	15,000	incl.
	NEARnet	30,000	13,500	incl.
	PREPnet	3,720	1,900	not incl.
	SURAnet	25,000	3,500	3,300

출처: MacKie-Mason and Varian (1995)

Network)으로부터 액세스 서비스를 제공받았고, 지역망사업자는 백본인 NSFNET에 접속하여 연결성을 확보하였다. 이때 지역망사업자는 이용 기관에게 요금을 받았다. 그리고 이들 지역망사업자들은 NSFNET에 상호접속한 이유로 대가를 지불하지 않았다. 대신 NSFNET의 비용은 NSF의 정부지원금, IBM, 미시간 주 등의 보조금을 통해 충당되었다. 당시 한 대형 대학이 납부한 요금표를 보면 연간 비용, 초기연결비용, 가입자댁내장비 비용 등 3가지 항목으로 이용료가 청구되고 있음을 알 수 있다.(표 1 참조)

요약하면, 인터넷 태동 초기 인터넷은 국방, R&D, 대학 및 연구소, 정부 기관과 같이 공공성이 강한 부문에서 제한적으로 사용되었기 때문에 연방정부가 백본의 구축과 운용에 대해 보조금을 지원하였다. 그 결과 인터넷 백본인 NSFNET 이용에 따른 요금은 부과되지 않았다. 그러나 대학 등 기관들은 NSFNET에 접속하기 위해 필요한 지역망사업자의 액세스 서비스에 대해서는 지역망 사업자에게 요금을 지불하였다.

미국 인터넷
초기 연동의 실제

앞에서 설명한 바 같이 미국 정부가 운용하던 단일 백본망 NSFNET은 정부 예산에 의해 구축 및 운용되었고 이 때문에 오로지 연구 등의 공공 목적으로만 이용할 수 있었다.[12] 다만 NSFNET을 이용하고자 하는 사업자가 영리기관이라 하더라도 이들이 연구나 교육 등의 공공목적을 가지고 NSFNET에 액세스하는 경우에는 제한적으로 허용하였다. 시간이 지나면서 여러 유형의 기관이 NSFNET을 이용하고자 하나 영리 목적을 가진 사업자와 비영리기관간에 통신을 함에 있

---

12 "The NSF's appropriations act authorized NSF to "foster and support the development and use of computer and other scientific and engineering methods and technologies, primarily for research and education in the sciences and engineering." This allowed NSF to support NSFNET and related networking initiatives, but only to the extent that that support was "primarily for research and education in the sciences and engineering." And this in turn was taken to mean that use of NSFNET for commercial purposes was not allowed. (출처: https://en.wikipedia.org/wiki/National_Science_Foundation_Network)

어 NSFNET의 연결 방침은 인터넷 망 확산에 걸림돌로 작용하는 것은 불가피하였다.

NSFNET가 구축되어 운영되던 시기에 등장한 상용 목적의 인터넷 사업자인 Alternet, PSINet, CERFNet 등은 NSFNET와 접속하여 NSFNET의 이용 지침(Acceptable Use Policy)에 따라 NSFNET을 통해 트래픽을 처리하였다. 1991년 PSINet, UUNET, CERFnet이 주축이 되어 CIX(Commercial Internet eXchange)가 캘리포니아 지역에 설치되었고 MCI, AT&T, SPRINT 등 영리회사들은 CIX를 이용하여 트래픽을 교환하기 시작하였다.[13] 그리고, SPRINT와 MCI는 처음으로 상업 인터넷 백본을 NAP(Network Access Points)[14]에 연결한 선두주자였고 이 시기에 진출한 사업자들 중 일부는 향후 Tier 1사업자로 진화한다.(조대근 2002)

CIX에 참여한 인터넷 백본사업자(Internet ackbone Provider, 이하 IBP)들은 피어링(Peering) 방식으로 접속하되 상호접속 시 무정산 방식을 채택(Settlement-Free)하였는데 이는 전화망과 같은 정산을 할 경우 신규 진입 사업자에게는 진입장벽으로 작용하여 시장진입을 저해하는 문제점 야기한다는 점과 AT&T와 같은 전화사업자군(BellHead)

---

13 https://en.wikipedia.org/wiki/National_Science_Foundation_Network

14 미국 국립과학재단이 NSFNET의 백본을 상용화하기로 결정하였을 당시 4개의 NAP을 트래픽 교환을 위해 지정하였다. 지정된 4개의 NAP의 위치는 San Francisco (PacBell이 운용), Chicago (BellCore & Ameritech 운용), New York(SprintLink 운용), Washington DC (MFS 운용) 등이다. 참고로 MFS(Metropolitan Fiber System)는 1996년 UUNET이 인수(WorldCom)하였고, 1998년 MCI가 재인수하였다. 현재의 Verizon이 인수하여 운용 중이다. 각 NAP에서는 소위 퍼블릭 피어링을 할 수 있도록 하였다. 퍼블릭 피어링에 관해서는 제2장의 접속방식 참조 Kende, M. (2011). Overview of recent changes in the IP interconnection ecosystem, Analysys Mason.

과 경쟁하기 위해서는 많은 인터넷 사업자군(Nethead) 진입을 통한 망 외부효과 증대 필요로 인한 전략적 선택이었다. 쉽게 말하자면 AT&T와 같은 거대한 전화사업자와의 경쟁을 위해 ISP 사업자들의 세력을 빨리 확대하고자 상호접속에 따른 트래픽 정산 과정을 생략했다는 의미다. 서로에게 자신의 망을 빌려주었고 그 부담의 정도가 유사하다고 판단한 ISP들은 정산을 생략한 것이다. 이 부분은 지금 우리에게 시사하는 바가 크다. 왜 피어링이라는 표현에 프리(free)라는 관형어가 추가되었는지 알려주기 때문이다. 공짜라서 정산을 하지 않은 것이 아니라 서로가 필요에 의해 정산 과정을 생략한 것이다. 학자들은 이를 물물교환으로 표현하고 있다. 즉 상호무정산은 일종의 물물교환이지 망 이용대가가 "0"이라는 의미는 아니다.[15]

최초에 미국 정부가 하나의 백본을 운용할 때는 상호접속 자체가 필요 없었으나, 상용화가 진전되면서 다수의 상용 백본 사업자가 등장하였고, ISP들이 제각각 네트워크를 구축하고 가입자를 모집했지만 특정 ISP에 가입하더라도 모든 인터넷 이용자와의 트래픽 교환은

---

15 "Commercial Internet service providers agreed that interchange of traffic among them was of mutual benefit and that each should accept traffic from the other without settlements payments or interconnection charges. The CIX members therefore agreed to exchange traffic on a "sender keep all" basis in which each provider charges it own customers for originating traffic and agrees to terminate traffic for other providers without charge."(출처: Gerald W.Brock. The Economics of Interconnection, Teleport Communication Group, 1995. ii History and Evolution of Internet Backbones & Interconnection에서 재인용(http://www.cybertelecom.org/broadband/backbone3.htm#sfp)

"Netheads' incentive was to grow network effect and continue innovation at the ends. To achieve that incentive, they wanted the lowest possible barriers to the expansion of the network. The solution was settlement-free interconnection, devoid of complicated Bell accounting" (출처: http://www.cybertelecom.org/broadband/backbone3.htm#sfp)

불가능했다. 즉 ISP 단독으로 글로벌 인터넷 망에서의 모든 단말과의 소통 가능성 또는 연결성(Full Connectivity)[16]을 제공할 수는 없었다.

또한 미국 전역에 걸쳐 네트워크를 구축하는 대형 ISP도 있었지만 지역 단위(예: 주) 또는 그 이하의 지역(예: 카운티)에서 이용자들에게 액세스 서비스를 제공하는 중소 ISP들이 등장하였는데, 이들이 자사 가입자에게 인터넷서비스를 제공하기 위해서는 Full Connectivity를 제공해 줄 대형 ISP와의 접속이 필수불가결해졌다. 즉 미국 내 전국 단위 ISP 및 글로벌 네트워크를 보유한 ISP와 네트워크를 접속할 필요성이 높아지게 되었다.

이처럼 인터넷 백본의 상용화, 다수의 ISP 등장으로 인터넷 망 상호접속 필요성 및 수요가 증가하자 인터넷 백본의 상용화 초기부터 사업을 시작한 대형 ISP들은 자사의 비즈니스(접속서비스 제공을 통한 수익 창출, 효율적인 접속을 통한 비용 절감)와 시장의 변화(인터넷 망 상호접속 수요 증대)에 대응하여 두 가지 접속 방식을 만들어 내게 된다. 대형 백본을 보유한 사업자 간에는 직접 접속하되 트래픽 교환에 따른 대가 정산을 하지 않는 피어링(Peering)을 하고, 지역 ISP나 그 보다 작은 사업자에게는 자신의 백본망에 대한 접속과 함께 Full Connectivity를 제공하고 이에 대한 대가를 받는 트랜짓(Transit) 판매를 시작한 것이다. 전자는 유사한 규모의 백본사업들과 직접 접속함으로써 효율적인 망 구성과 비용 절감을 성취할 수 있는 접속 방식

---

16 모든 단말과의 소통 가능성 또는 연결성(Full Connectivity)은 요금을 지불한 ISP를 통해 공중인 터넷 망에 액세스한 이용자가 전 세계 모든 단말기와 소통을 할 수 가능성을 열어 준 것을 말한다. 개인, 가정, 기업이용자들이 Local ISP에게 요금을 내고 기대하는 서비스가 소위 Full Connectivity이다.

그림 8. 1990년대 미국 ISP 계층과 접속 방식

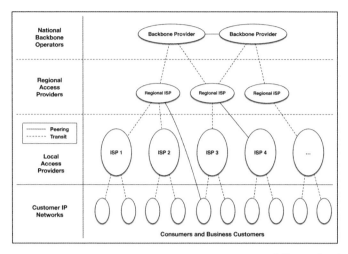

출처: Group (2014), p. 3

이고, 후자는 수익증대를 위한 접속 방식이라 할 수 있다.

이러한 접속 방식은 소위 커버리지나 백본의 규모에 따라 자연스럽게 형성된 위계(hierarchy)를 전제하고 형성되었다. 즉 가장 상위에는 백본사업자[17]들이 자리잡고 그 이하에는 지역 ISP 및 IAP(Internet Access Provider)들이 자리하고 가장 하위에는 IAP로부터 액세스 서비스를 제공받는 가입자 및 CP(Content Provider)/기업고객이 위치한다.(그림 8)

---

17 이들은 ISP 중에서 Internet Backbone Provider(IBP)라고 하여 IAP(Internet Access Provider)와 구분하기도 한다. 전자는 타 ISP에게 접속서비스를 제공하여 수익을 창출하는 도매사업자이며 후자는 개인 및 기업에게 인터넷 액세스서비스를 제공하는 소매사업자이다. 전자에 속하는 ISP는 대형 기업고객에게 인터넷전용회선 등을 직접 판매하기도 한다.

회선교환방식(Circuit Switching)은 통신 전에 물리적인 연결로 전용 통신 선로를 설정하여 통신이 끝날 때까지 연결을 독점적으로 사용하는 방식을 말한다. 정보를 보내기 전에 전용회로를 설정하거나 정리해야 하므로 회선 교환 네트워크를 "연결지향네트워크(Connection-oriented)"라고 하는 경우가 많다.

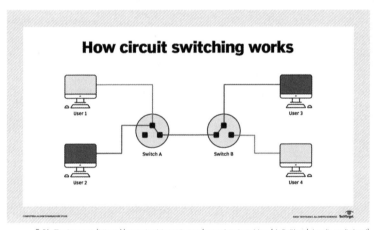

출처: Techtarget (https://www.techtarget.com/searchnetworking/definition/circuit-switched)

대표적인 예로 전화망을 들 수 있다. 거미줄처럼 연결된 전화망에서 발신자가 전화를 걸 때 교환기에서 수신자까지 통화를 할 수 있는 폐쇄회로가 일시적으로 만들어진다. (상기 그림 참조) 접속에 상대적으로 긴 시간이 필요하고, 폐쇄회로가 만들어지면 다른 통신 시도는 접근할 수 없고 전용으로 사용한다. 이 때문에 전송 지연이 거의 없다.

패킷교환은 전송하고자 하는 정보를 패킷이라는 작은 단위로 나눈다. 각 패킷 마다 발신지와 수신지의 주소를 넣어 패킷교환망에 보내면 패킷교환기가 그 주소를 보고 최종 목적지까지 전달하는 방식이다. 회선교환방식과 같이 통신 경로가 확정되지 않 때문에 각 패킷은 네트워크 상태에 따라 여러 경로를 통해 전송된다.

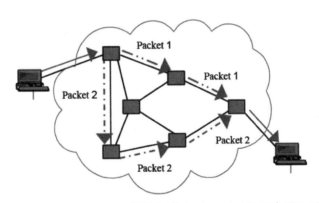

출처: https://networkencyclopedia.com/packet-switching/

Tier-1이란?

해외 인터넷 망상호접속을 논할 때 반드시 등장하는 용어 중 하나가 Tier-1이다. 우리나라의 상호접속기준에서도 ISP의 커버리지, 규모, 가입자수 등의 평가기준에 따라 계위를 두고 있는데 계위라는 용어는 Tier라는 표현을 준용한 것이다.

소위 Tier-1은 미국 인터넷 상용화 초기 인터넷접속시장에서 자연스럽게 형성된 것으로 자사의 가입자에게 인터넷 서비스를 제공함에 있어 타 ISP의 트랜짓서비스를 비롯한 유상 접속 서비스를 이용할 필요가 없으며, 자사의 필요에 따라 피어링 접속만으로 Full Connectivity 서비스가 가능한 ISP 집단을 말한다.

특정 ISP가 Tier-1인지 여부를 누군가가 결정해주는 것이 아니라 인터넷 망 상호접속시장에서 접속 당사자인 ISP 상호간에 평가 결과 오로지 피어링 만으로 Full Connectivity를 확보할 수 있는 ISP가 Tier-1으로 불린다. 결국 해당 ISP가 접속을 위한 협상 시 피어링을 할 만한 충분한 조건을 갖추고 있는 사업자이어야 Tier-1에 포함될 수 있다는 의미다. 다만 조사한 시점에 따라 Tier-1에 속하는 ISP는 변할 수 있다. 왜냐하면 과거에 Tier-1이었던 ISP가 시간이 경과하면서 네트워크 투자가 줄거나, 가입자가 감소하는 등 해당 시점에 평가되는 망 자원이 상대적으로 부족해진다면, 신규 접속 시 피어링 접속이 허용되지 않고 경우에 따라 트랜짓서비스를 구매해야 할 수 있는데 이때는 Tier-1 사업자라고 할 수 없다. 즉 Tier-1 사업자인지 여부는 변동 가능하다.

Winther (2006)는 Tier-1 ISP가 가지는 특징을 다음과 같이 정리하고 있다.

- 유사한 규모의 네트워크를 통해 트래픽을 전송할 때 대가를 지불할 필요가 없음. 즉 상호무정산 피어링을 하고 있음
- 전 세계 인터넷 라우팅 테이블을 피어링 관계만으로 액세스하고 있음. 즉 전 세계 모든 사이트로 트래픽 전송하는데 있어 트랜짓 서비스를 받을 필요가 없음
- 하나의 대륙 이상에서 동등한 규모의 사업자 즉 Peer를 보유하고 있음
- 대양을 가로지르는 해저 광케이블 보유 또는 임대하여 이용 중에 있음
- 전 세계의 이용자 및 Peer 사업자와 패킷 송수신이 가능함

특정 ISP가 Tier-1 사업자인지 여부는 기본적으로 해당 ISP가 접속에 따른 대가를 지불하는 지 여부에 따라 결정되는데 실제 거래에서는 협정 내용이 공개되지 않아 정확히 파악하기는 어려운 점도 있다. 따라서 통상 명시적으로 대가 지불이 없는 경우는 Tier-1으로 분류되고 있다. 한편 Tier-2 사업자는 피어링 접속을 하면서도 일부는

트랜짓 구매를 하여 Full Connectivity를 확보하는 사업자이며, Tier-3 사업자는 트랜짓 구매를 통해서만 서비스를 제공하는 사업자를 말한다.(Wikipedia, 2022)[18]

일각에서는 "네트워크의 국제경쟁력 확보를 위한 정책적 지원"을 주장한다. 그 이유가 국내에 Tier 1 사업자가 없고, 이로 인해 구글 등 해외 대형 콘텐츠사업자(Content Application Provider, 이하 CAP)의 서비스를 이용하기 위해서는 우리나라 ISP가 Tier 1 사업자에게 높은 국제통신접속료(소위 Transit fee)를 지불해야 하기 때문이라는 것이다. 국내 대형 ISP는 국제접속통신료의 절약 또는 해외 대형 CAP의 서비스 품질 향상 등을 목적으로 CAP를 위한 캐시서버 즉 CDN을 이용하고 있다. 향후에도 글로벌 CAP의 서비스를 이용할 수 밖에 없는 인터넷 경제의 탈국경성을 고려할 때 국내 ISP의 1계위 국제망 진입을 위한 네트워크 정책이 절실히 요구된다는 것이다.[19]

이러한 주장에는 몇 가지 현실적인 한계가 있다.

첫째, 국내 ISP가 어느 정도의 국제망을 투자하여 커버리지를 확대한다 하여도 Tier 1이 될 지 여부는 Tier 1인 사업자들이 결정한다. 즉 1차적으로는 Tier 1 사업자들의 피어링 정책(Peering Policy)을 충

---

18 https://en.wikipedia.org/wiki/Tier_1_network

19 김현경. (2020). 인터넷 접속통신료 정산방식의 국제관행 조화방안에 대한 소고. 성균관법학. 32(1), 129-169.

족하여야 하고 Tier 1사업자들의 동의를 얻어야 하는데 매우 자의적일 가능성이 높다.

둘째, Tier 1은 미국 초기 인터넷 상거래 중 자연발생적으로 만들어진 그룹(일종의 폐쇄적 모임, inner circle)이고 Tier 1 사업자 확대가 자신들의 사업모델의 수익성을 떨어뜨리기 때문에 쉽게 받아들이지 않는다. 따라서 해저케이블 등 국제망 투자로 따라 잡는 것보다는 해당 사업자를 인수 합병하는 방식이 더 현실적일 수 있다. 일본 NTT Communication이 Tier 1 사업자였던 Verio를 인수한 사례가 그 대표적인 예이다.

셋째, 국내 ISP 투자 규모를 늘린다 하여도 Tier 1 사업자들 역시 투자를 지속적으로 하고 있다는 점에서 투자 규모를 따라 잡기가 쉽지 않다. 더군다나 국제 트래픽 처리를 통한 수요가 분명하지 않은데도 불구하고 무조건 국제망 투자를 통해 Tier 1이 되어야 한다는 것을 정부가 함께 추진해 나간다는 것은 현실성이 낮은 측면이 있다.

2

인터넷 연결의
이모저모
(용어 중심)

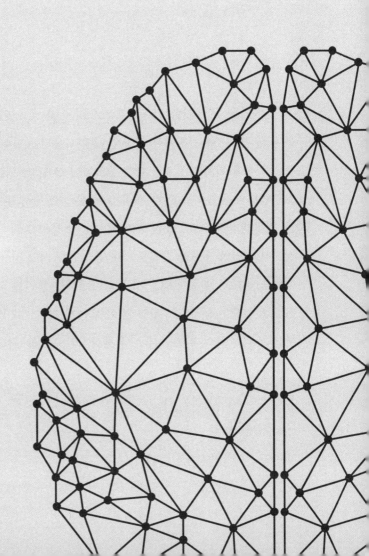

용어의 이해가
중요한 이유

학술, 법률 등 분야를 막론하고 토론과 논쟁 더 나아가 분쟁 처리를 위한 의사소통과정에서 해당 분야에 사용되는 용어의 표준화 또는 통일성을 확보하는 것은 매우 중요하다. 2019년부터 시작된 SK브로드밴드와 넷플릭스 간의 재정 및 소송 과정에서 분쟁 당사자, 언론, 법률대리인, 국회, 정부, 학자 및 전문가 등이 쏟아내는 다양한 주장이나 설명이 혼선을 가져온 것은 동일한 용어를 사용하지만 그 의미를 달리하기 때문이었다. 경우에 따라서는 동일한 의미이나 서로 다른 용어를 사용하기도 하였다. 이 때문에 저자는 인터넷 망 연결[20]에 사용되는 용어의 통일이 보다 생산적인 논의를 위해 필수적이라

---

20 여기서는 "인터넷 망 연결"이라는 일반적인 용어를 사용한다. 그러나 용어 설명 이후부터는 학계, 업계가 사용하는 전문 용어로 대체한다. 즉 법률, 기술, 번역된 용어 등 분야별, 상황별로 적절한 용어로 사용할 예정이다.

는 취지에서 논문을 발표한 적이 있다.[21]

인터넷 망 연결에 있어 등장하는 각종 용어가 어렵고 통일성을 갖지 못하는 데에는 몇 가지 이유가 있다.

첫째, 인터넷 망 연결 행위에 사용되는 용어들은 기술 용어로서 일반인들이 이해하기 어렵고 이해하는 정도가 제각각일 가능성이 높기 때문이다. 그리고 이러한 용어들은 미국에서 인터넷이 개발된 이후 기술 진화에 따라 연결 유형 및 방식이 다양해지면서 용어가 계속 분화되고 많아져 오고 있다.[22] 그러면서 더욱 용어에 대한 일반인의 접근이 어려워지는 측면이 있다.

둘째, 과거부터 인터넷연결시장은 소위 숨겨진 시장(hidden market)이었고 대부분의 국가가 연결 행위에 대해 규제를 하고 있지 않기 때문에 전문가들조차 관심을 두지 않았고 관련 지식이 충분히 공유되지 않았기 때문이다. 정책을 다루는 정부도, 학문을 연구하는 학자들 역시 사회과학적 차원에서는 거의 다루지 않는 영역이었다. 이 때문에 최근의 문제를 이해하기 위한 기반이 부족하였는데 그 중 하나가 용어가 정리되지 않은 점이다.

셋째, 이는 우리나라가 겪고 있는 문제인데 해외에서 사용하고 있는 인터넷 망 연결 관련 용어가 기술적이고 일상적인 용어인 반면 우리나라는 2004년 인터넷 망 연결 영역을 규제 영역으로 포섭하면

---

21 조대근. (2020). 상호접속료인가, 망 이용대가인가?-ISP-CP 간 망 연결 대가 분쟁 중심으로. 인터넷정보학회논문지, 21(5), 9-20.

22 용어 설명 부분에서 자세히 다루겠지만 인터넷 연결 방식으로 피어링과 트랜짓을 든다. 여기에 대체 방식으로 CDN이 등장한다. 피어링도 퍼블릭 피어링과 프라이빗 피어링, 트랜짓은 Full Transit 과 Partial Transit으로 분화되어 왔다. 자세한 내용은 제2부에서 다룬다.

서 용어 중 일부가 법률 용어로 전환된 적이 있어 국내외에서 사용하는 의미가 다르기 때문이다. 예를 들면, 2004년과 2005년 당시 초고속인터넷접속역무가 기간통신역무에 포섭되고 그에 따라 초고속인터넷사업자간 인터넷 망 연결이 상호접속기준에 포함되었다. 이때 기준 상에 용어 중 직접접속과 중계접속이라는 용어는 피어링과 트랜짓에서 착안하여 만든 용어인데 유사한 듯 하지만 그 의미가 다르다. 전자는 법률용어이기 때문에 수범자가 존재하고 제한적으로 사용될 수밖에 없지만 후자는 기술용어이고 인터넷 망 연결상의 특징을 담고 있어 적용 범위가 넓고 국내외에서 통상적으로 사용하기 때문에 제한없이 사용할 수 있다. 이 때문에 최근 인터넷 망 연결에서 등장하는 용어에 혼란을 가중시킨 면이 있다.

이런 이유들로 인해 최근 3년간 국내에서는 인터넷 망 연결 관련하여 무수히 많은 정보가 쏟아짐에도 불구하고 이 영역에 대한 정리가 미진한 상태이다. 이에 이하에서는 인터넷 망 연결에 있어 자주 등장할 뿐 아니라 쟁점을 이해하는데 반드시 필요한 용어들에 대해서 상세히 설명하고자 한다.

인터넷 망의 기본 구조

원격으로 떨어져 있는 단말기 간에 통신망을 이용한 의사소통이 가능 하려면 발신단말기에서 착신단말기까지 유·무선 전기통신회선이 끊김 없이(Seamless) 연결되어 있어야 한다. 그리고 가능한 제한 없이 완전한 연결성(Full Connectivity)을 제공해야 한다. 인터넷 망도 마찬가지다. 양측 이용자가 패킷 통신을 하기 위해 다수의 네트워크가 연결된 공중인터넷 망(public Internet)에 접속하여야만 소통 즉 정보의 교환이 가능하다.(그림 9)

공중인터넷 망이 공중통신망의 한 유형이라는 점에서 다른 공중통신망과 같이 구조상 연결 방식은 액세스(또는 접근)와 액세스의 특수한 유형인 상호접속으로 나눌 수 있다. 접근(Access)이란 제공사업자의 모든 것을 이용할 권리이며 설비, 네트워크, 플랫폼 등에 액세스

그림 9. 공중인터넷망 액세스 및 패킷 통신 참여자 개념도

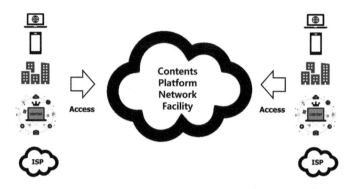

출처: 조대근(2020)

하여 애플리케이션과 콘텐츠를 이용하는 매우 폭넓은 개념이다. 접
근하는 자는 개인 및 법인 이용자, CP, ISP 등이 모두 포함 가능하다.[23]

---

23 EU의 전자통신규범(European Electronic Communications Code, 이하 EECC)에 따르면 접근
(Access)이란 "정보사회서비스(즉 부가통신서비스) 또는 방송콘텐츠 서비스 전송용을 포함하여 전자
통신서비스 제공을 목적으로 배타적으로 또는 비배타적(공용으로)으로 일정한 조건 하에서 설비 또는
서비스를 이용할 수 있도록 하는 것"을 의미한다. (EU, EECC)
Article 2 Definitions (27) 'access' means the making available of facilities or services to another
undertaking, under defined conditions, either on an exclusive or a non-exclusive basis, for
the purpose of providing electronic communications services, including when they are used
for the delivery of information society services or broadcast content services; it covers, inter
alia: access to network elements and associated facilities, which may involve the connection
of equipment, by fixed or nonfixed means (in particular this includes access to the local
loop and to facilities and services necessary to provide services over the local loop); access
to physical infrastructure including buildings, ducts and masts; access to relevant software
systems including operational support systems; access to information systems or databases
for pre-ordering, provisioning, ordering, maintaining and repair requests, and billing; access
to number translation or systems offering equivalent functionality; access to fixed and mobile
networks, in particular for roaming; access to conditional access systems for digital television
services and access to virtual network services;

그리고 상호접속은 네트워크를 보유한 사업자간 가능한 접근 방법이기 때문에 주로 ISP간 연결방식이다.[24] 주지하듯이 인터넷 망 연결 방식으로 크게 두 가지 개념이 등장하는데 피어링과 트랜짓이 그것이다.

이하에서 보다 자세히 설명하겠지만 연결방식에서 소개한 접근과 상호접속 각각에서 피어링과 트랜짓은 모두 발생한다. 다시 말하면 액세스 상황에서 피어링과 트랜짓 모두 가능하고, 상호접속 상황에서도 피어링과 트랜짓 모두 가능하다. 왜냐하면 피어링과 트랜짓은 네트워크 연결상의 기술적 특징을 담고 있는 통상적인 용어이자 개념이기 때문이다.

앞서 접근은 개인 및 법인 이용자, CP, ISP 모두 가능하다고 하였다. 따라서 개인 및 법인 이용자, CP, ISP간 피어링과 트랜짓이 가능하다. 다만 개인이나 가정 이용자는 네트워크 자원을 가지고 있지 않기 때문에 네트워크의 보유 또는 가입자 등을 기반으로 이루어지는 피어링은 해당사항이 없다.

그러나 CP, CDN은 일정 정도의 네트워크 설비를 보유하고 있기 때문에 ISP와 피어링 방식으로 접근 또는 연결이 가능하다. 트랜짓 역시 타인의 네트워크 자원에 접근하는 것이기 때문에 개인 및 법인 이용자, CP, ISP들이 서로 트랜짓 방식을 이용하여 네트워크 연결을

24　Article 2 Definitions (28) 'interconnection' means a specific type of access implemented between public network operators by means of the physical and logical linking of public electronic communications networks used by the same or a different undertaking in order to allow the users of one undertaking to communicate with users of the same or another undertaking, or to access services provided by another undertaking where such services are provided by the parties involved or other parties who have access to the network;

시행할 수 있다. 특히 트랜짓은 그 특징이 대가를 받고 전 세계적인 연결성을 제공하는 것이기 때문에 개인, 가정과 같은 네트워크 자원이 전혀 없는 이용자도 트랜짓이 가능하다. 개인, 가정, 법인가입자가 유무선 초고속인터넷접속서비스를 이용할 때 연결 방식은 사실상 트랜짓이다.[25]

인터넷 참여자

초기 인터넷과 달리 최근의 인터넷은 다양한 이해관계자가 참여한 복잡한 생태계를 이루었다. 여기서 말하는 다양한 이해관계자가 누구인지 알아 보는데 있어 인터넷 생태계 내 형성된 가치사슬(Value chain)별로 확인해 보는 것이 효과적이다. 즉 최종이용자(개인, 가정, 기업 등)가 인터넷 망을 이용하여 정보를 교환하고 각종 콘텐츠를 소비하는 것을 가능케하는 가치사슬 또는 공급망을 보면 각 단계에서 다음과 같은 참여자가 있음을 쉽게 알 수 있다.

· 콘텐츠제공사업자 또는 애플리케이션 사업자(CP 또는 CAP, Aggregator 포함): 이들은 최종이용자가 소비하는 콘텐츠를 제작하고 수집, 제공하는 사업자(예: OTT 사업자, 플랫폼사업자 등)를 말한다.
· 초고속인터넷접속서비스제공사업자(Internet Service Provider, ISP

---

25 제6부에서 설명하는 SK브로드밴드와 넷플릭스 간의 분쟁을 보다 잘 이해하기 위해서는 여기서 설명하고 있는 연결방식과 연결 참여자에 대한 이해가 중요하다.

또는 IAP): 초고속인터넷이용자 또는 CAP에게 공중인터넷 망 연결서비스를 제공하여 패킷 통신을 제공하는 유·무선브로드밴드 사업자를 말한다.

- 인터넷백본사업자(Internet Backbone Provider, IBP): 대형 백본(글로벌 백본)을 보유한 사업자로 소위 Tier 1으로 불리는 사업자이며 미국에서는 ISP에게 전 세계 망 연결서비스(즉 트랜짓서비스)를 제공하는 사업자들이다.
- 최종이용자(End- User): 공중인터넷 망에 접근하여 최종이용자 간 정보를 주고 받거나 콘텐츠를 소비하는 개인, 가정, 기업 이용자를 말한다. 최종이용자는 ISP의 초고속인터넷접속서비스(공중인터넷 망에 액세스하여 통신을 가능토록 하는 네트워크 서비스)를 이용함과 동시에 CAP의 콘텐츠를 소비하거나 스스로 만든 콘텐츠를 주고 받으며 소비하는 주체를 말한다.

미국은 국토가 넓어 전국망을 ISP 단독으로 확보하기가 쉽지 않다. 그래서 지역 ISP(또는 Internet Access Provider, IAP)들은 전국망을 보유한 IBP와 접속함으로써 커버리지를 확보하였는데 이때 IAP와 IBP는 서비스 제공 영역이 다른 사업자였다. 이는 지극히 미국적인 상황이라고 할 수 있다. 왜냐하면 우리나라를 포함한 대부분의 국가들은 한 국가 내에서 백본을 제공하는 사업자와 액세스를 제공하는 사업자가 동일하기 때문이다. 미국의 ISP 중에는 백본 제공과 액세스 제공을 같이 하는 사업자도 존재하기는 한다.

그런데 과거부터 소위 Tier 1으로 분류되는 사업자들은 인터넷의 종주국인 미국에서 초기 인터넷시장이 태동되었을 때 성장한 IBP들인 경우가 많다. Tier 1에 속한 사업자들은 Tier 2 이하 사업자에게 전 세계적 연결 서비스를 제공하는 사업자로서 글로벌 인터넷연결시장 형성에 중추적인 역할을 한 사업자들인데 대부분 미국에서 태동한 사업자들이 주를 이루고 있다.

다만 최근에는 아시아(홍콩의 PCCW, 일본의 NTT Communication, 인도의 Tata 등), 유럽 사업자들도 Tier 1 사업자로 분류되고 있는데 이들이 Tier 1 그룹에 참여할 수 있었던 것은 당초부터 Tier 1이었거나 (주로 유럽 사업자) Tier 1이었던 사업자를 인수합병하면서 자연스럽게 Tier 1으로 인정된 경우(아시아 국가의 사업자)가 많다.

환언하면 인터넷 초기부터 인터넷연결시장에 참여하여 성장을 거듭하여 온 결과 Tier 1으로 인정된 경우가 아니라면 Tier 1 그룹에 포함되는 것이 쉽지 않다. 이는 기존 Tier 1사업자들의 기득권 유지를 위한 전략 때문이다.

즉 피어링 정책(Peering Policy)을 엄격하게 제정 및 적용하여 Tier 1으로 분류되길 요청하는 사업자를 거부하는 경우가 많고, 정책 논리가 아닌 시장의 논리 즉 양측의 합의를 전제로 하기 때문에 일방이 원하지 않는 경우 Tier 1으로 받아들여지기가 어렵고 강제하는 것은 불가하다.

한편 인터넷연결시장 내 참여자로서 주목할 사업자로 CDN(Content Delivery Network)을 꼽지 않을 수 없다. 주지하듯이 최근에 인터넷을 이용하는 목적으로 동영상 및 사진 콘텐츠를 소비하는 것이 주류를 형성하고 있고 이러한 콘텐츠를 제공하는 대형 CP/AP가 대용량 트래픽을 유발하고 있다. 문제는 이들이 유발하는 트래픽이 많기도 하

표 2. 해외 주요 Tier-1 사업자(FY 2006 vs. FY 2022.)

Winther (2006)			Wikipedia (2022)			비고
사업자	ASN	국가	사업자	ASN	국가	
AboveNet	AS 6461	미국	AT&T	AS 7018 AS 2686 AS 5623	미국	
AT&T	AS 7018 AS 2686 AS 5623	미국	Liberty Global	AS6830	영국	
Global Crossing	AS 3549	미국	Lumen Technologies	AS 3356	미국	Level 3, Centrylink 후신
Level 3	AS 3356	미국	Deutsche Telekom AG	AS 3320	독일	
MCI EMEA & MCI UUNET	AS 702 AS 701/703	미국	Global Telecom & Technology (GTT)	AS 3257	미국	
NTT Communications	AS 2914	일본	Arelion	As1299	스웨덴	Telia
SAVVIS	AS 3561	미국	PCCW Global	AS23491	홍콩	
Sprint	AS 1239	미국	NTT Communications	AS 2914	일본	Verio 인수
Teleglobe	AS 6453	캐나다	Orange	AS 5511	프랑스	
			T-Mobile(Sprint)	AS 1239	미국	
			Tata Communications	AS 6453	인도	Teleglobe 인수
			Telecom Italia Sparkle	AS 6762	이태리	Seabone 인수
			Telxius	AS 12956	스페인	Telefonica 자회사
			Verizon Enterprise Solutions	AS 701/ 702/703	미국	UUNET 인수
			Zayo Group	AS 6461	미국	Abovenet 후신

출처: Wikipedia(2022)

지만 동영상은 품질이 매우 중요하기 때문에 적절한 트래픽 처리 용량을 확보하는 것이 중요하다.

그러나 기존의 인터넷 트래픽 처리 방식 즉 IBP를 이용하는 방식은 트래픽이 많다 보니 지불해야 하는 비용(소위 transit fee)이 크게 증가하고 오리진 서버(Origin Server)와 최종이용자간 거리가 멀어 품질 문제 발생이 불가피해졌다. 이 문제를 해결하기 위해 대체재로 등장한 것이 CDN이다.[26]

이후 별도로 설명하지만 간단히 설명하자면 CDN은 콘텐츠 원본이 저장되어 있는 서버(오리진 서버, Origin server)에서 직접 콘텐츠를 최종이용자까지 전송하는 것이 아니라 최종이용자 최인근에 복제본을 저장 한 서버(이를 캐시서버라고 부른다)를 위치시켜 놓고 해당 콘텐츠 제공을 요청 받으면 오리진 서버가 아닌 캐시서버에서 최종가입자에게 해당 콘텐츠를 전송토록 하는 방식이다. 최종가입자 인근에 캐시서버를 설치했기 때문에 콘텐츠가 전송되는 물리적인 거리가 단축되는데 그 결과 품질을 높일 수 있었고, 최종가입자와 오리진 서버 사이에서 반복적인 트래픽 교환을 하지 않아도 되면서 트래픽 양을 줄였고 이는 곧 비용절감으로 이어졌다.

CDN은 기존 IBP 사업자의 사업모델의 대체재로서 급성장하였다. 더 나아가 대형 CP/AP 스스로 자체 글로벌 광케이블을 구축하고 이를 자체 CDN 구축 용으로 활용하기 시작하였다. 즉 CP/AP가 자사 트래픽을 각 국가의 캐시서버까지 전송하는 행위에 참여하면서 가치사슬이 변화되고 있다.[27]

---

26 2019년 제정된 방송통신위원회의 가이드라인에서는 CDN을 "콘텐츠전송네트워크사업자(CDN: Content Delivery Network)"라고 칭하고 해당 사업자를 "콘텐츠제공사업자의 디지털콘텐츠를 효율적으로 전달하기 위한 시스템을 구축하고 인터넷서비스제공사업자의 인터넷 망을 이용하여 콘텐츠 전송서비스를 제공하는 사업"라고 정의한다.(출처: 방송통신위원회, 공정한 인터넷 망 이용계약에 관한 가이드라인, 2019.12.26.)

27 실제 구글, 넷플릭스, 아마존 등 미국의 대형 CP/AP들은 자체 망을 구축하고 ISP와 피어링(또는 유상 피어링)을 하고 있으며, CDN도 직접 구축하여 전체 트래픽 중 일부를 분산 처리 중에 있다.

Pankert(2014)는 대형 CP/AP의 전송 참여, CDN 사업자의 부상 등을 고려한 가치사슬을 그림 10와 같이 제시하고 있는데 이는 과거 상용 인터넷 초기와는 상당히 달라진 양상이다. 특히 이 그림에서 구글과 넷플릭스는 자체 인프라를 확보하고 트랜짓사업자(IP Transit Providers), IX 사업자를 건너 뛰고 바로 착신하고자 하는 국가 내 ISP(Terminating ISP)와 파트너십을 체결하고 트래픽을 착신시키는 것으로 설명하고 있다.

OTT 서비스 초기에는 가입자 수가 적고 해상도가 높지 않아 트래픽 양이 적었다. 이에 대형 CP들은 트랜짓 사업자, IX 사업자에게 비용을 지불하고 트래픽을 처리하였다. 그러나 가입자 수가 많아지고 고품질의 영상 수요가 늘면서 트랜짓 비용이 매우 크게 증가하였다. 더불어 전송거리가 멀 때 패킷손실로 인한 품질 저하문제, 혼잡의 문제가 대두되었다. 비용과 품질의 문제 해소를 위해 대형 CP들은 자체 CDN을 구축하고 착신 지역의 ISP와 직접 계약하는 방식을 채택하였다.

대형 CP가 자체 구축한 CDN은 상용 CDN 사업자 Akamai와 동일한 망 구조와 사업모델을 가지지만 양자의 다른 점은 전자가 자사 트래픽 처리가 목적이라면 후자는 타 CP의 트래픽을 처리해주고 매출 확보를 목적으로 한다는 점이다. 즉 자체 CDN에서는 자신의 서비스를 위한 트래픽만을 처리할 뿐 타사 트래픽은 포함되지 않는다. 반면 Akamai는 다수의 CP의 트래픽을 모아 처리하는데 CP로부터 전송 대가를 받고 착신 ISP와 그 수익을 배분한다. (계약 조건에 따라 배분 양상은 다를 수 있다.)

그림 10. 최근 IP 상호접속 가치사슬 개념도

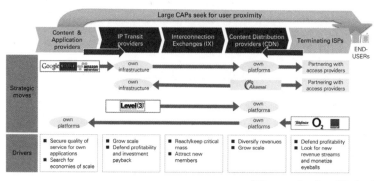

출처: Pankert(2014), 조대근 재구성

구글 등이 구축한 자체 CDN과 Akamai와 같은 상용 CDN이 최종 이용자를 보유한 ISP(그림 10에서 Terminating ISP) 즉 액세스제공사업자와 파트너십을 체결해야 하는 것은 동일하다. 차이는 Akamai를 통해 트래픽 처리를 요청한 CP는 Akamai에게 요금을 지불하면 정산이 완료되지만 구글 등 자체 CDN을 운영하는 경우에는 구글, 넷플릭스 등이 직접 Local ISP에게 대가를 지불하여야 한다. 물론 정산 방식은 협상 결과에 따라 다양할 수 있다.

가치사슬과 인터넷 참여자간 네트워크 연동 유형[28]

인터넷 생태계에 참여하는 이해관계자간의 가치사슬(Value Chain)을 네트워크 연결을 중심으로 구성해 본다면, ⅰ) CP/AP가 ISP로부

---

28 이하 내용은 Kende, M. (2011). Overview of recent changes in the IP interconnection ecosystem, Analysys Mason.의 내용을 재구성하였다.

그림 11. 인터넷 초기 인터넷을 통한 콘텐츠 제공 가치 사슬

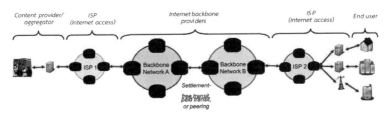

그림 12. 인터넷 생태계 참여자 간 네트워크 연동 유형

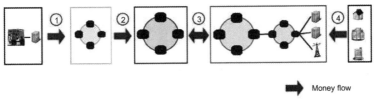

터 회선을 제공받아 공중인터넷 망에 접속하고, ⅱ) ISP가 IBP를 통해 전국/글로벌 커버리지를 확보하고, ⅲ) IBP는 또 다른 IBP를 통해 직접 수용하지 못한 이용자와 자사 이용자간 트래픽 교환을 할 수 있도록 하고, ⅳ) 최종이용자는 착신 ISP(Terminating ISP)를 통해 인터넷액세스를 제공 받는 것이라고 할 수 있다.(그림 11)

인터넷 참여자간 네트워크 연동유형은 그림 12로 설명할 수 있다.

① CP-ISP간 네트워크 연동: 액세스 통상 CP는 최종이용자와의 통신을 위해 공중인터넷 망에 액세스 해야 한다. 즉, CP는 자체 네트워크를 구축, 보유하고 있지 않기 때문에 공중인터넷 망에 접속하기 위해

서는 여느 이용자와 마찬가지로 ISP로부터 액세스를 제공받아야 한다. 다만 대형 CP인 경우는 자체 IDC(Internet Data Center)를 보유하고 있기도 해서 ISP를 통한 공중인터넷 망 액세스를 위해 CP가 확보한 광대역 전용회선과 전용 라우터로 ISP가 제공하는 액세스 회선과 연결하기도 한다. 한편 중소 CP인 경우는 ISP가 제공하는 IDC 호스팅 서비스를 이용하는데 이때 ISP는 IDC와 공중인터넷 망을 연결하되 CP가 원하는 용량만큼 액세스 회선을 제공한다.

그리고 앞서 설명한 바와 같이 최근에는 대형 CP가 자체적으로 글로벌 네트워크를 확보하거나 CDN을 구축하여 착신 ISP와 피어링을 체결하는 경우도 발생하고 있다. 접속 방식은 피어링이지만 여전히 CP에게 액세스를 제공하는 점은 동일하다고 할 수 있다.[29]

② **지역적 한계가 있는 ISP-IBP간 연동** 가입자를 보유하고 있으며 지리적으로 한계를 가진 ISP가 Full Connectivity 확보를 위해 IBP에게 접속을 요청하는 연동이며 하나(single-homing) 또는 복수의 연결 지점(multi-homing)을 요청할 수 있다. 이 ISP는 최종이용자 또는 CP에게 요금을 받고 공중인터넷 망을 이용할 수 있도록 서비스를 제공할 의무를 가지지만 자사가 보유한 인터넷 망이 매우 제한적이기 때문에 대형 ISP(또는 IBP)에게 일정 대가를 지불하고 트래픽 처리를 의뢰한다. 통상 Tier 2, 3인 ISP가 Tier 1 사업자에게 트랜짓을 요청하는 경

---

29 이에 대해서는 제2부에서 구체적으로 설명한다. 대형 CP가 CDN을 이용하는 경우에는 착신 ISP와 직접 연결하기 때문에 착신 ISP에게 액세스하는 것이 곧 착신 ISP가 보유한 최종이용자에게 착신하는 것을 요청하는 것과 같은 의미이다.

그림 13. Tier-1, Tier-2, Tier-3 ISP의 연결(Peering & Transit) 개념도

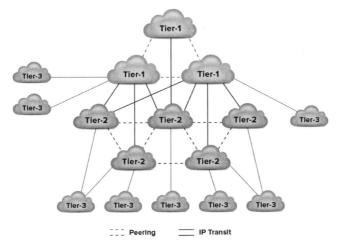

출처: Nocton(2022)

우가 대표적이다. 그림 13을 보면 Tier 2 사업자는 Tier 1 사업자에게, Tier 3 사업자는 Tier 2 또는 Tier 1 사업자에게 IP Transit을 제공 받고 있음을 알 수 있다.(실선 구간이 이에 해당한다.)

③ **IBP-IBP간 네트워크 연동** Tier 1 사업자들은 Full Connectivity 확보에 있어 트랜짓을 필요로 하지 않는 것이 특징인데 이들은 스스로도 대규모 네트워크를 보유하고 있고, 중소 ISP에게 트랜짓서비스 판매를 위해 다른 IBP와 피어링을 한다. 이들은 기업 가입자를 보유하고 있는 경우도 있지만 주로 대형 CP, CDN, 지역 ISP를 위해 타 IBP와 트래픽을 교환하는데 피어링의 특성상 각 IBP가 가진 모든 라우팅 정보를 서로 교환하기 때문에 각 IBP가 유치한 이용자(대형 CP, CDN,

지역 ISP)간에는 트래픽 교환이 가능하다.

④ **최종이용자-ISP 연동** 착신측 ISP가 최종이용자가 인터넷 망에 접속할 수 있도록 물리적 회선(동선, HFC, 광케이블, 무선 등)과 IP 주소를 할당해 주는 서비스로 인터넷액세스서비스를 말한다.(우리나라 전기통신사업법에서는 초고속인터넷접속역무라고 칭한다.) 이는 CP에게 ISP가 공중인터넷 망에 액세스를 제공하는 것과 동일하다.

이상의 4가지 거래 관계 중 ①, ④는 양측 이용자(End-User)에게 액세스 서비스를 제공하는 소매부문이라고 할 수 있다. 그리고 ②, ③은 ISP-IBP, 또는 IBP-IBP간 거래로 일종의 도매거래라고 할 수 있다. 소매 거래의 경우에는 ISP가 요금정책을 포함한 약관에 따라 거래를 하는 반면, 도매 거래는 개별적으로 협정을 체결하여 다양한 거래방식을 채택하는 경우가 많다. 예를 들면, 피어링을 하되 상호무정산을 채택할 수도 있고, 대가를 지불하는 피어링(유상 피어링)도 가능하며, 트랜짓을 통해 거래하기도 한다.

망의 연결 방식 1:
피어링(Peering)

의미와 접속 방식

피어링이란 접속당사자가 각 접속당사자의 이용자로부터 발생한 트래픽을 직접 교환하도록 하는 연결 방식으로 교환트래픽을 제3자에게 전송할 의무를 가지지 않는 연결 형태이다.[30] 그림 14에서 보듯이 백본 A는 백본 C와 백본 B는 백본 C와 직접 트래픽 교환을 하지만 백본 A와 백본 B는 피어링 관계가 아니기 때문에 트래픽 교환이 불가능하다. 결국 피어링이란 전 세계 인터넷이 그 주소가 알려져 있

---

30 Report of the NRIC V Interoperability Focus Group, ""Service Provider Interconnection for Internet Protocol Best Effort Service"", page 7
피어링에 대한 또 다른 정의를 살펴보면 Faratin(2007)은 피어링을 "유사한 규모의 수익에 대한 중립적인 상호접속을 하는 수평적인 관계"라고 정의하고 있다. Wikipedia는 피어링을 "접속 당사자의 가입자간 트래픽교환을 목적으로 해당 사업자의 개별 네트워크 간 자발적인 상호접속"이라고 정의하고 있다. P. Faratin외, Complexity of Internet Interconnections: Technology, Incentives and Implications for Policy, 2007, p.1, http://en.wikipedia.org/wiki/Peering

그림 14. 피어링 개념도

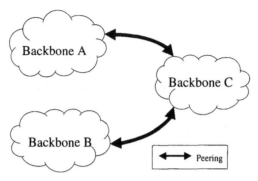

출처: Kende(2003)

는 호스트를 연결하고, 각 망의 가입자 간에 발생하는 트래픽을 직접적으로 교환하도록 상호연결 하는 것을 의미한다.[31]

그렇다면 누가 피어링을 할 수 있을까? 인터넷연결시장의 실제 사례들을 살펴보면 ISP, IBP, CP, CDN 등 모두 가능하다. 다시 말하면, ISP-ISP, ISP-CP, ISP-CDN, ISP-IBP, IBP-IBP, IBP-CDN, IBP-CP간 피어링은 흔히 일어나고 있다. 피어링은 ISP와 같은 네트워크를 보유한 사업자만의 전유물이 아니라는 의미다. 그 이유는 피어링이 가진 속성 때문이다. 공통적인 피어링 속성으로 두 가지를 꼽는데 하나는 당사자간에 직접 연결하는 것, 다른 하나는 제3자에게 트래픽을 넘겨주지 않는 것이다.

이 속성을 유지한다면 자율시스템번호(Autonomous System Numbers,

---

31 Cukier, K. N. (1997). Peering and Fearing: ISP Interconnection and Regulatory Issues

표 3. 피어링 협정상 교환하는 트래픽의 범위(원문)

Each peering relationship represents an exchange of traffic between a pair of ISPs, including traffic for their respective transit customers, and for respective transit customers of their transit customers.

출처: wik Consulting(2008)

이하 ASN[32])를 가진 CP, ISP, IBP, CDN 모두가 피어링을 할 수 있다.[33](표 3의 피어링의 교환 트래픽 범위 참조) 다만 피어링을 할 때 여러 가지 방식이 존재할 수 있고 다양한 거래 방식이 이루어지고 있음을 염두에 둘 필요가 있다.

피어링 방식은 크게 두 가지로 나눌 수 있다. 하나는 프라이빗 피

---

32 동일한 라우팅 정책으로 하나의 관리자에 의하여 운영되는 네트워크, 즉 한 회사나 단체에서 관리하는 라우터 집단을 자율 시스템(AS, Autonomous System)이라 하며, 각각의 자율 시스템을 식별하기 위한 인터넷 상의 고유한 숫자를 망 식별번호(AS번호)라 한다. 현재 일반적으로 사용중인 AS번호는 2-byte의 체계로 65,536개의 AS번호 사용이 가능하다. ASN을 사용할 때 인터넷상에서 독립적인 네트워크를 식별할 수 있고, 외부 네트워크와의 경로를 교환할 수 있으며, 고유한 라우팅 정책을 구현할 수 있는 장점이 있다. AS 번호는 ISP는 물론 CP, 대학 등 라우터를 자율적으로 관리할 목적으로 부여 받을 수 있다. 전세계적으로는 IANA에서 부여 관리하며, 국내는 KRNIC에서 관리한다. 예를 들면 KT는 AS4766, 서울대학교 정보화본부는 AS9488, 구글은 AS15169, SK브로드밴드는 AS9318, LGUPlus는 AS3786, Naver는 AS23576, 넷플릭스 AS2906이라는 AS번호를 가지고 있다. (출처: https://xn—3e0bx5euxnjje69i70af08bea817g.xn—3e0b707e/jsp/resources/asInfo.jsp)

33 여기서 주의할 것은 전 세계적으로 사용하는 피어링이라는 용어와 우리나라 상호접속기준에 등장하는 "직접접속"과는 의미가 다르다는 점이다. 우리나라에서 CP-ISP간 분쟁으로 인해 피어링이라는 용어와 전기통신설비의 상호접속기준상의 '직접접속'간을 구분하지 않고 사용하는 경우가 많은데 전자는 접속 행위를 의미하는 기술적 용어(Technical term)이지만 후자는 상호접근기준에서 별도로 정의한 법률 용어(Legal term)이기 때문에 동일할 수 없다. 단적인 예로 피어링은 CP, CDN과 ISP가 할 수 있는 연결 방식이지만 직접접속은 네트워크를 보유한 ISP간에 가능한 연결 방식이다. 당사자의 범위도 다르고 주고 받는 트래픽의 범위도 다르다는 점에서 혼용해서는 아니 된다. 여기에서는 전 세계적으로 통용되고 있는 피어링의 의미로 사용하고 있으며 우리나라 상호접속기준의 직접접속을 표기할 필요가 있는 경우 구별하여 사용한다.

그림 15. 프라이빗 피어링 개념도

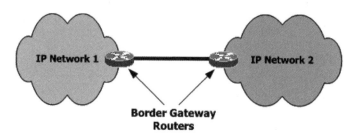

출처: Mitchell. etc (2007)

어링, 다른 하나는 퍼블릭 피어링이다. 우선 프라이빗 피어링은 두 네트워크 간에 물리적/논리적으로 직접 회선을 연결하고 두 사업자 간의 트래픽만을 교환하는 방식을 말한다. 연결 당사자들은 연결을 위한 라우터를 전용회선으로 연동시키고 이때 연결을 위해 BGP(서로 다른 AS를 연결해 주는 경계 게이트웨이 프로토콜, Border Gateway Protocol, 이하 BGP)를 이용한다(Group, 2014).

반면 퍼블릭 피어링[34]은 하나의 물리적인 네트워크에 여러 당사자 간 피어링 접속을 시행하는 방식을 말한다. 즉 인터넷 교환점(Internet eXchange)을 통해 하나 이상의 물리적 연결을 사용하여 다른 여러 사업자들(소위 복수의 Peer)과 연결 가능하다. 스위치가 위치한 IX까

---

34 Public peering is performed across a shared network called an Internet Exchange Point (IX or IXP). Through an Internet Exchange you can connect to many other peers using one or more physical connections, thereby optimizing the cost per peer when sending traffic to many different networks. Internet Exchanges often charge a port and/or member fee to keep their infrastructure intact.(https://blog.leaseweb.com/2012/10/24/public-vs-private-peering-the-basics-part-1/)

그림 16. 퍼블릭 피어링 개념도

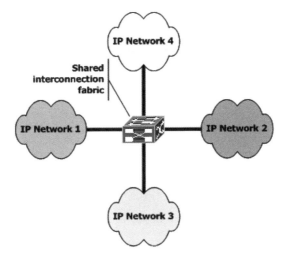

출처: Mitchell (2007)

지 각 ISP/CP/CDN/IBP(이하 ISP 등)가 회선을 구축해 와서 해당 스위치를 이용하여 각 당사자가 보유한 망식별번호 또는 AS 번호를 교환한다. 이때 ISP는 다수의 ISP 등과 피어링 접속을 동시에 할 수 있다는 장점이 있다. (Mitchell, 2007 ;Group, 2014) 이때 IXP는 퍼블릭 피어링에 참여하는 사업자에게 인프라 운영비 충당을 위해 포트 및/또는 회원 수수료를 청구한다.[35]

IX에 들어와 다른 ISP 등과 퍼블릭 피어링을 시행하는 사업자는 자신이 확보(구매)한 포트(용량)에 동일한 IX에 입점한 Peer들과 별도의 개별 약정이나 합의 없이도 트래픽 교환을 허용한다는 판단하에

---

35 Phiilsp Smith, INternet Exchange Point Design, ZSP/ZXP Workshops, 2022. 5. 5

피어링을 시행한다. 피어링이기 때문에 당사자간에 직접 연결하는 것, 제3자에게 트래픽을 넘겨주지 않는 것이라는 두 가지 속성은 여전히 유지된다. 해당 IX 내에서 참여하는 ISP 등은 수시로 변경될 수 있다는 점에서 유입, 유출되는 트래픽 교환 당사자는 항상 유동적이다. (그림 16 참조)

피어링 당사자들은 퍼블릭 피어링과 프라이빗 피어링을 전략적으로 선택하기 마련이다. 다수의 사업자들로부터 트래픽을 수용하되 품질의 문제가 없다면 비교적 저렴한 퍼블릭 피어링을 선택할 것이다. 반면 주고 받을 트래픽의 용량이 매우 크고 품질 확보가 중요한 경우에는 당해 사업자간 프라이빗 피어링 방식을 채택할 가능성이 높다. 통상 퍼블릭 피어링으로 시작하여 필요에 따라 프라이빗 피어링으로 진화해 나가는 경우가 많다.[36]

피어링 동인

ISP 등이 상호연결함에 있어 피어링과 트랜짓은 대체적 관계에 있기 때문에 어떤 연결 방식을 이용하는 것이 바람직한가에 대한 선택이 필요하다. 대형 ISP, 트래픽 유발량이 큰 CP, CDN 등은 피어링을 선호하는 경향이 있는데 이들이 피어링을 채택하는 이유(또는 동인)를 살펴보면 다음과 같다.(Group, 2014)

---

36 최근 분쟁 중에 있는 SK브로드밴드와 넷플릭스의 경우도 마찬가지이다. 넷플릭스 서비스 초에는 한국 내 가입자가 적었고 트래픽 양도 미미하였기 때문에 양사는 시애틀에 있는 SIX(Seattle Internet eXchange)에서 퍼블릭 피어링을 통해 트래픽을 교환하였다. 이후 넷플릭스의 가입자가 증가하면서 트래픽 양도 기하급수적으로 늘었다. 양사는 해당 트래픽을 원활하게 처리하고 동영상서비스의 특징상 품질 확보도 중요하다고 판단하여 일본 BBIX에서 프라이빗 피어링을 시행한 것으로 알려진다.

그림 17. 인터넷 시장참여자 간 연결 및 대가 지급/정산 방식

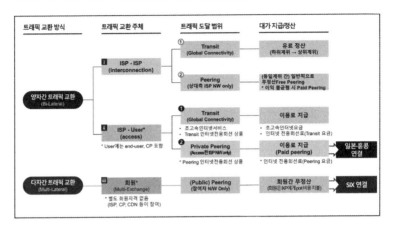

출처: 법무법인 세종 구두변론 자료(2022.7.20). e대한경제(2022)

네트워크 효과 하나의 ISP가 보유한 네트워크는 그 자체로 효용이 그 다지 크지 않다. 오히려 다수의 네트워크와 연동되어 있어야 유용하 고, 보다 높은 가치를 가지게 될 것인데, 이용자 입장에서는 자신이 가입한 ISP 내에서만 통신이 가능한 것보다는 피어링을 통해 타 ISP 의 네트워크, 인터넷의 다른 사업자들과 연결이 늘어난다면 네트워 크 외부효과는 급격히 증가할 것이고 이는 이용자의 효용 증대를 의 미한다.

이중화 확대 네트워크사업자들은 가능한 경제적으로 이중화 및 복 원력을 갖춘 네트워크 토폴로지를 구성하기 위해 노력한다. 즉 ISP 간에 하나의 사업자와만 접속을 할 경우 복수의 사업자와 접속할 때 보다 네트워크 장애 위험이 더 높기 때문에 접속사업자 수를 늘리려

한다. 이는 접속 사업자 네트워크의 복원력과 신뢰도를 높이는 결과를 가져오기 때문이다.

라우팅 통제 증대 네트워크사업자는 여러 사업자와 피어링을 함으로서 네트워크 종단점(예를 들어 CP와 최종이용자)간에 전송로를 다양하게 구성할 수 있으며, 이를 통해 트래픽 전송 지연, 패킷 손실을 줄이고 이용자에게 제공하는 네트워크 품질을 높일 수 있는 최적의 경로를 확보할 수 있다. 피어링 접속 증가는 ISP가 접속 당사자간 트래픽에 대한 통제권 증대해 나갈 수 있음을 의미한다.

지연 감소 피어링 연결 방식은 당사자간 직접 연결 방식을 채택한다는 점에서 패킷 전송 과정에서의 지연 현상을 감소시켜 특히 품질이 중요한 음성이나 동영상 애플리케이션을 전송하는데 효과적이다. 반대로 양측 이용자간 트래픽 교환에 있어 당사자가 아닌 제3의 네트워크 운영 사업자가 존재하는 경우 지연 현상을 통제하기가 어려워지기 때문에 품질저하가 있을 수 있다.

혼잡 축소 네트워크 혼잡은 이용자가 경험하는 품질 저하를 가져올 수 있는데 피어링 접속의 경우에는 혼잡에 대응하여 접속 당사자간에 충분한 대역을 갖춘 회선 마련이 용이하여 혼잡 현상을 최소화할 수 있다.

트래픽 관리/예측 가능성 제고 피어링을 한 ISP들은 양사간 트래픽에 대한 직접적인 통제권을 가지고 있기 때문에 직접 트래픽관리가 가능하고 트래픽에 대한 예측도 가능하다. 또 피어링으로 처리하는 트래픽은 트랜짓이나 타 사업자를 통해 처리하지 않아도 된다.

비용 절감 ASN(Autonomous System Number)가 다른 ISP 등이 교환하는 트래픽의 양이 증가할 때 이를 모두 트랜짓 사업자를 통해 처리한다면 비용(Transit fee)이 급속히 증가할 수 밖에 없는데 그 금액이 일정 수준 이상이 되면 당사자간 피어링을 통해 직접 트래픽을 교환하는 방식으로 대체하면 비용 절감이 가능하다.

- 피어링이 트랜짓을 대체하였을 때 비용이 절감된다는 것은 양측 간에 교환하는 트래픽의 양이 일정 수준을 넘을 때 가능하다. 보다 정확히는 단위 트래픽 당 피어링 단가와 트랜짓 단가가 동일한 수준 이상으로 트래픽이 많이 교환될 경우 피어링으로 인한 비용절감이 가능할 것이다.(그림 18 참조)
- 그리고 피어링으로 트랜짓을 대체한다는 것은 해당 ISP 등이 직접 연결을 목적으로 네트워크에 투자를 시행한다는 의미다. 즉 대형 IBP의 네트워크를 이용하지 않고 직접 네트워크를 구축하여 타 ISP 등과 직접 연결함으로써 트래픽을 처리하는 것으로 이때는 자제 네트워크 투자를 시행할 필요가 있다.
- 트랜짓은 특정 IBP와 협의를 통해 Full Connectivity를 확보할 수 있지만 피어링은 다수의 사업자와 개별 협약을 체결해야 하고 그 때마다 회선을 구축하거나 IXP 내에서 트래픽을 교환하는 등

그림 18. 피어링 vs. 트랜짓 접속 방식 선택 논리 (단위 요금 비교)

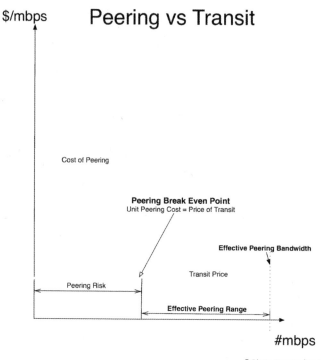

출처: Dr Peering(Norton, 2010)

네트워크 구성이 다르다.

· 또한 양자는 대체 관계에 있기도 하지만 병행하여 구성하는 것
도 가능하다. 즉 Tier 2 이하의 사업자라 하더라도 자사와 유사
한 피어링 정책를 가진 사업자와 피어링 계약을 체결하고 그에
따라 트래픽을 교환하게 되면 트랜짓을 통해 처리할 트래픽을
줄일 수 있기 때문에 피어링을 전략적으로 활용할 수 있다. 실제
다수의 ISP들은 피어링과 트랜짓을 적절히 조합하여 트래픽을

처리하는 경우가 많다.

피어링 정책(Peering Policy)

ISP 등이 피어링 접속을 하고자 할 때 모든 사업자와 피어링을 하지는 않는다. 피어링은 용어의 의미 그대로 자사와 동급의 사업자(Peer)인지 여부를 판단하고 그러한 경우에 해당하는 사업자(소위 피어링 파트너)와 피어링을 한다. 그런데 상대 사업자가 자신과 동급의 사업자인지 여부를 판정하고 그 사업자를 피어링 파트너로 선택하기 위해서는 판단 기준이 필요하다. 그래서 ISP 등은 스스로 일정한 준거를 수립하여 해당 준거나 요구사항을 충족하는 ISP 등과 피어링 협상을 하는 것이 보통이다. 여기서 말하는 준거나 요구사항을 담아 상대 ISP 등에게 제시한 것을 소위 "피어링 정책(Peering Policy)"이라고 한다.

접속을 제공하는 측에서 제시하는 피어링 정책은 접속요청사업자의 무임승차(Free-ride)를 방지하기 위한 필요조건들의 집합이라고 할 수 있다. 접속제공사업자가 접속요청사업자에게 피어링 정책에 포함된 요건들을 충족하도록 요구하는 것은 자사가 보유한 네트워크 자산에 비해 요청사업자의 네트워크 자산이 일정 수준 이하인 경우는 요청사업자가 일방적으로 제공사업자의 네트워크를 무료로 또는 저가로 이용하는 결과가 발생할 것이라는 논리를 배경으로 한다.

피어링 연결을 확대하고자하는 측(통산 규모가 작은 ISP, 상대방의 망 이용 비중이 높은 CP, CDN 등)에서는 피어링 정책 관련 정보를 적극적으로 알리고 피어링을 위한 조건을 매우 관대하게 설정하지만 피

표 4. ISP의 피어링 정책 구성: 네트워크·접속 요구사항 및 일반적 계약사항

	네트워크 요구사항	접속 요구사항	일반적 계약사항
주요 내용	·피어링 파트너간 유사한 규모의 투자 ·**피어링**을 요청하는 측이 제공하는 측에 비해 무임승차하는 것을 방지	무임승차를 방지하여 양측간에 동등한 편익을 얻고자 함	·접속 제공 권한, 접속 제공 사업자의 사업적 전략적 의사결정을 위한 사항 ·협상의 주도권이 제공사업자 측에 있음을 의미
예시	·IBP는 지역 ISP와 피어링 접속 의사 없음 ·IBP → 지역 ISP로 간 트래픽은 지역 ISP 네트워크 내에서 모두 처리됨 ·지역 ISP → IBP로 간 트래픽은 지역 ISP 네트워크를 벗어나 처리될 것임	·지리적 요구사항: 해당 국가 내 복수의 접속점을 통해 트래픽 교환 ·교환 트래픽 비율: 교환하는 트래픽의 교환 비율이 대체로 균형을 이루어야 함. Hot-potato 라우팅 방식으로 할 때 피어링 파트너보다 많은 용량을 준비하지 않기 위함임	·**피어링 정책** 개정 권한이 제공사업자 측에 있음을 명시 ·트랜짓 사업자가 피어링 파트너가 될 수 없음

출처: Kende(2011), 조대근 재구성

어링에 소극적인 사업자(예를 들면, 망 규모가 커서 상대방을 동등한 사업자로 인정하는 것을 선호하지 않는 사업자)는 매우 엄격한 조건을 포함하기 마련이다. 이 조건 설정은 매우 주관적이기도 하고, 상대방이 피어링 정책을 충족한다 할지라도 실제 피어링 협정이 되기 위해서는 양측이 합의를 해야하기 때문에 당사자의 재량적 측면이 강하다.[37]

---

37 독일의 컨설팅 기업 WIK 보고서에 다음과 같은 표현이 있는데 동일한 맥락으로 이해할 수 있다. 상호무정산을 전제로 한 피어링을 선호하는 CAP들은 피어링을 위한 전제 조건을 거의 제시하지 않는 소위 개방형 피어링 정책(Open Peering Policy)을 가진 반면, 네트워크를 제공해야 하는 ISP

이하에서 구체적으로 살펴보겠지만 통상 ISP들이 공개하는 피어링 정책을 살펴보면 네트워크 요구사항(Network Requirements)과 접속 요구사항(Peering Requirements), 일반적인 계약사항(General Contract) 으로 나뉘는데 세 가지 범주를 모두 제시하는 경우도 있고 그렇지 않은 경우도 있지만 Tier-1 사업자에 해당하는 등 협상력에 우위가 있는 사업자들은 대부분 모든 범주를 제시하고 있다. 각각의 의미를 정리하면 표 4와 같다.

들은 보다 제한적인 피어링 정책(Peering Policy)을 제시하며 보다 많은 의무를 요구한다고 설명한 다. ("Many CAPs operate an open peering policy and have only few prerequisites for peering, which, incidentally, is usually settlement-free. Many ISPs have a much more restrictive peering policy, with many requirements for a number of parameters. Deutsche Telekom peers only with Tier 1 backbone operators. It only offers transit to CAPs and does not allow any on-net CDN servers." 출처: Karl-Heinz Neumann 외, Competitive conditions on transit and peering markets Implications for European digital sovereignty, WIK-Consult, 2022.2.28.)

공중통신망이란 불특정의 이용자 상호 간에 통신 수단을 제공하는 통신망을 말한다. 전화망이나 디지털 데이터 교환(Digital Data Exchange, DDX)망, 인터넷 망도 여기에 포함된다. 이것에 대하여 특정의 단체 또는 이용자가 전용으로 통신하기 위한 통신망을 "전용통신망"이라 하며, 서비스의 종별이 전화 또는 전신(電信)인지에 따라 전용 전화망, 전용 전신망이라 부른다.[38]

정보의 전달 매체인 전기 신호 또는 광신호의 전송에 필요한 각종 구성 요소가 공간적으로 어떤 질서에 따라 배치되어 있는 체계를 전기통신망[39]이라 한다면 우리나라 전기통신사업법 상의 "전기통신회선설비"가 이에 해당한다. 동법 제2조 제3호에 따르면 "전기통신회선설비"란 전기통신설비 중 전기통신을 행하기 위한 송신·수신 장소 간의 통신로 구성설비로서 전송설비·선로설비 및 이것과 일체로 설치되는 교환설비와 이들의 부속설비를 말한다고 하고 있는데, 전기통신회선설비에 양측 이용자의 단말기를 연결하면 통신이 가능해지기 때문이다.

유럽연합(European Union, 이하 EU)의 전자통신규범(European Electronic Communications Code, EECC)에서는 "전자통신망(electronic

---

38 http://word.tta.or.kr/dictionary/dictionaryView.do?word_seq=053241-1

39 http://word.tta.or.kr/dictionary/dictionaryView.do?word_seq=057596-1

communications network)"[40]이라는 표현을 사용하는데 이는 신호의 전송이 필요한 모든 매체 즉 유선망, 이동망, 위성망, CATV 망 등을 모두 망라하여 칭하며 여기에는 유·무선인터넷 망도 포함하고 있다. 전자통신망 중 양측 이용자간 정보 교환을 목적으로 공중이 이용하는 전자통신망을 "공중전자통신망(public electronic communications network)"이라고 칭하고 있다.[41] 공중전자통신망은 공중전자통신서비스를 제공하는데 이용되는데 EECC는 공중전자통신서비스 유형에 초고속인터넷접속서비스(internet access service)를 명시하고 있다.[42]

---

40 Article 2 Definitions (1) 'electronic communications network' means transmission systems, whether or not based on a permanent infrastructure or centralised administration capacity, and, where applicable, switching or routing equipment and other resources, including network elements which are not active, which permit the conveyance of signals by wire, radio, optical or other electromagnetic means, including satellite networks, fixed (circuit- and packet-switched, including internet) and mobile networks, electricity cable systems, to the extent that they are used for the purpose of transmitting signals, networks used for radio and television broadcasting, and cable television networks, irrespective of the type of information conveyed;

41 Article 2 Definitions (8) 'public electronic communications network' means an electronic communications network used wholly or mainly for the provision of publicly available electronic communications services which support the transfer of information between network termination points;

42 Article 2 Definitions (4) 'electronic communications service' means a service normally provided for remuneration via electronic communications networks, which encompasses, with the exception of services providing, or exercising editorial control over, content transmitted using electronic communications networks and services, the following types of services:
(a) 'internet access service' as defined in point (2) of the second paragraph of Article 2 of Regulation (EU) 2015/2120;

"공중"이라는 용어에서 볼 수 있듯이 이용을 희망하는 불특정 이용자 누구나 네트워크 서비스를 제공하는 사업자와 조건에 대해 합의하고 상품을 선택하며 그 대가를 지불하면 네트워크에 액세스하여 통신서비스(정보 교환)를 이용할 수 있다. 그리고 공중이라는 최종이용자를 보유한 사업자가 공중전기통신사업자이다. 초고속인터넷의 경우 초고속인터넷가입자를 보유하고 이들에게 공중인터넷 망을 이용하도록 서비스를 제공하는 사업자가 소위 Internet Service Provider(이하 ISP)라고 할 수 있다. 실제 미국 연방통신위원회(Federal Communication Commission, 이하 FCC)는 2010년, 2015년, 2017년 발표한 망 중립성 행정명령서에서 공통적으로 ISP에 범주에 CDN, IBP, CP, Virtual Private Network(VPN) 등은 포함되지 아니한다고 명시하고 있다. 이러한 정의가 중요한 이유는 망 중립성 규제를 준수해야 하는 수범자를 정하는 기준이 되기 때문인데 초고속인터넷 가입자(개인, 가정, 기업)를 보유하여 이들에게 트래픽 차단, 조절, 대가에 의한 우선처리 행위를 통해 이익 침해를 할 수 있는 ISP가 망 중립성 규제를 준수해야 할 수범자가 되었다.[43]

---

43 미국 망 중립성 BIAS(Broadband Internet Access Service) 정의는 다음과 같다.
"44. We(FCC) find that open Internet rules should apply to "broadband Internet access service," which we define as: A mass-market retail service by wire or radio that provides the capability to transmit data to and receive data from all or substantially all Internet endpoints, including any capabilities that are incidental to and enable the operation of the communications

결론적으로 공중인터넷 망은 불특정 이용자가 패킷 통신을 위해 초고속인터넷접속서비스를 제공하는 사업자와 일정한 계약을 기반으로 액세스하여 이용자 상호 간에 통신 수단을 제공하는 통신망이라고 할 수 있다.

---

service, but excluding dial-up Internet access service. This term also encompasses any service that the Commission finds to be providing a functional equivalent of the service described in the previous sentence, or that is used to evade the protections set forth in this Part."(출처: 2010년, 2015년, FCC Open Internet Order)

Public Peering vs. Private Peering(SIX vs. BBIX)

퍼블릭 피어링 다자간 퍼블릭 피어링은 IXP 내 접속점에 연결된 사업자(ISP, CP 불문) 간 별도 대가 지급 없이 IXP에 소정의 포트(Port) 비용만 내고 사업자 간 트래픽을 소통시키는 연결 방식으로, 하나의 망을 여러 사업자(ISP, CP 불문)가 함께 사용하기 때문에 전송 품질(QoS)이 보장되지 않아 소규모 트래픽을 연동할 때에 사용되며, 이때 개별 사업자 간 별도 합의는 불필요하다.

SKB-넷플릭스 소송에 따르면 양사는 SIX에서 퍼블릭 피어링(다자간 퍼블릭 피어링)을 한 것으로 알려진다. SIX에서는 퍼블릭 피어링 방식을 채택했으므로 양사가 SIX 내에서 트래픽을 교환하기 위해서는 SIX의 루트 서버(Route Server)에만 연결하면 되고, SIX에 연결된 인터넷 사업자들의 개별 동의가 필요하지 아니하다. 이 부분은 분쟁에서 중요한 논점으로 작용한다. 즉 양측의 동의가 전제된 연결 방식이라면 대가의 지급 여부와 대가의 내용(지급을 합의한 경우)에 대한 합의에 따라 트래픽을 소통한 것으로 추정할 수 있지만 양사가 각각 SIX의 루트 서버에 연결하고 SIX의 루트 서버가 양사의 트래픽을 임의적으로 소통시켜 주었다면 양사가 연결 조건, 대가 등에 합의한 행위가 있었다고 하기 어렵기 때문이다.

프라이빗 피어링 양자간 프라이빗 피어링(Private Peering)은 ISP가 다른 ISP 또는 CP와 연결 시 연결 지점, 연결 방식 등을 개별적으로 합의하는 방식으로, 대가 지급에 대해서도 개별적인 합의가 이루어진다. 특히 CP와 ISP간에 연결하는 경우 CP는 ISP로부터 인터넷 접속 서비스를 제공받는 경우에 해당한다. 주지하듯이 프라이빗 피어링은 일반적으로 비디오 콘텐츠 스트리밍과 같이 소통되는 트래픽이 많아 해당 CP가 독점적·배타적으로 이용되는 전용회선을 이용해 특정 ISP의 네트워크에 접속하는 경우 사용되는데 SKB와 넷플릭스가 미국 SIX에서 접속점을 이전하여 일본의 BBIX에서 연결할 때 이 방식을 사용하였다.

문제는 양측이 SIX에서 BBIX로 이전한 후 접속 조건과 대가에 대한 합의 여부에 대해 다른 주장을 하고 있다는 점이다. 넷플릭스 측은 SIX 연결과 달리 2018년 이후 일본 BBIX 및 중립 IDC, 홍콩 중립 IDC에서 피고와 각 프라이빗 피어링을 할 때에는 연결 지점 및 연결 방식에 대한 개별적인 합의를 하고 연결하였다고 주장하는데 반면 SKB는 각 프라이빗 피어링을 위한 연결 합의 당시는 물론, 그 이후 연결 용량을 증설할 때마다 망 이용대가의 지급을 분명하게 요구하였다는 입장이다. 퍼블릭 피어링과 프라이빗 피어링 그리고 각각의 정산 방식과 양측의 연결상태를 정리한 것이 그림 17이다.

망의 연결 방식 2:
트랜짓(Transit)

인터넷 망 연결에 있어 트랜짓은 상대적으로 규모가 적은 ISP가 Full Connectivity 확보를 위해 대형 ISP(IBP)로부터 네트워크 연결서비스를 일정한 대가를 지불하고 구매하는 것을 말한다.

트랜짓을 구매하게 되면 제공하는 ISP는 구매하는 ISP에게 모든 라우팅 정보(Full Routing information)를 제공하게 되고 구매하는 ISP의 가입자는 모든 목적지(사이트)에 액세스할 수 있다.(Group, 2014)

그림 19의 좌측 그림에서 보듯이 백본 B와 백본 C는 프라이빗 피어링(Private Peering) 접속을 하고 있고, 백본 A는 백본 B와 접속을 하고 있지 않아 백본 B와 백본 A간 트래픽 교환은 불가능하다. 대신 백본 A는 백본 C에게 트랜짓서비스를 요청함으로써 백본 C(백본 B를 포함하여 백본 C와 피어링하고 있는 모든 사업자)와 트래픽 교환을 할

그림 19. 트랜짓 서비스 개념도

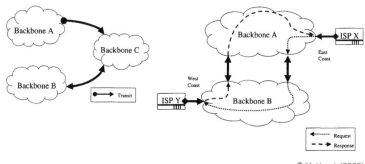

출처: Kende(2003)

수 있다.[44]

이는 물리적으로 백본 C가 백본 A에게 백본 B와의 트래픽 교환을 위한 액세스 서비스를 제공하는 것으로 이해할 수 있다. 즉 백본 A는 백본 C와 접속함으로써 백본 C로부터 모든 망 자원에 착신 및 트래픽 교환을 할 수 있게 되고, 이는 IAP가 초고속인터넷가입자 또는 CP에게 접속회선을 제공하는 것과 사실상 동일하다. 따라서 피어링 접속일 때는 접속 당사자들이 파트너로서 접속을 하지만 트랜짓서비스는 제공사업자와 이용자 간의 관계를 형성한다.

또 그림 19의 우측 그림에서 다시 한 번 보자. 백본 A와 백본 B는 프라이빗 피어링(Private Peering)을 하고 있고, 백본 A는 ISP X에게 트

---

44 "Backbone A is a transit customer of backbone C; thus, the customers of backbone A have access both to the customers of backbone C as well as to the customers of all peering partners of backbone C, such as backbone B."(출처: Kende, M. (2003). The digital handshake: Connecting Internet backbones. CommLaw Conspectus, 11, 45.)

그림 20. 트랜짓 서비스를 위한 라우팅 정보 공개 개념도(이용자 ↔ 모든 인터넷)

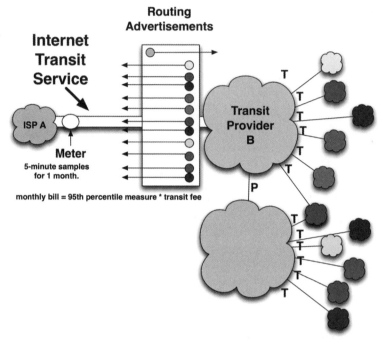

랜짓서비스를 제공하고 있다. 마찬가지로 백본 B는 ISP Y에게 트랜짓서비스를 제공하고 있다. 백본 A와 백본 B에게는 ISP X와 ISP Y가 도매 고객인 셈이다.[45]

트랜짓서비스를 제공하기 위해서는 트랜짓서비스 제공사업자가 두 가지 기능을 수행해야 한다. 하나는 트랜짓서비스 이용사업자에

---

45 Kende, M. (2003). The digital handshake: Connecting Internet backbones. CommLaw Conspectus, 11, 45.

게 모든 라우팅 정보를 공개(advertise)해야 하고(그림 21에서 여러 색깔의 동그라미가 ISP A에게 전달됨), 반대로 이용자의 라우팅 정보를 모든 인터넷에 대해 공개(그림 20에서 최상단 동그라미가 모든 인터넷에게 전달됨)하여야 한다. 이 두 가지 기능이 수행되면 이용자는 Full Connectivity가 가능하다.

공중인터넷 망에 접속하여 불특정 다수와 패킷 통신을 할 때 가장 쉽게 선택할 수 있는 방식이 트랜짓이지만 최근 트래픽 양이 급증하고 품질에 민감한 서비스가 등장하면서 트랜짓에 대한 수요가 다른 전송방식으로 대체되는 경우가 증가하고 있다. 트래픽 양의 급증은 트랜짓서비스 구매 비용 증가를 의미하고 전송 거리가 길어지는 것은 품질에 민감한 서비스의 만족도 저하를 의미하기 때문에 트랜짓 서비스 대신 다른 방식을 선택하는 것은 자연스러운 현상이다. 실제 전 세계 트랜짓 시장 규모는 감소하고 있고 트랜짓 단가 역시 감소하고 있는 것으로 알려진다.

실제 유럽연합의 규제기관연합체인 BEREC이 2017년 수행한 조사에 따르면 2015년 트랜짓 요금(Transit fee)은 33% 하락하였다. 그리고 1998년부터 2012년 사이 트랜짓 요금은 연간 평균 36%까지 하락한 것으로 조사되었다. 2015년 트랜짓 요금은 US$0.63/Mbps로 알려진다.[46] Wik는 트랜짓 요금 하락 원인으로 기술발전과 트랜짓 시장의 경쟁 심화를 꼽았다. 특히나 트랜짓의 대체재로 알려진 피어링과

---

46 Karl-Heinz Neumann 외, Competitive conditions on transit and peering markets Implications for European digital sovereignty, WIK-Consult, 2022.2.28.

그림 21. 유럽 10 GigE IP Transit 요금(가중중앙값) FY 2015~2018(Weighted Median 10 GigE IP Transit Prices in Europe, 2015-2018)

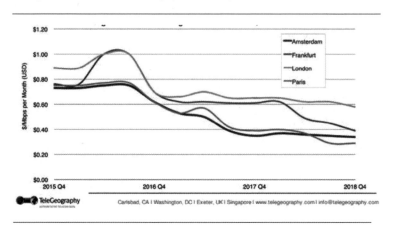

출처: Hjembo (2019), p. 45. WIK에서 재인용

CDN의 활성화는 트랜짓 요금 인하의 원인으로 작용하고 있다고 분석한다. 그리고 향후에도 트랜짓 요금은 계속 하락할 것이나 그 하락 속도는 둔화될 것으로 전망하였다.[47]

---

47 "Falling prices were and are driven by technological progress and competition in the transit market. Transit continues to come under increasing pressure from peering and CDN services. The trend towards falling transit prices has continued, albeit at a slower pace."(출처: Karl-Heinz Neumann 외, Competitive conditions on transit and peering markets Implications for European digital sovereignty, WIK-Consult, 2022.2.28.)

대안적 연결 방식:
CDN

의미와 연결 방식

CDN(Content Delivery Nettwork)은 CP에게 요청 받아 콘텐츠를 전달하는 역할을 하고 있는데 CDN은 콘텐츠가 착신하는 ISP망 종단(Edge 또는 ISP 사업자의 IDC 내)에 구축된 서버군(群)으로 구성된 시스템을 말한다. 즉, CDN은 CDN 서버에 콘텐츠를 분산시키고 이용자가 네트워크 경로 상 가장 가까운 곳의 캐시서버로부터 콘텐츠를 전송 받도록 하여 트래픽이 특정 서버에 집중 되지 않고 각 지역 서버로 분산되도록 하는 기술이다.

마켓앤마켓이 2022년 8월에 발표한 보고서에 따르면 전 세계 CDN 시장은 2022년 192억 달러에서 2027년 345억 달러로 성장하며, 연간 12.5%의 성장률을 보일 것으로 전망된다. CDN의 성장 이유로 웹 개체, 다운로드 개체, 응용 프로그램, 실시간 스트리밍 데이터,

주문형 스트리밍 미디어 등 다양한 분야에서, 고가용성 및 고성능으로 고품질의 콘텐츠를 제공하려는 수요 증가를 들고 있다.[48]

그렇다면 CDN의 어떤 장점 때문에 이렇게 수요가 급증하고 시장의 반응이 좋은 것인가? 인터넷 망의 품질을 좌우하는 중요한 요소는 지연(delay)이나 레이턴시(latency)가 어느 정도 되느냐인데 통상 인터넷 대역이 증가하면 지연이나 레이턴시 현상[49]이 해소될 것이라는 일반적인 기대와 달리 현실은 그러지 못했다.

인터넷은 시작부터 착신될 때까지 통합적으로 품질을 관리하지 않기 때문에 품질 보장이 되지 않는다는 점과 유발되는 트래픽 양이 대역과 서버 용량을 압도하면 지연 시간이 길어지고 레이턴시를 예측할 수 없는 상황이 빈발해왔다. 이 문제를 해결하는 근본적인 접근방법으로 고안된 것이 CDN이다. 즉 CDN은 최종이용자 최인근에 오

---

48 김달훈, "2027년까지 CDN 시장 규모 345억 달러 전망", CIO Korea, 2022.7.4.

49 네트워크에서의 레이턴시(latency)는 지연(delay)과 비슷한 말로서, 하나의 데이터 패킷을 한 지점에서 다른 지점으로 보내는데 소요되는 시간을 표현한 것이다. 그러나 일부에서는 (예를 들면, AT&T 등에서는), 패킷 하나를 보내고 그것이 송신자에게 되돌아올 때까지의 왕복에 걸리는 시간을 레이턴시라고 부르기도 한다. 레이턴시는 한 지점에서 다른 지점 사이에 (지연시간이 전혀 없이) 데이터가 즉시 전송되어야만 하는 것으로 가정한다. 네트워크에서 레이턴시를 일으키는 요인들은 다음과 같다.
— 전달 지연: 이것은 단순히 하나의 패킷이 한 지점에서 다른 지점으로 광속으로 이동하는데 걸리는 시간이다.
— 전송 지연: (광케이블, 무선 또는 그 밖의 어떤 것이라도) 매체 그 자체에서 약간의 지연이 생긴다. 또 패킷의 크기에 따라서도 왕복하는데 지연이 생길 수 있는데, 그 이유는 패킷이 클수록 수신하고 반환하는데 시간이 더 걸리기 때문이다.
— 라우터 및 기타 처리 지연: 각 게이트웨이 노드들 시험하고, 또 어쩌면 패킷 내의 헤더를 변경 (예를 들어, TTL 필드 내에 있는 홉 카운트의 값을 변경하는 등) 하는 데에도 시간이 걸린다.
— 다른 컴퓨터 및 저장장치 지연
출처: http://www.terms.co.kr/latency.htm

그림 22. CDN을 이용할 때와 그렇지 않을 때의 비교 개념도

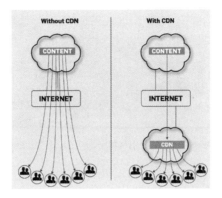

출처: Francesco Altomare (2021)

리진 서버(Origin server) 콘텐츠를 복제한 서버(Surrogate server)를 위치시켜, 서버와 최종이용자간 거리를 최소화하는 것이다. 더불어 최종이용자 모두가 오리진 서버에 액세스한다면, 오리진 서버에 접속하는 경로에 혼잡이 발생하는 것이 불가피하고, CP입장에서는 망 이용대가 부담(트랜짓 비용)이 크기 때문에 분산된 서버 시스템을 활용하는 것이 효율적이다. 즉 이용자의 요청에 대응하는 서버를 최종이용자 최인근에 두어 오리진 서버-최종이용자간 트래픽을 축소하여 품질 향상을 도모한 솔루션 또는 아키텍처가 CDN이다.[50]

구체적으로 보면 CP가 보유하고 있는 원본 콘텐츠를 CDN 사업자

---

50 B. Zolfaghari, G. Srivastava, S. ROY, H. R. Nemati, F. Afghah, T. Koshiba, A. Razi, K. Bibak, P. Mitra & B. K. Rai (2020). Content delivery networks: State of the art, trends, and future roadmap. ACM Computing Surveys (CSUR), 53(2), 1–34. https://doi.org/10.1145/3380613
G. Peng, (2004). CDN: Content distribution network. arXiv preprint cs/0411069. 2018.10.22.

그림 23. CDN의 효율적 콘텐츠 전송 개념도

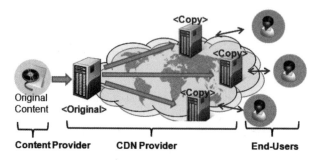

출처: Ofcom(2012)

가 각 ISP 가입자(이용자) 인근에 둔 서버에 복사본을 저장함으로써 이용자가 해당 콘텐츠를 반복적으로 요청(query)할 때 복사본이 저장되어 있는 서버의 콘텐츠를 제공하도록 한다. 이는 네트워크 활용을 현저히 줄이고 병목 구간을 회피하는 결과를 가져와 효율적인 콘텐츠 전송이 가능해진다.[51]

그림 24와 같이 CDN의 아키텍처를 보면 최종이용자로부터 콘텐츠 제공 요청(request)을 받으면 CDN의 고객인 CP가 콘텐츠 전송을 허가(authorization)하고, CP(source)로부터 전달 받은 콘텐츠 사본(copy)을 최종이용자에게 CDN을 통해 전달(deliver)토록 한다.

---

51 "A Content Delivery Network (CDN) is a globally distributed network of web servers or Points of Presence (PoP) whose purpose is to provide faster content delivery. The content is replicated and stored throughout the CDN so the user can access the data that is stored at a location that is geographically closest to the user. This is different (and more efficient) than the traditional method of storing content on just one, central server. A client accesses a copy of the data near to the client, as opposed to all clients accessing the same central server, in order to avoid bottlenecks near that server."(출처: Francesco Altomare, Content Delivery Network Explained, GlobalDots, 2021.4.21.)

그림 24. 전형적인 CDN의 아키텍처

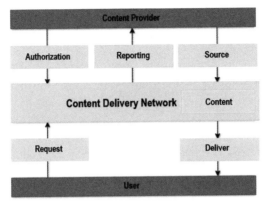

출처: Francesco Altomare (2021)

CDN에 적용되는 핵심 기술을 살펴보면 CDN이 물리적인 통신망 즉 네트워크 계층 이상의 상위 계층에서 작동함을 알 수 있다. 즉 사용자의 요청을 적절한 엣지서버로 분산시키는 GSLB(Global Server Load Balancing) 기술, 분산 배치된 엣지서버들 간의 콘텐츠를 동기화시키는 기술, 사용자나 네트워크 환경에 맞추어 콘텐츠를 전송하는 어댑티브 바이레이트 스트리밍(Adaptive Bitrate Streaming) 기술 등이 CDN의 핵심기술로 알려지는데 이들은 HTTP를 사용하는 기술들이며,[52] HTTP는 OSI(Open Systems Interconnection Reference) 계층[53]에서 7계층에 해당한다.

---

52 이종민, 권아름, 이경준, 심영재, 조성민, 강종렬. (2012). CDN과 Operator-CDN 기술 동향. Telecommunications Review, 22(5), 641–653.

53 OSI 모델은 모든 시스템들의 상호 연결에 있어 문제없도록 표준을 정한 것으로 통신이 일어나는 과정이 단계별로 파악할 수 있는 장점이 있다. OSI는 총 7계층으로 응용, 표현, 세션, 전송, 네트워크, 데이터링크, 물리계층 등이 있다.

그림 25. IP 상호접속 상의 CDN 위치(Application layer, BEREC)

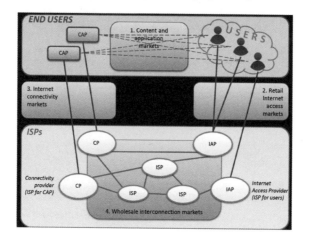

출처: BEREC(2012), 조대근 재구성

Pathan과 Buyya도 CDN이 네트워크 계층 상단 HTTP나 RSTP(Real Time Streaming Protocol)와 같은 애플리케이션레이어 프로토콜을 이용한다고 같은 취지에서 기술하고 있다. 그리고 BEREC도 이와 유사한 취지의 설명을 한 바 있다. BEREC에 따르면 CDN은 ISP의 네트워크 계층(즉 Layer 3인 IP 계층)에서 운용되지 않으며 CDN을 애플리케이션 계층으로 분류된다.(그림 25 참조)

CDN으로서의 기능은 유사하지만 여러 가지 유형의 CDN이 시장에 참여하고 있다. 예를 들면 다음과 같다.

- 상용CDN(pure CDNs): Akamai (서버만을 보유하고 있으며 공중인 터넷 망을 통해 콘텐츠 사본 전달)
- 네트워크를 운용하는 상용 CDN: Edgio(Limelight의 후신)

그림 26. 주요 CDN 사업자의 커버리지 Map(Akamai, Limelight, Google, Amazon)

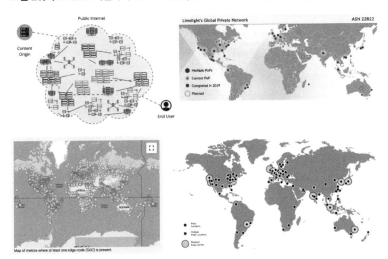

출처: 각 사업자 홈페이지 등

· 네트워크를 보유한 ISP이면서 CDN 서비스 제공(소위 Telco CDN): 과거 Level 3, AT&T
· 대형 CAPs: 구글, 넷플릭스(OCA), 자사 서비스 트래픽 처리를 위해서 자체 CDN을 구축한 CAP(해저케이블, 서버 등을 자체적으로 마련)
· 장비와 솔루션 기업으로 CDN 서비스 제공: Cisco, Juniper, Alcatel Lucent

대량 트래픽 유발 CP의 대안적 접속방식

앞서도 언급하였듯이 CDN은 동영상과 같은 대용량 트래픽을 유발하는 콘텐츠를 제공하는 CP가 전송품질을 확보하면서도 비용을 절감할 수 있도록 하기 위한 네트워크 솔루션으로서 등장하였고 전

통적인 접속방식인 피어링이나 트랜짓의 대안적 접속방식이라 할
수 있다.

또한 CDN은 CP의 트래픽 전송 비용을 절감시켜주는 솔루션으로
서도 대안적 접속방식이다. ISP가 대량의 트래픽을 유발하는 CP와 접
속함에 있어 상호무정산을 전제로 한 피어링을 하는 것은 해당 CP를
전략적으로 필요로 하지 않는 한 어렵다. 또한 CP가 대량의 트래픽을
트랜짓으로 처리하기에는 그 비용이 높아 선택하는 것이 부담이다.
따라서 CP는 비용을 절감시켜줄 수 있는 CDN을 채택하고 있다.

그런데 CP의 규모에 따라 CDN을 활용하는 방식은 다양하다.

우선 소규모 CP는 상용 CDN을 이용하는 경우가 많다. 소규모 CP
는 클라우드, 스토리지, 트래픽 처리 등을 통합 서비스를 제공하
는 아마존을 이용하는 경우가 많다. 아마존은 AWS(Amazon Web
Service)[54]를 이용하는 CP에게 트래픽 처리를 위해 CDN인 Cloudfront
를 함께 이용할 수 있도록 하고 있다.[55] 우리나라 CP들 역시 아마존
의 AWS와 더불어 Cloudfront CDN을 이용하고 있다. 이들은 사업규
모가 작고 유발하는 트래픽 양이 적어 다른 전문사업자로의 서버 호
스팅과 CDN을 이용하는 것이다.

어느 정도 규모가 되는 CP의 경우에는 전략을 달리 한다. 즉 서버
는 자체 IDC를 만들어 호스팅하지만 트래픽 처리는 상용 CDN 사업

---

54 AWS는 2006년 아마존닷컴에서 개발한 클라우드 컴퓨팅 플랫폼 서비스로 컴퓨팅, 스토리지, 데
이터베이스, 분석, 네트워킹, 모바일, 개발자 도구, 관리 도구, IoT, 보안 및 엔터프라이즈 애플리케
이션을 비롯하여 광범위한 글로벌 클라우드 기반 제품을 제공한다. (https://www.megazone.com/
about-aws/)

55 https://aws.amazon.com/ko/cloudfront/

그림 27. CDN 작동 원리(최종이용자와의 근접성 확보 → 전송 품질 제고)

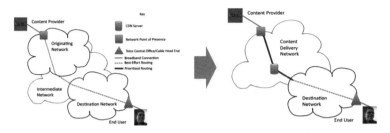

출처: augustjackson dot net(2010), 조대근 재구성

자에게 의뢰한다. 예를 들면, Akamai나 Edgio를 이용하는 것이다. 상
용 CDN 사업자들은 다수의 CP 트래픽을 모아 전송하기 때문에 망
이용 효율이 높아 이용하는 CP들에게는 대형 ISP의 트랜짓 요금보다
저렴하게 제공할 수 있는 장점이 있다. 그리고 이보다 더 큰 대형 CP
중에는 자체 호스팅뿐 아니라 해외 글로벌 네트워크를 확보하고 ISP
들과 직접 피어링 계약을 통해 트랜짓 비용을 절감하는 전략을 추진
하는 경우도 있다.

마지막으로 가장 규모가 큰 구글, 넷플릭스, 아마존, 메타(이전의 페
이스북)와 같은 CP는 자체 IDC를 전 세계 곳곳에 설치하여 호스팅할
뿐 아니라 글로벌 CDN을 구축하고 오직 자사 트래픽만을 위해 사용
한다. 이는 타 사업자를 통해 트래픽을 처리하는 비용 자체가 크고 계
속 증가할 것이 자명하기 때문에 그 비용을 투자로 내부화한 것이다.

이들 대형 CP들은 가능한 최종이용자 최인근까지 자체 CDN으로 트
래픽을 처리하고 Local ISP의 네트워크와 연결하여 착신을 시키고 있
다. 계약 조건에 따라서는 해당 ISP 망 내에 캐시서버를 설치하는 On-
Net 접속을 하는 경우도 있고 별도의 접속점에서 프라이빗 피어링을

그림 28. CP의 규모별 서버 호스팅과 트래픽 처리 방안(Rent vs. Build)

CP 규모	Server hosting	Network
Small content providers	자사 콘텐츠를 제3의 상업용 호스팅 서비스 이용	예를 들면, 아마존 AWS와 CDN 서비스 이용
Somewhat larger content providers	자체 호스팅	상용 ISP에게서 트랜짓 서비스 구매 상용 CDN(Akamai, Limelight) 이용
Still larger content providers	자체 호스팅+글로벌망 확보	ISP들과 Peering 계약 추진을 통해 트랜짓 이용 절감 지향
The largest content providers	자체 호스팅+글로벌망 확보	자체 CDN 구축이 상용 CDN 이용보다 비용-효과적인 규모

"Google started in a garage, but today (1) hosts its own content, (2) purchases transit, (3) invests in a global network, (4) peers with many ISPs, and (5) offers its own CDN for deployment within the networks of larger ISPs."
출처: WIK(2011)

출처: J. Scott Marcus and Alessandro Monti (2011)

하는 Off-Net 접속 방식을 하기도 한다. 결국 CP들은 발생하는 트래픽을 가장 적은 비용으로 일정 수준의 품질을 확보하면서 처리하기 위해 자사 상황에 맞는 다양한 방법을 조합하여 전략적으로 접근한다.

CDN에 대한 다양한 정의와 속성

우리나라 법령에서 CDN을 정의한 바는 없다. 다만 2019년 방송통신위원회는 "공정한 인터넷 망 이용계약에 관한 가이드라인(2019)"[56]을 제정, 발표하였는데 동 가이드라인 제2조(정의)에서 CDN을 "콘텐츠제공사업자의 디지털콘텐츠를 효율적으로 전달하기 위한 시스템을 구축하고 인터넷서비스제공사업자의 인터넷 망을 이용하여 콘텐츠 전송서비스를 제공하는 사업자"라고 정의하였다. 그 외에도 다른 문헌들의 CDN 정의는 표 5와 같다.

CDN의 정의에서도 확인할 수 있지만 CDN은 상용을 목적으로 하

---

56 방송통신위원회, 공정한 인터넷 망 이용계약에 관한 가이드라인, 2019.12.26.

표 5. 해외 주요국 문헌에서의 CDN 정의(원문)

구분	CDN 정의
BEREC(2012)	Generically, a Content Delivery Network (CDN) is a system of servers, deployed at the edge of (or within) the terminating ISPs network, that CAPs can use to distribute their content. CDNs do not interfere with the network layer of the ISPs. They do not provide connectivity but operate on top of the network layer on upper layers and in that sense can be qualified as a CAP (such as caching, server load balancing) on the Internet (grey CDN box).
ACM(네덜란드 방송통신/공정 거래규제기관)	CDNs: The legal status of CDNs is unclear, since they have been evolving. Their core functionality consists of caching content of CAPs on their servers, which are geographically distributed. Originally, CDNs run services and buy connectivity to the Internet for transmission between its servers like any other application provider. In this sense, it uses the Internet to provide a transmission infrastructure for its own services and thus may not be held responsible [BEREC, 2012a]. Based on this, a CDN may not qualify as an ECS, since it would not consist wholly or mainly in the conveyance of signals.
WIK Report	In one instance that we are aware of, the content provider assumes the cost of procuring the CDN servers and operating them. The ISP is expected to provide (1) network connectivity to the CDN servers, and (2) rack space and power in a suitable facility.

출처: BEREC(2012), ACM(2015), WIK(2011)

든지(Akamai, Edgio, Amazon) 또는 자체 서비스 제공을 목적으로 하든지(GGC, OCA) 두 가지 속성은 공통적이라는 점이다.

첫째, CDN이 CP의 콘텐츠를 착신 ISP의 가입자(최종이용자)에게 전달하기 위해서는 착신 ISP로부터 연결성을 구매해야 한다는 점이다. 즉 CDN은 착신을 위한 네트워크를 보유하고 있지 않기 때문에 일정한 대가를 지불하고 착신을 요청해야 한다.

둘째, CDN은 최종가입자(개인, 가정, 기업)에게 공중인터넷 망에 대한 액세스를 제공하는 사업자가 아니기 때문에 ISP와 동일하게 볼 수

표 6. 피어링과 트랜짓 접속 의미, 접속방식 비교

구분	항목	주요 내용
피어링	의미	· 접속당사자 상호간 또는 접속당사자 각 ISP 등이 보유한 이용자간 트래픽을 교환토록 하는 협정 방식(제3자에게 전송 의무 없음)
	구현 방식	· 프라이빗 피어링: 두 네트워크 간 물리적/논리적으로 직접 회선 연결(IX 불필요). 접속라우터간을 전용회선으로 연동, BGP 이용 · 퍼블릭 피어링: 스위치 장비가 위치한 IX까지 ISP 등이 회선을 구축한 후 합의한 ISP간에 AS를 교환하는 방식
	동인	· 네트워크 외부효과, 이중화를 통한 망의 생존성 강화, 라우팅 통제 증대, 트래픽 지연 감소(전송 품질 제고) · 트래픽 증가에 즉각적인 대응이 가능하여 혼잡 최소화 가능 · 트래픽 관리 및 트래픽 예측 가능성 제고 · 비용절감(일정량 이상의 트래픽 유발을 전제)
	피어링 정책 (Peering Policy)	· 잠재적 피어링 파트너에게 요구하는 피어링 조건을 말하며 피어링을 통한 무임승차 방지가 목적 · 주로 네트워크 조건(유사한 망 규모 등), 접속조건(커버리지, Hot-potato routing 등) 등 제공사업자 요구사항으로 구성
	정산	· 상호무정산(Bill & Keep), 유료 피어링(paid peering) 등 가능 · 상호무정산 논리 　접속에 따른 발생 비용이 유사 　접속에 따른 발생 편익이 유사
트랜짓 서비스	의미	· 상대적으로 규모가 작은 ISP 등이 Full Connectivity 확보를 위해 대형 ISP로부터 구매하는 네트워크 연결서비스
	구현 방식	· 일종의 액세스서비스이므로 트랜짓 요청 사업자의 라우터와 제공사업자의 라우터간에 회선을 연결 · 네트워크 구축 및 전송 서비스를 제공사업자가 일괄 제공
	정산	· 트랜짓 요청사업자가 제공사업자에게 지불 · 대가 지불 논리 　접속 결과 제공 ISP(대형 ISP)측에 더 많은 비용 유발 　제공사업자의 네트워크를 임대(Rent)하는 것으로 구축비의 기회비용에 해당
CDN (Content Delivery Network)	의미	· 미디어 콘텐츠의 효율적인 전송 및 비용절감을 목적으로 출시된 솔루션. CDN 서버에 콘텐츠를 분산시키고 이용자가 네트워크 경로상 가장 가까운 곳의 서버로부터 콘텐츠를 전송 받도록 하여 트래픽이 특정 서버에 집중 되지 않고 각 지역 서버로 분산되도록 하는 기술 · 전통적인 접속방식인 피어링 또는 트랜짓 서비스로는 동영상 등 미디어 콘텐츠로 인한 네트워크 부담 해소가 어려워 대안적 방식으로 등장
	구현 방식	· 착신 ISP 인근에 둔 서버에 복사본을 저장함으로써 이용자가 해당 콘텐츠를 반복적으로 요청(query) 할 때 복사본이 저장되어 있는 서버(ISP의 IDC 내 위치)에서 최종이용자에게 콘텐츠 제공
	정산	· 가입자를 가진 ISP(IAP)에게 착신대가 지불(Paid Peering)

출처: 조대근(2022)

그림 29. 데이터와 망 이용대가의 흐름(CP, CDN, ISP, End user)

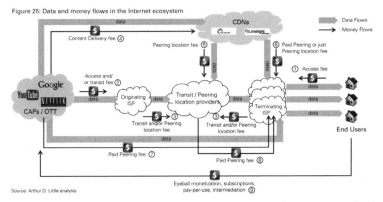

Figure 25: Data and money flows in the Internet ecosystem

Source: Arthur D. Little analysis

출처: Arthur D. Little (2014)

는 없다. CDN이 CP의 콘텐츠 복사본을 최종이용자 최인근 서버까지 전달해 놓기 때문에 그 기능상 ISP의 네트워크와 동일하다고 보는 주장도 있지만 양자간에는 공중인터넷 망에 액세스를 제공하는 기능 여부에서 차이가 있다.[57] 앞서 언급한 바 있지만 미국의 방송통신규제기관 FCC가 망 중립성 규제의 수범자인 초고속인터넷 사업자(Broadband Internet Access Service, 이하 BIAS)에서 CDN을 제외한 것도 이러한 맥락이다.

이상의 설명을 정리하면 표 6과 같다. 표 6은 피어링, 트랜짓, CDN을 의미, 구현방식 등의 항목별로 비교하고 있다.

---

57 이 부분은 SK브로드밴드-넷플릭스 소송의 쟁점 중 하나인 빌앤킵 문제에서 중요한 단서로 작용한다. 즉 빌앤킵은 최종가입자에게 공중인터넷 망에 접근할 수 있는 서비스를 제공하는 ISP간 네트워크를 연결하였을 때 정산방식인데 CDN이 ISP로 볼 수 있느냐 하는 문제에서 넷플릭스의 CDN이 ISP의 대체재로서 볼 수 없다는 논리의 근거가 되는 사항이다. 이와 관련한 내용은 제6장과 제7장에서 자세히 다룬다.

— 인터넷을 고안하기 시작하였을 때부터 네트워크 설계의 가장 중요한 가치는 "효율성(Efficiency)"으로 최소의 비용으로 최적의 전송 네트워크를 구성하는 것이다.

— IBP를 포함하여 피어링을 하는 사업자들이 접속 시 채택하는 솔루션 중 하나가 "Hot-Potato Routing"이다. Hot-Potato Routing이란 이름 그대로 발신측 ISP가 뜨거운 감자인 패킷을 가능한 빨리 피어링 파트너인 착신측 ISP에게 넘겨주어 발신측 네트워크 부담을 최소화하기 위한 라우팅 방식을 말한다.[58]

· 인터넷 망간 연결은 기술적 차원에서 보면 서로 다른 ASN을 가진 사업자간 네트워크를 연결하는 것인데 Hot-Potato Routing은 패킷을 발생시킨 AS가 아닌 다른 AS로 가능한 빨리 해당 패킷을 넘겨버린다는 의미[59]로 해석할 수 있다.

· 다시 말하면, 당초 발신측 이용자가 유발한 패킷을 이용자의 위치에서 가장 가까운 접속점(상대 ISP 등이 보유한 라우터와 연결할

---

58 "In hot potato routing, the ISP hands off packets to the next ISP as quickly as possible."
출처: Subramanian, L., Padmanabhan, V. N., & Katz, R. H. (2002, June). Geographic Properties of Internet Routing. In USENIX Annual Technical Conference, General Track (pp. 243–259).

59 "In commercial network routing between autonomous systems which are interconnected in multiple locations, hot-potato routing is the practice of passing traffic off to another autonomous system as quickly as possible, thus using their network for wide-area transit." (출처: https://en.wikipedia.org/wiki/Hot-potato_and_cold-potato_routing)

그림 30. Hot-Potato 라우팅 개념도

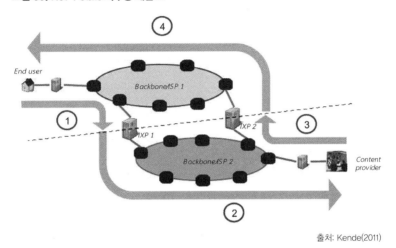

출처: Kende(2011)

수 있는 지점)까지 가져와서 착신측 이용자를 보유하고 있는 ISP
의 라우터로 전달한다. 이후 착신이용자까지 전송은 착신측 ISP
가 담당하게 되어 발신측 ISP는 트래픽 전송 부담을 덜게 된다.

· 다만 이러한 전송 방식은 역으로도 성립하기 때문에 트래픽 양
이 달라서 보내는 트래픽보다 받는 트래픽이 더 클 경우 자신이
트래픽을 보냄으로써 받는 혜택보다 상대측으로부터 받은 트래
픽을 처리해 주는 비용이 더 커지기 때문에 피어링 계약이 파기
될 수 있다.

· 통상 Hot-Potato Routing에서는 양측 이용자가 유발하는 트래픽

양이 유사함(즉 피어링 당사자인 사업자가 상호 교환하는 트래픽 양이 유사함)을 전제하기 때문에 정산은 상호무정산거래(Settlement Free Peering) 방식이 적용되는 것이 일반적[60]이다.

· 그림 30에서 최종이용자를 보유한 Backbone/ISP 1은 자사 가입자가 유발한 트래픽(예를 들면, CP가 제공하는 콘텐츠를 요구하는 query)을 이용자와 가장 근접한 ① 접속점에서 상대 Backbone/ISP 2에게 전달할 것이고 해당 트래픽은 Backbone/ISP 2의 네트워크를 통해 CP에게 전달(②)될 것이다.

· 요청(Query)을 받은 CP의 콘텐츠를 전송해야 하는 Backbone/ISP 2는 CP와 가장 근접한 접속점의 네트워크(③)를 통해 최인근 접속점으로 콘텐츠 트래픽을 인도하고 상대 Backbone/ISP 1에게 전달(④)할 것이다.

· 과거 주된 콘텐츠가 이메일 내지 텍스트 중심이었던 시기에는 양 측 이용자가 주고 받는 트래픽의 차이가 적고 사실상 균형을 유지하여 트래픽을 교환하는 ISP간에는 상호무정산 거래가 지속적으로 유지될 수 있었다.

---

60 "Hot-potato routing is the normal behavior of most settlement-free peering agreements. Hot-potato routing has the effect that the network receiving the data bears the cost of carrying it between cities." (출처: https://en.wikipedia.org/wiki/Hot-potato_and_cold-potato_routing)

· 문제는 CP(예컨대 OTT 사업자)를 수용한 Backbone/ISP 2측에서 Backbone/ISP 1으로 전달하는 트래픽 양이 그 반대로 전송하는 트래픽 양보다 훨씬 많을 경우에는 트래픽 교환 비율이 불균형을 이뤄 Backbone/ISP 1이 처리해야 할 트래픽 양이 상대적으로 많아 네트워크 부담이 더 커지고 결국 상호무정산을 유지하기 어려워진다.[61]

― 반면 인터넷사업자들은 필요에 따라 Hot-Potato 방식과 반대인 Cold-Potato 방식[62]으로 트래픽을 전송하기도 한다. Cold-Potato

---

61 한국인터넷기업협회 및 회원사들의 지원으로 작성된 Analysys Mason 보고서(2020)에서도 동일한 맥락으로 다음과 같이 기술하고 있다. "콘텐츠 양의 증가는 장기적인 영향을 가져왔다. 역사적으로, 트래픽 비율이 피어링 기준에서 지정된 값을 초과하면 A와 같은 백본은 피어링 관계 하에서 교환된 초과 트래픽에 대해 초과 비용에 대한 지불을 요청함으로써 (발생한) 추가 트래픽 비용을 보충하고자 한다. 이러한 '유료 피어링'은 기술적인 관점에서 볼 때 무료 피어링과 차이가 없지만 트래픽을 발생시키는 당사자는 콘텐츠를 고객에게 전송하기 위해 수신자에게 더 많이 지불한다." (출처: Michael Kende, David Abecassis, IP interconnection on the internet: a white paper, Analysys Mason, 2020.5.21.) 이는 트래픽 교환의 불균형에도 불구하고 연결성이 지속가능하기 위해서 연결 참여자들이 해결 방안으로 찾은 것이 일정한 대가를 지불하는 유상 피어링(Paid Peering)이라는 설명이다.

62 "In cold-potato routing, the ISP carries packets on its own network as far as possible before handing them off to the next ISP." 출처: Subramanian, L., Padmanabhan, V. N., & Katz, R. H. (2002, June). Geographic Properties of Internet Routing. In USENIX Annual Technical Conference, General Track (pp. 243–259).

참고로 Subramanian, L. 등은 Hot Potato routing 방식과 Cold Potato routing 방식에 대해 전자는 ISP의 부담을 최소화하기 위한 것이고 후자는 ISP에게 패킷에 의해 전달되는 서비스 품질에 대한 더 큰 통제권을 부여한다고 설명한다. ("The former policy minimizes the burden on the ISP'

는 가능한 자사 네트워크를 최대한 활용하여 목적지 되는 지점과 가장 가까운 접속점까지 전송하고 해당 접속점에서 트래픽을 넘겨 주는 방식을 말(Group, 2014)한다.

- 이러한 전송 방식을 채택하는 이유는 목적지까지 품질 관리를 하기 위함인데, 예를 들면, 동영상 콘텐츠사업자(CP)가 이용자에게 좋은 품질의 동영상 제공을 위해 가능한 이용자와 가까운 지점까지 자신의 CDN을 이용해 해당 트래픽을 전송하고 IAP에게 착신을 요구한다.
- 이렇게 되면 IAP 입장에서는 CP가 자사 CDN으로 전송한 것만큼 네트워크 부담을 덜게 되는 효과를 갖게 된다. 즉 CP는 품질 관리를 위해 CDN을 이용하는데 Local ISP에게 트래픽을 넘겨주기까지 가능한 스스로 트래픽을 처리하고자 하는 것이다. 품질이 문제되기 전에는 Hot-Potato 방식을 이용하였지만 혼잡 내지 원거리로 인해 품질의 문제가 우려되는 상황에서는 Cold-Potato 방식으로 트래픽 처리 방식을 전환하는 사례가 증가하고 있다.

---

s network whereas the latter gives the ISP greater control over the end-to-end quality of service experienced by the packets.", Subramanian, L., Padmanabhan, V. N., & Katz, R. H. (2002, June). Geographic Properties of Internet Routing. In USENIX Annual Technical Conference, General Track (pp. 243-259).)

· 구글, 넷플릭스, 아마존과 같이 대규모 트래픽을 유발하는 CP가 품질을 유지하면서 최종이용자와 가장 가까운 접속점까지 전달할 수 있도록 하기 위해 출시된 네트워크 솔루션이 CDN[63]이다. 이를 상용화한 사업자들이 Akamai, Limelight와 같은 상용 CDN이고 자체 트래픽 처리를 목적으로 CDN을 구축한 경우가 구글이나 넷플릭스와 같은 사업자이다. 구글이나 넷플릭스는 이전에 상용 CDN 사업자를 이용하였으나, 트래픽이 증가하면서 타사에게 트래픽 처리 비용을 지불하기 보다는 자체 CDN을 구축할 경우에 해당한다.

---

63 CDN에 관한 구체적인 내용은 본 서 제2부 대안적 접속방식 CDN 참조

IX(Internet eXchange)

─ IX 용어의 정의, IX의 기능/역할

· IX는 둘 이상의 독립된 AS(Autonomous Systems)간 트래픽 교환, 상호접속을 할 수 있도록 하는 설비 및 환경을 의미[64][65]한다.

─ ISP 등 타 사업자와 트래픽을 교환하기 원하는 사업자들이 IXP를 이용하는 이유는 다양한데 예를 들면, 국내 트래픽의 로컬 피어링을 가능하게 하고(즉 연결 당사자들이 트래픽 교환을 위해 국제망을 이용하지 않도록 하는 기능을 의미), IXP를 통해 효율적으로 트래픽을 교환하여 트래픽 교환을 위해 불필요하게 많은 네트워크가 사용되는 것을 방지하며 사용 가능한 경로 옵션 수를 늘리고, 국제 인터넷 연결 사용을 최적화하고, 네트워크 복원력(및 잠재적으로 서비스 품질)을 개선하고, 전송 비용을 절감할 수 있다는 점 등을 꼽을 수 있다.

─ 통상 IX에서는 당사자간의 직접연결 즉 피어링을 하며 여기에는 퍼블릭 피어링과 프라이빗 피어링 두 가지 연결 방식 모두 가능하다.

---

64 The European Internet Exchange Association (Euro-IX) defines an Internet Exchange (IX) or Internet Exchange Point (IXP) as a technical facility that enables the interconnection and exchange of Internet traffic between more than two independent Autonomous Systems.

65 https://www.itu.int/en/wtpf-13/Documents/backgrounder-wtpf-13-ixps-en.pdf

— IX의 사업모델(BM) 및 유명 IX 사업자(BBIX, Equinix, Mega-I, 디지털 리얼티 등)(모회사 및 전세계 사업장 규모)

· 미국의 IXP 모델
· 한 IXP 사업자가 여러 사이트의 코로케이션(Co-Location) 및 피어링 패브릭(Peering fabric)[66]을 갖추고 고객이 원하는 피어링 서비스를 제공하고 각 사이트를 연결하는 네트워크를 구축하여 원격지에 입주한 고객 간 프라이빗 피어링이 가능토록 각 IXP 간 네트워크 연결성 확보한다.[67]
· 상면과 트래픽 교환 특히 프라이빗 피어링 중심으로 서비스를 제공한다.(시장가격으로 결정)
· 그림 33을 보면 미국 IXP 사업자는 복수의 코로케이션 사이트를 모두 보유하고 있으며 각 사이트 간은 백본을 통해 연결하고 있

---

66 패브릭 네트워크라는 이름은 구성 요소 연결이 패브릭(직물)과 같이 이루어진다는 의미에서 붙여진 이름이다. 기존의 네트워크 구성 기술을 개선하고 확장성, 유연성, 안정성, 보안 강화, 복원력 등을 개선하기 위해 시행하고 있는 네트워크 구성 방식을 말한다. (출처: Sara Perrott, Fabric Networking For Dummies®, Extreme Networks Special Edition, John Wiley & Sons, Inc., 2020)

67 "Commercial IXP companies generally have the ability to apply discriminatory pricing to lure in the right players, meaning a U.S. IXP can offer free colocation space, free switch ports, discounted cross-connect, etc. for ISPs that will help lure in other ISPs into the building."(출처: http://drpeering.net/HTML_IPP/chapters/ch12-9-US-vs-European-Internet-Exchange-Point/ch12-9-US-vs-European-Internet-Exchange-Point.html)

표 7. 해외 주요 IX의 위치와 규모(FY 2022)

IX	위치	회원사	Maximum throughput (Gbps)	기준
IX.br	Brazil	2,725	18,020	2021.6.
DE-CIX	Germany, USA, UAE, Italy, France, Turkey, Spain, Portugal, India	1,042	10,463	2021.9.
Equinix	USA, Europe, Japan, Singapore, Hong Kong, Australia, Brazil, Switzerland, Finland, Sweden, Spain, Poland, Colombia, United Kingdom, Ireland, South Korea, Germany, Portugal, Netherlands, Italy	1,800	18,000	2020.8
SIX	USA	346	2,270	2022.4.
BBIX	홍콩, 싱가포르, 네덜란드, 프랑스, 영국, 미국			
Mega-I	홍콩에 위치한 세계 최대 IDC 중 하나			
Digital Realty	미국 텍사스 주, 유럽, 아시아, 호주 등에 위치한 IDC, IX(280개가 넘는 IDC, 2100개 이상의 연동 사업자 참여)			

출처: Arthur D. Little (2014)

음을 알 수 있다. 더불어 해당 IXP는 개선된 코로케이션 설비와 Peering 연결을 제공하기 위한 장비와 구조를 의미하는 피어링 패브릭 모두를 운용하고 있다.

· 유럽의 IXP 모델

· 유럽의 IXP 모델은 IXP 회원제로 운영되며 회원들은 자사가 원하는 사이트에 입주하여 피어링 연결을 할 수 있으며 운용 주체가 달라 사실상 경쟁사일 수 있는 타 사이트와 백본 연결을 하여 타 사이트에 입주한 회원사와 Peering 연결을 제공할 수 있다. 유럽

그림 31. 미국 Digital Reality 서비스 위치

출처: Digital Reality 홈페이지

그림 32. 일본 BBIX가 제공하는 IX 서비스 개념도

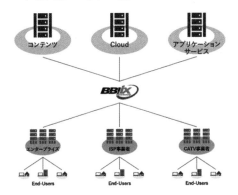

출처: BBIX 홈페이지

의 IXP는 피어링 패브릭만을 운용(퍼블릭 피어링 중심)[68]한다.

---

68 "Pricing in Europe for IXP services tends to approximate a cost-based pricing model. This approximation is reflective of the not-for-profit form of the business; if a not-for-profit makes too much profit, its not-for-profit status is in jeopardy." (출처: http://drpeering.net/ HTML_IPP/chapters/ch12-9-US-vs-European-Internet-Exchange-Point/ch12-9-US-vs-European-Internet-Exchange-Point.html)

그림 33. 미국과 유럽의 IX 사업모델 비교

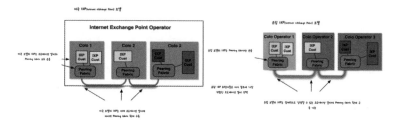

출처: DrPeering

표 8. 미국과 유럽의 IX 모델 비교

	유럽	미국
중립성	사업자 중립 ISP 중립 코로케이션 중립	사업자 중립 ISP 중립
조직	비영리 조직으로 회원제로 운영하고 피어링 패브릭만 운용	영리조직으로 코로케이션 설비와 피어링 패브릭 모두 운용
피어링 연결 지점	피어링 패브릭이 설치된 모든 코로케이션 사업자 제공 공간 내에서 피어링	코로케이션사업자의 피어링 패브릭만을 이용하여 해당 사업자의 코로케이션 내에서 피어링
요금	원가 회수 수준	시장가격
요금 유연성	고정: 회원사들이 동일한 수준으로 분담	협상. 주된 사업자가 유리한 조건(terms and pricing)으로 수익 창출 가능
계약	코로케이션 계약과 IX 회원 계약 필수	모든 코로케이션 및 피어링 서비스 계약이 하나로 가능(제공사업자가 동일하므로)
피어링 패브릭 위치	다수의 경쟁중인 코로케이션 사업자들의 공간내 피어링 패브릭 위치	코로케이션 사업자의 데이터 센터 내에만 피어링 패브릭 위치
주된피어링방식	퍼블릭 피어링	프라이빗 피어링
정보 공유	정보공개	선택적
Cross connects	저렴한 일회성 비용으로 하거나 코로케이션 사업자에게 저렴한 비용을 정기적으로 납부	코로케이션사업자만이 월 $300에 cross connect 서비스 제종 가능

출처: DrPeering

그림 34. 프랑스 ARCEP 인터넷 Inbound 트래픽 처리 방식 별 비중(2020년 말)

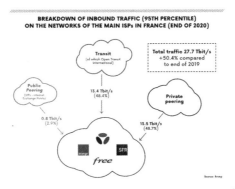

· 최근 프랑스 통신 규제기관 ARCEP이 발표한 보고서에 따르면 IXP를 이용한 퍼블릭 피어링의 트래픽 처리 비중이 매우 낮은 것을 볼 수 있다.(전체 Inbound 트래픽의 2.9% 수준)

3

인터넷 생태계 내
망 이용대가
사업자 간 분쟁

인터넷 생태계와
참여자

    망 이용대가를 둘러싼 분쟁의 내용을 살펴보기 전에 인터넷 생태계와 그 참여자간의 관계를 살펴보자. 우선 인터넷이라는 가상의 공간이자 물리적인 네트워크 상에서 다수의 이용자와 콘텐츠 제공자가 통신을 주고 받을 수 있도록 하기 위해 참여하는 자들이 인터넷 생태계(Internet Ecosystem)을 구성하고 있다.

    그런데 그림 35에서 보여주고 있는 인터넷 생태계 참여자를 보면 표준, R&D, 인터넷거버넌스, IP 자원 관리 등 인터넷 정책 차원이 큰 부분을 차지하고 있는 반면, 상용 인터넷서비스 제공 및 이용 즉 시장 측면에서 보면 크게 3개 그룹을 참여자로 상정할 수 있다.[69]

---

69 인터넷 접속 개관에서 소개한 인터넷 생태계 참여자는 4개라고 하였는데 여기서는 3개라고 하여 혼동이 있을 수 있다. 이는 ISP를 IBP(Internet Backbone Provider)와 IAP(Internet Access Provider)로 구분하는 경우 4개, 이를 통합하여 ISP로 하는 경우는 3개이다. 전자는 IBP의 역할이 컸

그림 35. 인터넷 생태계 참여자와 역할, 기능

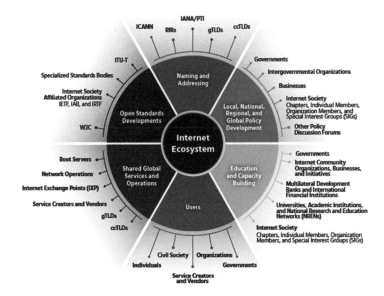

출처: Internet Society(2022)

    첫째, 상용을 목적으로 하는 공중인터넷 망을 구축, 운용하고 최종
이용자(End User, 개인, 가정, 기업, CP 등)에게 액세스(즉 공중인터넷 망
에 대한 연결성)를 제공하는 ISP(Internet Service Provider)이다. 이들은
물리적인 인터넷 망을 구축하고 운용하기 위해 투자를 하고 인터넷
망을 이용하려는 자에게 액세스를 제공하여 전 세계 공중인터넷 망
을 통해서 통신을 가능케하는 대가로 요금을 받아 투자비를 회수하

던 인터넷 초기의 가치사슬(Value chain)을 염두한 분류이고 후자는 이를 통합하여 ISP로 표기한 것
으로 이해하면 된다. 전자는 다수의 IBP가 활동해온 미국에서 의미 있는 분류이지만 우리나라는 ISP
가 IBP, IAP 기능 모두를 제공하기 때문에 구분의 실익이 없다.

그림 36. ISP-CP-End User간 가치사슬과 서비스 별 시장

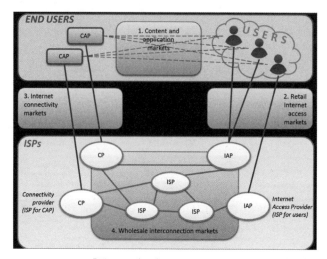

출처: BEREC(2012), Marcus, J. S., & Waldburger, M. (2015)에서 재인용

는 사업모델을 가진 사업자군(群)이다.

둘째, ISP가 제공하는 물리적인 공중인터넷 망을 이용하여 개
인, 가정, 기업이용자에게 다양한 형식의 콘텐츠를 제공하는 CP/
AP(Content Provider/Application Provider)이다. 이들이 제공하는 콘텐
츠에는 검색, 동영상, 음악, 인스턴트메시징, 소셜미디어, 전자상거
래 등 매우 다양하며 앞서 보았듯이 최근에는 동영상 서비스(OTT)
를 제공하는 사업자가 다수 등장하였고 이들의 급속한 성장으로 최
종이용자들의 인터넷 이용 패턴이 문자, 이메일 중심에서 동영상 스
트리밍으로 전환되고 있음은 주지의 사실이다. 이들은 최종이용자에
게 직접 이용료를 받거나, 광고를 통해 수익을 확보하는 것이 사업모

델이다.

셋째, ISP, CP/AP로부터 동시에 서비스를 제공 받는 최종이용자는 ISP에게 요금을 지불하고 CP에게는 요금을 내거나, 광고 시청, 개인정보 제공/시청시간(attention) 제공을 통해 대가를 지불하고 각각으로부터 서비스를 이용한다. 전자로부터는 공중인터넷 망에 액세스하기 위한 물리적인 회선(주파수 이용 포함), IP 주소 할당 등을 통해 패킷통신서비스를 제공받는다. 후자로부터는 CP/AP가 제공하는 각종 콘텐츠 서비스를 제공받는다.

망 이용대가 분쟁 발생 원인: 트래픽 교환 비율의 불균형

앞서 소개한 3자가 서비스를 주고 받는 인터넷 생태계 내 본서가 주목하는 것은 CP와 ISP 간의 거래상의 분쟁이다. 일반 대중들은 알 수도 없고 알 필요도 없는 CP-ISP 간 거래 관계가 일련의 사건들로 인해 이미 세간의 많은 관심을 받고 있고 급기야는 정치적 어젠다가 되었다. CP와 ISP 간 분쟁은 그림 36에서 표기하고 있는 3번 시장과 4번 시장과 관련이 있다. ISP가 CP에게 공중인터넷 망으로의 연결성을 제공하는 3. 인터넷연결시장(Internet Connectivity markets)과 ISP간 상호접속시장인 4. 도매상호접속시장(Wholesale Interconnection markets)이 그것이다. 3번 시장은 ISP가 CP에게 직접 연결성을 제공하고 대가를 받는 시장이고, 4번 시장은 3번에 의해 영향을 받는 시장이라고 할 수 있다.

통상 그간의 분쟁 사례는 ISP 간 상호접속 중에 발생한 것을 의미

해왔다. 제2부에서 설명하였듯이 ISP들은 자사와 동등한 연결을 할 수 있는 사업자로 판단하기 위한 피어링 정책에 상대 사업자가 부합한다고 판단하여 피어링 방식으로 상호접속을 하더라도 피어링 정책에 어긋나는 상황에 봉착하게 되면 분쟁으로 이어지는 경우가 종종 있었다.

처음 망을 연결할 때는 커버리지, 처리용량, 고객수 등이 중요하지만 연결 후 지속적으로 피어링 관계를 유지하느냐를 판단할 때 중요한 고려요소는 "트래픽교환비율"이다. 이것이 접속 이후 분쟁 원인이 된다. 이하에서는 트래픽교환비율이 분쟁의 원인이 되는 이유와 트래픽교환비율의 균형이 깨지는 원인을 살펴본다.

앞서 언급하였듯이 Tier 1 사업자를 포함한 대부분의 ISP들이 피어링을 하는데 있어 반드시 포함하는 조건 중 하나가 "(균형적인) 트래픽교환비율"이다. ISP가 트래픽교환비율을 중요시하는 이유는 트래픽교환비율이 곧 트래픽 처리에 따른 비용 분담의 의미를 가지기 때문이다.

당초 ISP간 피어링을 하겠다고 합의한 요소 중 하나는 서로 주고받는 트래픽의 양이 유사하여 서로에게 유발시키는 네트워크 비용의 규모 역시 유사할 것이라는 기대가 담긴 균형적인 트래픽교환비율이다.

트래픽교환비율이 균형적이라는 것은 상호간에 트래픽 전송에서의 비용 분담이 유사하기 때문에 상호무정산(Settlement Free) 방식으로 각자 자신의 네트워크에서 트래픽을 처리하는 비용을 자신이 부담해도 문제가 되지 않는다는 취지에 부합하는 요소이고 이 때문에

그림 37. 해외 주요 ISP가 제시한 트래픽교환비율

출처: Pankert(2014)

많은 ISP들이 상호무정산 방식을 채택해 왔다.

실무적으로는 보면 각 ISP들은 주고 받는 트래픽 규모가 동일할 수 없기 때문에 자사가 상대 ISP에게 보내는 트래픽 양(Outbound traffic)을 "1"이라고 가정하고 상대 ISP로부터 받아 자사가 처리해야 하는 트래픽(Inbound traffic)의 규모의 상한을 정한다. 엄격한 사업자는 "1.8", 너그러운 사업자는 "3.0"까지 허용한다.

전자는 자사가 보내는 트래픽 양의 1.8배까지 용인한다는 의미다. 그러나 그 수준을 초과하는 경우에는 균형적인 트래픽 교환 비율이 유지된다고 볼 수 없어 피어링 합의에 이의를 제기하게 되고 쉽게 합의를 찾지 못하면 분쟁이 발생하곤 한다.

그림 37은 해외 주요 ISP 사업자들이 공개적으로 발표한 피어링 정책에 포함되어 있는 트래픽교환비율을 표기한 것이다. 이에 따르면 Verizon은 매우 엄격한 사업자에 해당되고 KPN, Cablevision은 매우 너그러운 사업자라고 할 수 있다.

트래픽교환비율을 엄격하게 제시한 것은 망의 연결 시장에서 비교적 협상력이 우위에 있고 상호무정산방식의 피어링을 선호하지 않는다는 의미로 해석할 수 있다. 즉 대가를 받고 망을 연결하는 것을 기대하는 사업자이다. 반면 너그러운 사업자는 상대적으로 협상력이 열위일 가능성이 있으며 가능한 상호무정산방식의 피어링을 지향하

그림 38. YouTube와 넷플릭스의 인터넷 트래픽 비중(FY 2010~2013)

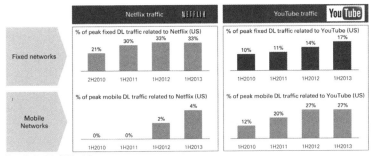

Source: Sandvine, Arthur D. Little analysis

그림 39. 전 세계 인터넷트래픽의 서비스별 비중과 서비스별 순위(1H 2021)

TOTAL TRAFFIC			TOTAL TRAFFIC		
	Category	Total Volume		Category	Total Volume
1	Video	53.72%	1	YouTube	14.61%
2	Social	12.69%	2	Netflix	9.39%
3	Web	9.86%	3	Facebook	7.39%
4	Gaming	5.67%	4	Facebook video	4.20%
5	Messaging	5.35%	5	Tik Tok	4.00%
6	Marketplace	4.54%	6	QUIC	3.98%
7	File Sharing	3.74%	7	HTTP	3.58%
8	Cloud	2.73%	8	HTTP Media Stream	3.57%
9	VPN	1.39%	9	BitTorrent	2.91%
10	Audio	0.31%	10	Google	2.79%

출처: Sandvine(2022.1.)

는 사업자라고 할 수 있다.[70]

---

70 참고로 ISP의 피어링 정책은 수시로 변경될 수 있다. 이는 ISP의 전략적 선택이기 때문에 불가피한 측면이 있다. 또한 피어링 정책을 충족하였다 하더라도 반드시 피어링을 해야 하는 것도 아니다. 접속 당사자간의 합의를 전제로 하기 때문이다.

그림 40. 전 세계 가장 인기있는 6개 사업자의 트래픽 비중(1H 2021)

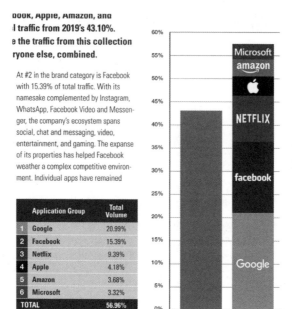

oook, Apple, Amazon, ana
l traffic from 2019's 43.10%.
e the traffic from this collection
ryone else, combined.

At #2 in the brand category is Facebook
with 15.39% of total traffic. With its
namesake complemented by Instagram,
WhatsApp, Facebook Video and Messen-
ger, the company's ecosystem spans
social, chat and messaging, video,
entertainment, and gaming. The expanse
of its properties has helped Facebook
weather a complex competitive environ-
ment. Individual apps have remained

	Application Group	Total Volume
1	Google	20.99%
2	Facebook	15.39%
3	Netflix	9.39%
4	Apple	4.18%
5	Amazon	3.68%
6	Microsoft	3.32%
TOTAL		56.96%

출처: Sandvine(2022.1.)

그림 41. 우리나라 주요 콘텐츠 유형별 트래픽 비중 추이(FY 2016~2022 2사분기)

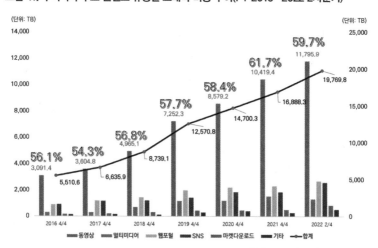

출처: ITSTAT(2022), 조대근 재구성

124

표 9. 우리나라 서비스 안정성 확보 의무 대상 사업자별 트래픽양(FY 2021.10~12)

구 분	이용자 수(명)	트래픽 양(%)
Google LLC	51,503,814	27.1
넷플릭스서비스코리아(유)	1,685,835	7.2
Meta Platforms Inc.	6,773,301	3.5
네이버(주)	40,299,224	2.1
(주)카카오	40,594,095	1.2
합 계		41.1

출처: 과학기술정보통신부 보도자료(2022.2.)

문제는 현실에서 ISP 간 트래픽교환비율의 균형 유지가 더욱 어려워지고 있다는 점이다.

그 첫 번째 이유는 동영상, 사진, 파일공유 등 대량의 트래픽을 유발하는 애플리케이션이 급증하였기 때문이다. 그 대표적인 예가 구글의 YouTube, 넷플릭스 OTT일 것이다. 그림 38, 39, 40은 구글과 넷플릭스가 인터넷 트래픽에 미치는 영향을 이해하는데 도움을 준다.

우선 그림 38은 미국 내 전체 트래픽 중 YouTube와 넷플릭스의 비중을 2010년부터 2013년까지 각 사가 미국 전체 트래픽에서 차지하는 비율을 시계열로 정리하고 있다. 넷플릭스는 유선망에서 단일 애플리케이션으로서 33%(1H 2013)의 비중을 차지하고 있고, YouTube는 이동통신망의 27%(1H 2013)를 차지하고 있음을 볼 수 있다.

그림 39는 2022년 1월 Sandvine이 발표한 보고서를 인용한 것인데, 2021년 상반기 전 세계 인터넷 트래픽의 53.72%가 동영상 트래

픽(streaming video)으로 인한 것이었고, 그 중 상위 3사가 YouTube, 넷플릭스, Facebook Video였다. 그리고 가장 인기 있는 6개 사업자(소위 Big Tech)의 트래픽 비중이 56.96%를 차지하는데 1위는 구글(20.99%), 2위가 페이스북(15.39%), 3위가 넷플릭스(9.39%)였다.

우리나라의 경우도 이와 다르지 않다. 과학기술정보통신부 및 ITSTAT의 통계에 따르면 우리나라 전체 트래픽 중 동영상 트래픽 비중은 약 59.7%(2022.8. 기준)로 전 세계 평균보다 높은 것으로 나타났다. (그림 41 참조) 그리고 전기통신사업법 제22조의7 및 동법 시행령 제30조의8에 따라 2022년도 서비스 안정성 확보 의무를 부담하는 5개 사업자(소위 Big Tech)의 트래픽 비중은 41.1%를 차지 (과학기술정보통신부 보도자료, 2022.2.)하였다.

이렇게 대규모 트래픽을 유발하는 CP를 가입자로 보유한 ISP와 최종이용자를 가입자로 보유한 ISP 간 망을 연결한 경우라면 최종가입자를 보유한 ISP측(소위 착신측 ISP)으로 유입되는 트래픽이 월등히 많아 교환비율의 불균형을 가져온다. 이렇게 되면 착신측 ISP는 CP를 이용자로 보유하고 있는 ISP에게 불만을 제기하게 된다.

불균형적 교환 비율
갈등 해소 대안:
Paid Peering

유상 피어링 등장 배경

인터넷을 통해 전달되는 콘텐츠나 애플리케이션이 텍스트, 이메일 중심에서 동영상 중심으로 달라졌다. 그에 따라 최종이용자가 서비스를 이용하는 패턴도 변했고 CP/AP가 최종이용자에게 서비스를 제공하는 구조도 변화되었다. 즉 텍스트 중심이고 이메일이 킬러 콘텐츠였던 초기 인터넷 시기에는 Peer-to-Peer 방식의 패킷교환이 주된 서비스 이용 방식이었다. 이는 음성통화와 같이 최종이용자간 가벼운 애플리케이션을 주고 받았기 때문에 트래픽교환비율이 균형을 유지할 수 있었다.

그러나 검색, 전자상거래 더 나아가 OTT(동영상, 스트리밍 서비스) 서비스가 활성화되면서 CP/AP의 서버와 최종이용자의 단말기간 통신을 하는 Client-Server 방식의 구조가 일반화되었다. 이는 Client인

최종이용자가 콘텐츠를 요구(request)하면 CP/AP가 콘텐츠를 저장해 놓은 서버가 이에 응답하여 해당 콘텐츠를 전송해주는 구조다. 문제는 최종이용자가 요청하는 패킷량은 작지만 이에 응답하여 송신하는 콘텐츠는 매우 무거워 주고 받을 때 교환하는 패킷량의 차이가 현격해진 것이다.

특히, 최종이용자가 가입해 있는 ISP와 CP/AP가 가입해 있는 ISP가 다른 사업자이고 양자가 상호접속해 있는 상황이라면 양 ISP의 접속점을 통해 흐르는 트래픽교환비율이 각 ISP가 제시한 균형적 범위를 크게 벗어나는 현상이 빈번해졌다. 최종이용자를 보유한 ISP로부터 CP/AP서버를 보유한 ISP쪽으로 흐르는 트래픽 보다 최종가입자를 보유한 ISP측으로 유입되는 착신트래픽이 현저히 많은 현상이 발생한다.

이러한 현상이 지속되고 트래픽의 양이 증가하여 일방적으로 네트워크 투자를 할 수밖에 없는 상황에 봉착하면 최종이용자를 보유하고 있는 ISP는 기존 상호무정산방식의 피어링 접속 계약을 유지하기보다는 피어링 계약의 조건을 변경하고자 하고 이것이 수용되지 않을 때는 극단적으로 피어링을 중단(De-Peering)하는 것도 고려한다.

이를 피어링 정책(Peering Policy)상의 용어로 표현하자면, "Inbound : Outbound" 트래픽교환비율이 균형을 잃고 비대칭적인 상황이 되었다고 할 수 있다. 여전히 양측 ISP는 물리적으로 양사 가입자(최종이용자와 CP/AP)의 라우팅 테이블을 상호교환하고 직접 연결하고 있으며, 제3자에게 트래픽을 전달하지 않기 때문에 피어링 방식으로 연결하고 있으나 상호 주고 받는 트래픽량의 차이가 커서 각자가 인식하는 원가 즉 상대 ISP가 전달해준 트래픽을 처리하는데 소요되는 원가 수준이 유사하다고 생각하지 않는다. 당연히 최종가입자(개인, 가정, 기업 초고속인터넷 가입자)를 보유한 ISP가 인식하는 원가의 규모가 크다.

이는 결국 상호무정산 논리에 해당하는 유사한 원가 유발이라는 전제가 더 이상 유효하지 않다는 의미다. 특히 자사의 가입자가 요청하여 발생하기는 하지만 상대방 네트워크에서 발신한 대용량 콘텐츠 트래픽을 처리해야 하는 초고속인터넷가입자 중심의 ISP 입장에서는 해당 트래픽 처리에 따른 네트워크 부담이 높아지면서 당해 ISP와의 피어링 접속을 유지해야 할 유인이 낮아질 수밖에 없다.[71]

반면 콘텐츠제공사업자를 많이 보유한 ISP는 상대 ISP 가입자에게 품질이 우수한 접속망을 유지하고자 하는 유인을 가지고 있다. 즉 콘텐츠를 브로드밴드 가입자들에게 판매하여 수익을 올리려는 CP로서는 피어링 접속을 보다 선호하기 때문에 CP 입장에서는 자사를 수용하고 있는 ISP가 초고속인터넷 가입자를 보유하고 있는 ISP와 피어링 계약관계를 유지하기를 원한다. 이를 위해 전자는 후자에게 일정한 대가를 지불할 의사가 있는 것이다(willing to pay).

초고속인터넷가입자를 많이 보유하고 있는 ISP 입장에서도 자사의

---

71 CP를 이용자로 보유하고 있는 ISP는 전송 품질 확보를 위해 최종이용자를 보유하고 있는 ISP에게 교환 트래픽 증가에 맞춰 접속회선 용량 확대를 요구할 것이다. 지불접속료가 없기 때문에 회선 용량 확대 부담이 없는 발신측 ISP 요구를 받아야 하는 ISP는 접속회선 용량 확대는 물론 최종이용자까지 전송해야 하는 구간 자사내 기간망, 백홀 및 가입자 구간의 용량도 함께 늘려야 하는 부담을 갖게 된다. 그럼에도 불구하고 이용자로부터 추가 비용을 회수하지 못한다면 착신측 ISP로서는 추가 매출 발생이 없는 상황에서 투자비 부담이 늘어나게 되어 상호무정산 방식의 피어링 유인이 낮아질 수밖에 없다.

피어링 정책(Peering Policy)에 부합하지 않는 ISP와 접속을 아예 거부하기 보다는 일정한 대가를 받고 피어링을 유지하는 것이 바람직하다고 판단하여 아예 "유상 피어링(Paid Peering)"[72]이라는 도매 상품을 준비하고 있다.

한편 피어링은 ISP간뿐 아니라 CP-ISP, CDN-ISP간에도 가능한 연결 방식이다. 당초 CP-ISP, CDN-ISP간에 상호무정산 피어링을 하였다 하더라도 CP로 인한 착신용량 확대가 용인할 수 있는 수준을 넘어서는 경우에도 최종가입자를 보유한 ISP는 상호무정산 피어링을 유지할 유인이 없기 때문에 피어링 조건 변경을 요청할 가능성이 높다. 만일 그것이 수용되지 않을 경우 분쟁으로 이어진다.

피어링 계약 외 대안이 접속사업자에 불리하여 피어링 유지 불가피

트래픽 불균형을 이유로 접속 ISP간에 피어링 계약을 철회하는 경우 양 사업자가 어떠한 형식으로든 접속을 유지하여야 하는데 양사

---

72 유상 피어링(Paid Peering)이라는 용어로 인한 오해를 방지하기 위해 추가적인 설명이 필요해 보인다. 피어링이라는 용어는 직접 연결, 모든 라우팅 정보 상호제공, 제3자에게 트래픽 전달 불가 등의 속성을 가진 연결 방식을 의미하는 기술적 용어이다. 그래서 피어링을 할 때 거래 조건이나 방식을 의미하는 관형어가 다양하게 추가될 수 있다. 피어링 자체가 무료를 의미하는 것이 아니다. 피어링을 하되 정산방식을 무정산을 채택하여 현금 등의 대가를 주고 받지 않는다는 의미에서 "상호무정산 Peering(Settlement free Peering)"이라는 관형어와 함께 사용될 수 있다. 즉 상호무정산 피어링이 타사의 네트워크를 이용함에도 불구하고 이것이 무료(free)라고 해석되어서는 안된다. 타사의 네트워크를 이용했기 때문에 지불해야할 대가와 자사 네트워크를 제공했기 때문에 받아야 할 대가를 엄연히 유상이다. 다만 이를 정산의 과정을 거치지 않기로 합의했다는 의미이다. 이에 반하여 현금 등의 대가를 지불하는 방식을 채택하였다는 의미에서 유상 피어링이라는 표현도 그래서 가능하다. 그리고 접속 방식을 나타내기 위해 퍼블릭 피어링, 프라이빗 피어링이라는 표현이 있는 것도 동일한 맥락이다. 전자는 피어링 방식으로 연결하되 참여한 모든 사업자와 개통한 대역 내에서 상호 트래픽을 교환하는 방식을 말하고 후자는 특정 사업자와 피어링을 하겠다는 의미로 붙은 관형어이다.

의 협상력에 따라 세 가지 대안을 생각해 볼 수 있다. 문제는 이하 세 가지 대안 중 어느 것도 접속을 하고 있는 양자에게 유리하지 않다는 것이다.

첫째, 초고속인터넷가입자를 가지고 있는 ISP의 협상력이 매우 우월한 경우에 이 ISP는 상대방 즉 CP를 많이 보유한 사업자에게 트랜짓서비스를 이용하도록 계약 전환을 요구하게 될 것이다. 그런데 이 경우는 서비스에 따른 비용도 문제이지만 접속에 따라 원하는 서비스를 제공받지 못한다는 점도 문제이다. 즉 이 서비스는 CP를 많이 보유한 ISP에게는 필요치 않은 서비스이다. CP를 많이 보유한 ISP가 필요로 하는 것은 상대 ISP의 가입자에게 착신하고자 하는 것이지 전통적인 트랜짓서비스처럼 모든 인터넷 망에 착신시키고자 하는 서비스를 기대하고 있는 것이 아니다. 더군다나 트랜짓서비스는 직접 연결 방식인 피어링 보다 품질 측면에서도 열위의 연결방식이고 접속 용량이 증가할수록 CP를 수용하고 있는 ISP가 지불해야 하는 트랜짓 요금도 증가하는데 이는 곧 CP에게 비용이 전가될 것이므로 CP로서도 수용하기 어려운 대안이다.

둘째, 양 ISP가 제3자에게 트랜짓서비스를 제공받아 상호 트래픽을 소통하는 대안을 생각해 볼 수 있는데 이 경우 접속 당사자들은 편익이 오히려 감소하고 결국 편익을 향유하는 것은 트랜짓 요금을 받고 서비스를 제공하는 제3자일 뿐이기 때문에 접속당사자들이 선호할 이유가 없다. 또한 접속하고 있는 ISP가 보유하고 있는 최종이용자와 CP 입장에서도 품질저하 등을 고려할 때 바람직하지 않은 선택이다.

셋째, 가입자를 많이 보유하고 있는 ISP가 제3의 ISP와 피어링 접속을 하고 있는 경우 CP를 많이 보유한 사업자는 제3의 ISP와 트랜짓 계약을 맺어 기존에 피어링 접속을 하였던 ISP와 트래픽을 교환하는 대안을 고려할 수 있다. 결국 이 경우에도 편익을 향유하는 자는 제3의 ISP일 뿐이다.

결국 ISP들은 트래픽 불균형에도 불구하고 피어링 접속이 주는 편익에 대한 필요성을 가지고 있고 다른 대안을 적용하는 것보다는 유리하다는 점에서 피어링 접속을 유지하는 방안을 채택하게 된다. 다만 현실적으로 접속 유형이 다양화되고, CP를 수용하고 있는 ISP와 피어링 할 때 트래픽 비율이 불균형을 피할 수 없다는 점, 그로 인해 접속하는 ISP간 발생 비용의 차이가 있다는 점을 감안하여 상업적 계약을 유지하기 위해 일정한 대가를 지불하는 변형된 피어링을 선택한 것이라 할 수 있다.

유상 피어링(Paid Peering) 도입이 가지는 의의

통상적으로 피어링 방식으로 네트워크를 연결하는 경우 상호무정산(settlement free) 방식을 채택해오던 사업자들이 앞서 언급한 이유로 인해 유상 피어링 방식으로 전환한 것은 몇 가지 차원에서 의의를 가진다.

첫째, 유상 피어링으로의 전환은 트래픽 양과 ISP의 투자 사이의 관계성을 인정하고 있다는 점에서 그러하다. 상호무정산 기반의 IP 상호접속제도는 트래픽 방향(즉 Source와 Destination)과 무관한 트래픽 교환을 전제로 하였다. 정산을 하지 않는 상황에서는 전통적인 전화서비스와 같이 당장은 발신과 착신트래픽 양이 중요하지 않다. 그러나 유상 피어링 등장은 결과적으로 트래픽 방향을 고려하고, 트래픽과 ISP 투자 규모간 비례적인 상관관계가 있음을 내포하고 있는 것이라고 추정할 수 있다.

현행 IP 상호접속제도 중 피어링의 경우 상호무정산방식 피어링을 유지하기 위한 조건 중 "트래픽교환비율"이 대표적으로 제시되고 있다고 설명하였는데 이는 트래픽 방향을 고려한 피어링 정책이라고 볼 수 있다. 왜냐하면 Inbound 트래픽(상대 ISP 발신, 당사자 착신되는 트래픽)의 양과 Outbound 트래픽(당사자 발신, 상대 ISP 착신)양을 비교하는 것은 누가 더 많은 트래픽 처리에 따른 부담을 지는가를 비교하기 위함인데 그 준거가 트래픽의 방향성에 있다는 점이다. 그리고 그 근저에는 일방이 더 많은 부담을 지고 있고 그것이 지속되거나 심화될 것으로 예상되면 상호무정산 방식의 피어링 연결을 유지하지 않겠다는 합리적 전략이 자리잡고 있다.

둘째, 유상 피어링으로의 전환은 기존 트랜짓 연결 방식에 대한 사업자들의 네트워크 전략의 변화를 의미한다. 현행 IP 상호접속제도 중 트랜짓 방식은 전 세계적 연결성(global connectivity)을 제공하는 효용으로 인해 트래픽 방향과 무관하게 이를 요청하는 ISP가 이를 제공하는 ISP에게 트랜짓 대가를 정산하고 있다. 그리고 트랜짓은 네트워크를 이용하고자 하는 자(CP, CDN, ISP 등)가 가장 많이 활용하는 연결방식인데 유상 피어링의 등장으로 기존의 트랜짓서비스를 제공하는 ISP의 위상변화가 불가피해질 수 있고 실제 그러한 현상을 확인할 수 있다.

특히 OTT와 같이 트래픽 양이 크고 높은 전송 품질을 요구하는 수요가 증가하면 트랜짓 보다는 피어링 연결 방식이 선호되고 더군다나 대가를 지불하는 것을 염두 하였다면 트랜짓 보다는 유상 피어링을 대체재로 고려하게 된다. 이는 양자간의 경쟁이 심화됨을 의미하는데 실제 최근 트랜짓 시장규모가 축소되고 있는 것은 유상 피어링으로의 선택 전환 때문이라고 할 수 있다. 물론 완전한 대체를 하기 보다는 양자를 적절히 조합하여 이용하는 선택을 하게 된다.

공급자인 Transit ISP도 전통적인 트랜짓 비즈니스를 지속적으로 수행하는 반면, 다른 일부는 Peering/유상 피어링 방식을 수행하는 등 비즈니스의 다변화를 추구한다. 대표적인 접속 단절(De-Peering)[73] 사례로 인식되고 있는 미국의 Level 3-Comcast 사례는 전통적인 Transit ISP인 Level 3가 Level 3에 수용된 CP인 넷플릭스의 트래픽으로 인해 이를 수용하는 ISP와 트래픽 전송에 대한 분쟁 또는 이견이 발생하자 해당 트래픽에 대해서는 트랜짓이 아닌 Peering/유상 피어링 방식으로 연결성을 확보하고 있는데 연결 다변화의 예라고 할 수 있다.

셋째, 유상 피어링으로의 전환은 ISP-CP 관계 상의 변화를 가져온다.

사실 현행 IP 상호접속제도는 ISP간 거래 규정에 초점을 두고, ISP-CP간 관계는 IP 상호접속 제도보다는 ISP-CP간 개별적인 거래로 인식되는 경향이 존재해 왔다. 즉, CP는 최종이용자와 함께 ISP 네트워크를 이용하는 하나의 고객이며, IP 상호접속 제도하의 피어링/트랜

---

73 직접 연결을 의미하는 피어링의 반대말로 연결된 망을 단절, 차단하는 것을 말한다.

짓 방식의 적용대상이 아니라는 인식이 있었다.

그 결과 ISP는 이용자로부터는 인터넷 액세스 대가를, CP로부터는 CP 설비(서버 등) 구축을 위한 상면 및 인터넷전용회선을 제공하고 이를 통해 관련 수익을 창출하는 비즈니스로 상정해 왔으며, IP 상호 접속제도는 ISP가 인터넷이용자와 CP를 수용한 결과로 파생되는 것으로 인식되어 온 경향이 있다.

하지만, 이메일과 웹 브라우징으로 대표되던 초기 인터넷이 이후 동영상 콘텐츠 등 대용량 트래픽 전송이 주류를 형성하는 방향으로 진화함에 따라 이와 같은 대용량 트래픽을 전송하는 CP는 점차 전면에 등장하고 급기야는 ISP-CP간 거래를 유상 피어링으로 인식하는 경향이 등장함에 따라 ISP-CP간 거래의 인식에 변화가 예상된다고 할 수 있다.[74]

---

74 저자는 CP가 이용자로서 ISP에게 개인, 가정, 기업과 같이 공중인터넷 망에 액세스할 때 요금을 지불해야한다고 설명하였다. 그리고 모든 인터넷 망 이용자는 최소한 한 번의 요금(access fee)을 부담하여야 한다고 설명한다. 그럼 이때 요금과 유상 피어링과는 어떤 관계인지 설명이 필요해 보인다. CP는 ISP에게 공중인터넷 망에 접근(access)해야 최종이용자에게 콘텐츠를 제공할 수 있다. 이때 CP가 선택할 수 있는 접근법은 트랜짓서비스를 이용하는 방법과 개별 ISP들과 피어링을 통해 일일이 연결하는 방법을 생각해 볼 수 있다. 전자는 특정 ISP에게 트랜짓 요금만을 지불하면 전 세계 연결성을 확보할 수 있으며 정산이 완료된다. 다만 이 방식은 요금이 상대적으로 높고 많은 트래픽을 처리하려 하거나 품질이 중요할 때는 합리적인 방식이 아닐 수 있다. ISP와 협상을 잘 해서 피어링을 하되 상호 무정산 방식으로 합의를 끌어낸다면 적어도 해당 ISP의 커버리지에서는 별도의 액세스 요금을 지불하지 않으면서 비교적 좋은 품질로 콘텐츠를 제공할 수 있게 된다. 따라서 트래픽을 많이 발생시키고 품질이 중요한 CP는 ISP와 피어링 방식의 연결을 선호한다. (넷플릭스가 SKB에게 요구하는 것도 이 방식이다.) 그런데 사실 ISP들은 CP와의 피어링의 연결방식을 허용하면서도 대가를 지불을 요구하는 경우가 많다. 즉 요금을 요구하는데 이를 유상 피어링이라고 부를 수 있다. 최근들어 CP가 피어링 연결방식을 선호하는 것은 품질 때문이며, ISP가 대가를 요구하기 때문에 유상 피어링으로 합의에 이른다 결국 CP는 트랜짓서비스의 대체재로서 유상 피어링을 선택하는 것이고 이때 지불하는 대가는 요금에 해당한다고 할 수 있다. 실제 이러한 거래 방식이 증가해오고 있기 때문에 ISP-CP간 거래를 유상 피어링으로 인식하는 경향이 있다고 설명한다.

Comcast-Level 3 분쟁
(2010)

Level 3, SAVVIS의 CDN 부문 인수를 통한 CDN 사업 진입

Comcast-Level 3간의 유상 피어링이 체결된 것은 Level 3가 CDN 업체를 인수한 후 기존에 넷플릭스 트래픽을 전송하던 Akamai를 제치고 Level 3가 넷플릭스의 트래픽을 전송하게 되면서 Level 3와 Comcast 사이의 트래픽에 불균형이 발생했기 때문이다. 2007년 1월, Level 3는 미국 Tier 1사업자인 SAVVIS의 CDN 부문을 인수하였다. Level 3는 SAVVIS로부터 네트워크, 기존 이용자 계약, 지적재산권 등 SAVVIS CDN 부문이 보유하고 있던 자산을 약 $1.3억에 인수하기로 한 것이다.

Level 3 COO(Chief Operating Officer)였던 Kevin O'Hara의 발언에 따르면 당시 Level 3가 CDN 부문을 인수한 것은 Level 3의 비즈니스 포트폴리오상의 역량을 강화하기 위함이었다. 즉 비디오, Web 2.0 애플리케이션, 온라인 게임 및 소프트웨어와 같은 데이터 전송이 급증하는 흐름에 부응하고, 인터넷을 통한 미디어 서비스 전송에 강한 사업자로 자리 잡을 수 있기 때문이라고 판단한 것이다.[75]

실제 Level 3는 CDN 부문 인수 후 대량 트래픽 전송이 필요했던 대표적인 미디어 사업자 넷플릭스를 고객으로 확보하기 위해 매우 공격적으로 유치하고자 노력한 것으로 알려진다. 결국 넷플릭스에 서비스를 제공하고 있던 Akamai를 제치고 넷플릭스를 고객으로 유치하는데 성공한다. Level 3가 Akamai와의 고객 유치 경쟁에서 우위를 점할 수 있었던 것은 Comcast와 상호무정산 피어링 방식으로 연결한 회선을 보유하고 있었기 때문이다. 즉 Akamai는 상용 CDN으로서 Comcast에게 트래픽을 전송하기 위해 일정한 대가를 지불[76]하고 있었지만, Level 3는 그럴 필요가 없었기 때문에서 원가측면에서 유리한 상황이었다. 원가경쟁력을 가진 Level 3는 넷플릭스에게 Akamai보다 저렴한 CDN 요금을 제안할 수 있었고 넷플릭스로서도 이 제안을 수용하지 않을 이유가 없어 CDN 사업자를 변경하기로 하였다.

Level 3, 넷플릭스를 고객으로 유치 후 트래픽 교환 비율 비대칭 심화

Comcast-Level 3간 피어링 분쟁이 발생할 당시 Level 3는 미국

---

75 Data Center Knowledge, Level 3 Acquires Savvis CDN Network, 2006.12.26. (출처: https://www.datacenterknowledge.com/archives/2006/12/26/level-3-acquires-savvis-cdn-network)

76 그림 42를 보면 넷플릭스 트래픽이 Akamai를 거치고 Comcast에게 전달되기 위한 회선은 유상이었다. 반면 Level 3의 CDN 부문은 Comcast와 상호무정산을 하고 있었다. 결국 동일한 사업모델을 가진 사업자가 착신 ISP에게 대가를 지불하는지 여부가 달라 각자가 인식하는 원가수준에서 차이가 나고 있다. 인식하는 원가가 낮았던 Level 3가 보다 저렴한 요금을 제안하는 것은 지극히 자연스러운 영업 행위라고 할 수 있다. 여기에는 상호무정산 피어링 계약이 큰 이점으로 작용하고 있다. 그러나 결국 이것이 분쟁의 원인이 된다. 그 이유 및 세부 내용은 이하 설명을 참조하기 바란다.

그림 42. Level 3의 CDN Division 인수 전, 후의 거래 상황 변화

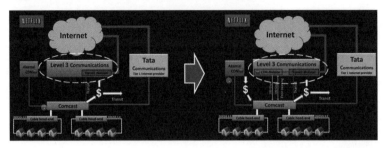

출처: Digital Society, 조대근 재구성

의 Tier 1 사업자이자 글로벌 네트워크를 보유하고 있는 사업자로 Comcast와는 피어링 협정을 체결하였고 트랜짓서비스를 제공하는 관계에 있었다. (그림 42 참조) 앞에서 여러차례 설명하였지만 Tier 1 사업자는 타 ISP와 연결함에 있어서 피어링할 때에는 상호무정산 방식으로 연결하고, 트랜짓 연결을 통해 대가를 받는 사업자이다.

그래서 미국의 ISP인 Comcast와 두 가지 방식의 연결 모두를 하고 있는 것은 자연스러운 협상의 결과라고 할 수 있다. 일부 회선에 대해서는 피어링(상호무정산) 방식으로 네트워크를 연결하여 양사가 트래픽을 교환하되 제3자에게는 트래픽을 전달하지 않기로 한 것이다. 더불어 Comcast는 Level 3를 통해 전 세계적 연결성을 구매하는 계약을 하고 있었다. 이는 Comcast가 일정 회선에 대해서는 비용을 지불한다는 의미이다.

그림 42를 보면 넷플릭스가 Comcast 가입자에게 넷플릭스 트래픽을 착신시킬 수 있는 경로는 크게 3가지인데 i) 글로벌 Tier 1사업자(Tata, Level 3 등)의 트랜짓을 이용하거나 IX에서 퍼블릭 피어링

그림 43. 미국 Level 3의 넷플릭스 트래픽 처리 전 Comcast와의 관계

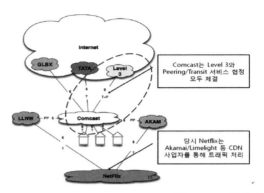

출처: DrPeering(2012), 조대근 재구성

(Global IX, GLBX)을 이용하는 등 글로벌 연결성을 이용하는 방법, ii) 상용 CDN 사업자를 이용하는 방법, iii) Comcast와 피어링 관계에 있는 사업자를 통하는 방법(Level 3) 등이라 할 수 있다. Level 3는 첫번째와 세번째 모두 가능한 사업자임을 알 수 있다. (그림 43 역시 같은 의미로 해석할 수 있다.)

그런데 앞서 설명한 바와 같이 Level 3가 넷플릭스의 우선전송사업자(primary CDN providers)에 입찰하여 선정되었고, 그 결과 Comcast에게 막대한 착신 트래픽을 유발하게 된 것이다. 즉 Akamai를 통해 Comcast로 유입되던 트래픽 중 상당량이 Level 3를 거쳐 Comcast로 착신되게 된 것이다. 그림 44의 좌측 그림을 보면 넷플릭스의 트래픽은 Akamai와 Limelight(현 Edgio)를 통해 Comcast로 유입되고 있으나 Level 3가 넷플릭스와 전송 계약을 체결하면서 대량의 트래픽이 Level 3를 통해 Comcast로 착신되고 있고 더불어 Akamai와 Limelight를 통해 Comcast로 유입되는 트래픽의 양은 감소되었음을 볼 수 있다.

그림 44. 미국 Level 3의 넷플릭스관련 CDN 참여에 따른 트래픽 처리 방식 및 거래 변화

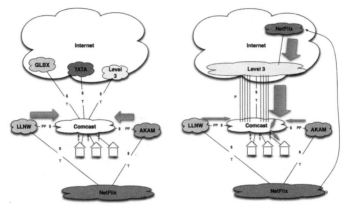

출처: DrPeering(2012), 조대근 재구성

Comcast-Level 3의 피어링 협정 개정 → 유상 피어링 계약

Level 3가 CDN 부문을 통해서 넷플릭스 트래픽을 처리하게 되면서 Level 3는 Comcast에 대해 양사간 접속용량 확대를 요구하였고, 초기 용량 확대에는 응했던 Comcast는 트래픽 교환 비율상의 비대칭이 확대되면서 Level 3가 더 이상 양사간의 피어링 조건을 충족하고 있지 못하다고 판단하여 다른 CDN과 같이 접속대가를 지불하거나 피어링 접속 중단을 요구하였다. 실제 양사간에는 접속 차단(DePeering) 현상이 발생하였고 상당기간 동안 양사의 갈등은 지속되었다. 결국 Level 3는 Comcast에게 일정한 대가를 지불하는 유상 피어링으로의 전환에 합의하고 트래픽 소통을 재개하였다.

Comcast가 제기한 유상 피어링 조건을 보면, Level 3가 넷플릭스 트래픽 처리를 위해 이용하는 CDN으로 인한 용량 확대는 다른 CDN 사업자의 그것과 동일한 조건하에서 이루어져야 한다. 즉 Comcast

그림 45. Level 3–Comcast 분쟁 해결 후 Level3의 Paid Peering 지불 구간

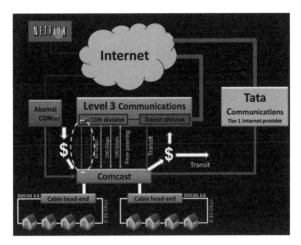

출처: Digital Society, 조대근 재구성

가 CDN 사업자인 Akamai 및 Limelight에게 요구하는 유상 피어링 조건 및 대가부담과 동일한 구조 하에 있어 형평성을 유지하는 것이 중요하다고 본 것이다.

결론적으로 Comcast는 교환트래픽 비율이 전반적으로 지켜졌던 접속회선과 넷플릭스 호소통을 위해 증설하였던 60Gbps에 대해서는 추가 대가를 부과하지 않고, 그 이후에 Level 3가 요청하여 확대하는 접속회선에 대해서는 유상 피어링 협정 조건에 따라 대가를 부과하기로 하였다.[7778]

---

77 http://www.digitalsociety.org/2010/12/video-level-3-versus-comcast-Peering-dispute/ (2016.8.25. 검색)

78 Rich Miller, Level 3 vs. Comcast: More Than A Peering Spat?, Nov 30, 2010. (출처: http://www.datacenterknowledge.com/archives/2010/11/29/level-3-vs-comcast-more-than-a-Peering-spat/)

Comcast(美 ISP) vs. 넷플릭스(美 CP) 분쟁(2014)

2014년 2월, 넷플릭스는 Comcast와 직접회선을 연결하는 망 이용 계약을 체결했으나 구체적인 계약 조건에 대해서는 공개하지 않았다.[79] 넷플릭스의 망 이용대가 지불에 대해 양사가 별다른 언급은 하지 않고 있으나, 넷플릭스가 상호접속에 대한 대가로 Comcast에 지불하는 금액은 Comcast의 가입자 확보 차원에서 지급하는 대가라는 의견도 있다.[80] 지불 규모는 연간 수백만 달러로 알려진다.[81]

---

79 "Netflix Inc. (NFLX) has agreed to pay for more-direct access to Comcast Corp. (CMCSA)' s broadband network to improve speed and reliability for its video-streaming customers, according to three people familiar with the matter."(Alex Sherman, Edmund Lee and Cliff Edwards, Netflix Said to Agree to Pay Comcast for Faster Web Access, bloomberg, 2014.2.24.)

80 Alex Sherman, Edmund Lee and Cliff Edwards, Netflix Said to Agree to Pay Comcast for Faster Web Access, bloomberg, 2014.2.24.

81 "The companies announced a multiyear agreement in a statement yesterday, without disclosing terms. Faced with complaints about quality and speed, Netflix agreed to pay

2012년 6월, 넷플릭스는 Comcast에게 자체 CDN에 대한 피어링을 요청하였다. 이는 양사간 무정산을 전제로 하는 상호무정산 피어링(Free Peering)이었다. 그러나 Comcast는 넷플릭스 CDN이 많은 트래픽을 유발할 것이기 때문에 유료로 접속해야 한다고 주장하였다. Comcast가 상호무정산 피어링(Free Peering)을 수용하지 않으면서 넷플릭스는 Comcast의 IDC가 아닌 타사의 IDC에서 Comcast 가입자로 착신시켜야 했다. 이는 속도 즉 품질 저하로 이어지면서 넷플릭스 가입자로서는 서비스 품질이 좋지 않은 상황을 경험해야 했다.

Comcast는 넷플릭스 요구를 수용할 수 없는 근거로 타 CDN과의 형평성을 들었다. 즉 Comcast와 다른 CDN 사업자들은 이미 유상 피어링 계약을 체결하였고 CDN 사업자들은 대가를 지불하고 있는데 넷플릭스가 구축 운용하는 CDN(OCA)에 대해서만 무정산 적용을 하는 것은 타사업자와 부당한 차별에 해당한다는 것이다. 결국 넷플릭스는 Comcast와 유상 피어링 계약을 체결하는 것으로 분쟁은 일단락되었다.

Comcast millions of dollars annually to deliver its content more efficiently, said one of the people, who asked not to be identified because the terms are private."(출처: Alex Sherman, Edmund Lee and Cliff Edwards, Netflix Said to Agree to Pay Comcast for Faster Web Access, bloomberg, 2014.2.24.)

Comcast-Level 3의 망 이용대가를 둘러싼 분쟁의 핵심 주제가 망 중립성 위반 여부였다. 결론적으로 2015년 FCC의 망 중립성 명령서 (para. 30)와 2016년 FCC가 Charter 합병 승인 조건에서 확인된 바 있지만 ISP의 CP 과금 내지 용량 확대에 따른 추가 대가 요구가 망 중립성 위반에 해당하지 않는다는 것을 알 수 있지만 당시에는 매우 치열한 논쟁이었다. 양측의 주장을 정리한다.

Comcast 주장: 트래픽 교환 협상 과정일 뿐, 망 중립성과 무관 Comcast는 Level 3와의 분쟁에서 Level 3와 소비자단체 중심으로 주장하는 망 중립성 위반 주장에 대해 Level 3에게 대가를 받는 것은 망 중립성과 무관하다고 주장한다. 당시 Comcast는 방송통신규제기관 FCC에게 서면을 통해 다음과 같이 주장하고 있다.

당시 Level 3가 넷플릭스의 트래픽을 처리하게 되면서 Level 3가 Comcast 네트워크로 보내는 트래픽이 Comcast가 Level 3 네트워크로 보내는 트래픽보다 5배까지 많았다. 따라서 이러한 트래픽교환비율 차이에도 불구하고 '동등접속 계약'을 유지하는 것은 불가하다고 판단하였고, 이러한 차이를 보전하기 위해 새로운 협상을 통해 일정 부분 회선 사용에 대한 정산이 이루어지는 '중계접속 계약' 형태로 바꾸는 것이 타당하다는 것이다. 즉 이번 양사간의 분쟁 문제는 전적으로 트래픽 불균형의 문제를 해결하고자 하는 것이지, 망 중립성 원칙과는 전혀 관련이 없다.

Level 3의 주장: 명백한 망 중립성 원칙 위반 한편, Level 3는 이번 사안이 망 중립성 원칙과 관련 없다는 Comcast의 주장에 반대하였다. 넷플릭스 콘텐츠 전송 트래픽은 전적으로 Comcast 이용자들이 요청하였기 때문에 발생한 것인데 이들은 이미 Comcast에게 요금을 지불하고 있기 때문에 넷플릭스나 Level 3가 또 요금을 지불하는 것은 어불성설이며 요금의 이중부과라는 주장이다.

Level 3의 최고 법률 책임자인 토머스 스토츠(Thomas Stortz)는 "Comcast 측의 회선사용료 요구는 망 중립성 원칙에 대한 심각한 위협이며, 미국 1위 케이블TV 사업자로서 Comcast가 갖고 있는 시장지배력과 권력을 남용하는 것"이라고 비난했다. 또한 그는 이런 Comcast의 주장이 인정된다면, 모든 ISP들이 자사 고객이 어떤 콘텐츠를 얼마나 사용하는지에 따라 인터넷 접속의 우선순위를 결정하는 상황으로 귀결될 것"이라며 비판하였다.

Level 3 측은 Comcast가 Level 3에 대해 접속회선 대가를 부과함으로써 결과적으로는 넷플릭스에 망 이용대가를 받고자 하는데에는 유료방송시장 내 경쟁을 고려한 행위라고 주장한다. 즉 Comcast는 초고속인터넷사업자이기도 하지만 미국 최대 CATV 사업자이다. 유료방송시장 가입자를 지켜야 하는 Comcast로서는 저렴한 요금을 무기로 한 OTT 사업자 넷플릭스에 대해서 견제를 할 수밖에 없는데 그 수단이 넷플릭스의 원가를 높여 저가로 자사 가입자를 뺏어 가는 것을 막고자 하며 그 수단이 망 이용대가 부과라는 것이다.[82]

결국, CATV 서비스를 제공하는 Comcast와 넷플릭스는 상호 직접 적이며 강력한 경쟁자라는 점에서 Comcast가 자사의 지배력을 이용해 공정 경쟁 환경을 훼손하고 있다는 것이다.

FCC의 판단 기본적으로 FCC는 IP 상호접속시장은 망 중립성 규제 대상 시장이 아니라고 보았고 그래서 IP 상호접속시장에 망 중립성 규제(Open Internet Order)를 적용할 수 없다는 입장이다.[83]

---

82 "In late 2010, Comcast informed Level 3 Communications that it would require Level 3 to pay for the ability to access Comcast's network. Given that much of the traffic being requested by Comcast customers is Netflix data stored with Level 3, many commentators have looked to this situation as an example of Comcast either discriminating against Netflix traffic or trying to increase Netflix's operating costs. Furthermore, to the extent network operators were to create tiers of Internet access service and either charge us for or prohibit us from being available through these tiers, our business could be negatively impacted." 출처: Mattew Lasar – 2/26/2011Peers or not? Comcast and Level 3 slug it out at FCC's doorstep, arstechnica, 2011.2.26.
https://arstechnica.com/tech-policy/2011/02/peers-or-not-comcast-and-level-3-slug-it-out-at-fccs-doorstep/)

83 The FCC's open Internet order "doesn't change anything to existing peering arrangements," Cecelia Kang of The Washington Post quoted Genachowski as responding, adding that he hoped the parties "settle and resolve" the matter. The Post ran the story under the headline "FCC defends net neutrality to lawmakers, says Level 3–Comcast not covered by rules."(출처:

즉 망 중립성 규칙이 보호하고자 하는 대상에 IP 상호접속 시장은 해당 사항이 없었던 것이다. Comcast와 Level 3간 분쟁은 사업자간 자체적인 협상과 노력으로 해결되어야 하지 망 중립성 규제로 제재할 수 없다는 것이다.

좀 더 구체적으로 설명하자면 FCC가 발표한 망 중립성 명령서에 따르면 망 중립성 규제 수범자는 BIAS(Broadband Internet Access Service Provider)이다. 그런데 여기에는 IBP, CDN, VPN 등은 해당되지 않는다고 명시하고 있다. 가입자구간을 보유한 사업자가 트래픽 관리행위를 통해 차단, 지연, 조절 행위를 하거나 추가 대가를 받는 것을 금지하는 망 중립성 규제 대상에 IP 상호접속을 포섭할 수 없었던 것이다.

다만 2015년 FCC는 초고속인터넷접속서비스를 Common Carrier 서비스에 포함하겠다고 재분류 결정을 하였는데 이는 우리나라와 같이 기간통신역무에 포함하겠다는 결정이었다. 당시 FCC는 초고속인터넷시장에 대한 규제권한을 확보하였기 때문에 IP 상호접속시장(소위 IX 시장)에 대해 규제 권한이 있고 사후적으로 IP 상호접속에

30. But this Order does not apply the open Internet rules to Interconnection. …

출처: FCC(2015)

대해 규제하겠다고 언급한 바 있다.

그럼에도 불구하고 FCC는 2015년 망 중립성 명령서에서 ISP, CDN, IBP 간 인터넷 망을 연결하는 'IP interconnection'은 동 명령서가 적용되지 않는다고 명시하여 CP, CDN에 대한 ISP의 과금행위와 망 중립성 규제 간에는 상관성이 없음을 명확히 하였다.

4

우리나라
인터넷 망
상호접속제도

초고속인터넷서비스
도입

    초고속인터넷접속서비스란 인터넷 백본망에 접속된 광대역 가입자망을 이용하여 이용자가 인터넷을 고속으로 접근할 수 있도록 하는 서비스를 의미한다. 광대역가입자망은 유무선 모두 포함한다. 유선 가입자망은 전화망, 인터넷 망 등 서비스망을 기간 통신망(백본망)과 간선망을 거쳐 최종적으로 가정 및 기업, 학교 등의 가입자에게 전달하는 네트워크의 최종단(Last Mile)의 정보통신 인프라를 의미한다.

    우리나라는 기가 인터넷 사업의 활성화를 넘어 10기가(10Giga)급 인터넷 서비스의 핵심 기술·장비 개발과 시험망 구축 및 서비스 시험·검증을 완료하였고 2018년 말 상용 서비스(2.5Gbps, 5Gbps, 10Gbps)를 개시하였다.[84] 그리고 무선망은 통신 선로를 이용하지 않

---

84 한국지능정보사회진흥원(NIA), 한국인터넷백서 2020

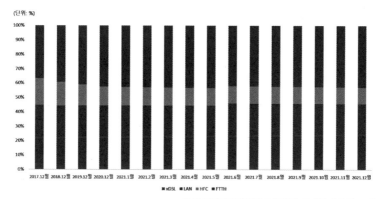

그림 46. 우리나라 유선 매체별 초고속인터넷회선수와 그 비중(FY 2017~2021)

출처: 과학기술정보통신부(2022), 조대근 재구성(2022)

고 전자기파, 음파, 초음파 등을 이용해 정보를 송·수신하는 노드의
집합인데,[85] 통상적으로 네트워크의 최종단에서만 무선망이 활용된
다.

우리나라에 초고속인터넷접속서비스가 상용으로 제공된 것은
1998년부터이다. 이전의 전화 모뎀을 이용하지 않고 별도의 초고속
인터넷모뎀을 이용하여 초고속인터넷접속서비스를 제공한 사업자
는 두루넷이었다. 두루넷은 CATV 네트워크를 이용하여 초고속인터
넷을 제공하였다.

이어 1999년 하나로통신은 두루넷과 달리 전화가입자망을 이용하
되 ADSL(Asymmetric Digital Subscriber Line) 모뎀을 이용한 초고속인
터넷접속서비스를 출시하였다. 그로부터 3년이 지난 2002년 우리나

---

85 한국지능정보사회진흥원(NIA), 한국인터넷백서 2020

라 초고속인터넷가입 가구가 1천만을 돌파하였다. 2003년에는 가입자망 속도가 20Mbps급의 VDSL(Very high-data rate Digital Subscriber Line)이 도입되었고 2006년에는 FTTH(Fiber-to-the-Home, 댁내 광케이블) 서비스가 도입되었다.

2009년에는 유선의 속도가 Giga급인 시범사업이 착수되었고, 2014년에 상용화 되었다. 2018년에는 10Giga 인터넷서비스가 상용화되었다.

초고속인터넷서비스:
부가통신역무에서
기간통신역무로 재분류

역무 재분류 배경

초고속인터넷접속서비스가 우리나라 시장에 출시될 당시에는 부가통신역무였다. 서비스가 출시된 지 6년 후인 2004년, 정부는 초고속인터넷접속서비스를 기간통신역무로 분류하겠다는 결정을 한다. 그렇다면, 당시 정부는 왜 이런 역무 재분류를 결정하게 되었는가?

첫째, 통신망을 보유한 부가통신서비스의 제공과 관련한 사업제도가 당시 분류체계에 없다는 것이다. 당시 두루넷과 같이 통신망을 설치하고 부가통신역무(데이터통신)만을 제공하고자 하는 사업수요가 발생하고 있으나, 전기통신사업법상 이에 대한 명문규정이 없어 사업자들은 우회적으로 이러한 서비스를 제공하고 있었다. ADSL, 케이블모뎀 등이 대표적인 예이며, 이들 서비스는 나열식으로 되어 있는 당시 법령상 초고속인터넷서비스가 부가통신역무로 분류될 수밖에 없었고 기간통신사업 허가를 받은 사업자는 신고 없이 부가통신 서비스를 제공할 수 있었기 때문에 별도의 신고를 하지 않았다. 실제 기간통신역무에 포함되어 있지 않아서, 하나로통신, 두루넷, 데이콤, 온세통신 등은 신고 없이 초고속 인터넷서비스를 제공하였다.

둘째, 음성(기간통신역무)과 데이터(부가통신역무)의 정의가 불명확 하다고 보았다. 당시 분류제도는 통신서비스를 사실상 음성(기간통신 역무)과 데이터(부가통신역무)로 구분하고 있었으나, 이에 대한 정의 가 불명확하여 인터넷전화(VoIP)와 같은 음성·데이터 통합서비스를 분류하기가 곤란하다는 문제점이 지적되곤 하였다.

셋째, 당시 제도는 음성 위주로 되어있기 때문에 데이터통신시장 의 성장에 따른 시장변화를 반영하지 못해, 관련 규제제도 및 이용자 보호 등에 있어 적절한 대처가 곤란하다는 점도 규제기관으로서는 개선이 필요한 이유였다. 더불어 당시 정보통신부가 기간역무화를 강력히 주장한 배경으로 우리나라 초고속인터넷시장의 경쟁 상황도 한 몫 하였다.

즉 정부는 인터넷 망의 안정적 운영에 문제가 있다고 보았고, 경쟁 정책 차원에서는 KT가 독점하고 있는 유선전화서비스 시장에서 얻 은 초과이윤을 이용하여 초고속인터넷 시장에서 과감한 투자(VDSL) 와 경품, 요금할인 등 가입자 유치경쟁을 유발하여 경쟁사업자를 압 박한다는 교차보조(cross subsidy)에 대한 문제의식이 있었던 것으로 알려져 있다.

특히 전국 인터넷 망의 안정적 운영과 관련하여 정보통신부는 민 영화된 KT가 인터넷백본시장에서 갖는 지배적인 위치 때문에 특별

그림 47. 우리나라 초고속인터넷서비스 시장의 HHI 지수 추이(FY 2002.12.~2003.12)

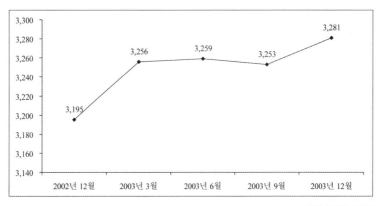

출처: 곽정호 (2004)

히 강력한 규제 도입을 고려했던 것으로 보인다고 분석한다.[86] 실제 2003년 12월, KT는 초고속인터넷접속서비스 시장에서의 시장점유율이 50%였고 HHI(Herfindal-Hershman Index) 지수는 지속적으로 높아져 시장집중도가 심화되고 있는 상황이었다.

2004년 당시 역무분류 현황과 정부의 재분류 결정 이유

2004년 정부가 초고속인터넷접속서비스를 부가통신서비스에서 기간통신서비스로 재분류할 당시 통신서비스 및 사업자 분류제도는 다음과 같았다.

당시 전기통신사업법 제4조에 의하면, 기간통신사업이란 전기통신회선설비를 설치하고 이를 이용하여 기간통신역무를 제공하는 사

---

86 녹색소비자연대, 인터넷관련 통신규제제도 개선방안, 2006.12.

표 10. 우리나라 통신서비스 및 사업자 분류제도(2004년 기준)

구분	기간통신 사업자	별정통신사업자			부가통신 사업자
		1호	2호	3호	
정의	전기통신회선 설비를 설치 하고 기간통신 역무를 제공하 는 사업자	기간통신사업자의 전기통 신회선설비를 이용하여 기 간통신역무를 제공하는 사 업자		구내에서 전기통신역 무를 제공 하는 사업 자	기간통신사 업자로부터 전기통신회 선설비를 임 차하여 부가 통신역무를 제공하는 사 업자
제공 서비스	전화(시내, 시 외, 국제)역무 가입전신역무 전기통신회선 설비임대역무 주파수를 할당 받아 제공하는 역무	음성재판매 인터넷폰 콜백서비스	재과금 가 입자모집 무선재판매 인터넷폰	구내통신	부가통신역 무(기간통신 역무 이외의 전기통신 역 무)

출처: 곽정호 (2004)

업이고, 별정통신사업은 기간통신사업자의 설비를 이용하여 기간통
신역무를 제공하는 사업이며, 부가통신사업은 기간통신사업자의 설
비를 임차하여 기간통신역무 이외의 전기통신역무를 제공하는 사업
으로 규정되어 있었다.

특히 통신서비스 분류제도의 근간이 되는 기간통신역무는 공공의
이익과 국가산업에 미치는 영향, 역무의 안정적 제공의 필요성 등을
참작하여 전기통신사업법에 근거해 정보통신부령으로 규정하고 있
는데, 당시에는 전화(시내, 시외, 국제전화), 가입전신, 회선설비임대,
주파수를 할당 받아 제공하는 역무 및 기타 장관이 고시하는 역무가
포함되었다.

표 11. 우리나라 초고속인터넷서비스의 기간통신역무 재분류 시 도입되는 주요 규제

구분	주요 내용(2004년 전기통신사업법 기준)
이용약관 인가	전기통신사업법 29조(이용약관의 신고)
	초고속인터넷서비스 제공사업자들은 정보통신부 장관에게 이용 약관을 의무적으로 신고하여야 하고, 해당 시장의 사업규모, 시장점유율 등을 감안하여 시장지배력이 있는 것으로 판단되는 경우에는 시장지배적사업자(SMP)로 지정되어 비대칭적인 규제 적용 받을 수 있음
	기간통신역무 재분류가 SMP 지정을 의미하는 것이 아니라 경쟁상황에 따란 SMP로 지정될 수 있는 법적 근거가 마련되었음을 의미
요금규제	전기통신사업법 29조(이용약관의 신고)
	전기통신사업법 제29조에 의거하여 초고속 인터넷사업자의 이용약관에 대한 직접적인 규제가 가능해지며, 또한 특정사업자의 경쟁제한성으로 유효경쟁이 저해되는 경우에는 시내전화 및 이동전화 서비스와 유사하게 시장지배적사업자를 지정하여 인가제 방식의 요금규제 적용 가능
	초고속 인터넷서비스시장의 시장지배적사업자는 예외적으로 이용약관 상의 요금조정 등에 대해서 매번 정통부장관의 허가 필요
상호접속	전기통신사업법 제34조(상호접속)
	정보통신부 장관은 인터넷망의 안정적 운영을 강화하고 유효경쟁을 확보하기 위하여 시장지배적사업자 또는 필수설비 보유사업자를 지정하고 타사와의 상호접속 의무를 부과 가능
	이는 초고속 인터넷서비스의 기간화는 인터넷 백본시장에 대한 상호연동 협정의 투명성과 공정경쟁 보장으로 이어질 수 있음
보편적 서비스	전기통신사업법 제3조2
	초고속 인터넷서비스의 기간화는 기존 보편적 서비스의 분담사업자의 손실 분담금 부담을 줄이는 반면에 새롭게 분담대상 사업자가 되는 초고속 인터넷사업자의 비용부담 증가를 의미
	초고속 인터넷서비스가 기간통신역무가 되면 보편적 서비스의 제공범위를 초고속 인터넷서비스까지 확대하는 범위 확대 논의 가능

출처: 곽정호 (2004), 조대근 재구성

이러한 분류 체계 하에서 앞서 언급한 시장 상황을 고려하여 정부는 2004년 7월 24일 정보통신부는 "통신시장 현황과 경쟁정책 방향"

에서 초고속인터넷접속서비스를 기간통신역무로 분류하겠다고 발표하였다.

당시 정부 정책발표 내용을 보면 인터넷접속서비스가 이미 전국민이 사용하는 핵심 통신 인프라임에도 불구하고, 부가통신서비스로 규정되어 있어서 "국가 전체 차원의 안정적인 인터넷 망 운영에 어려움"이 있고 KT가 독점적 이윤을 위한 공격적인 마케팅으로 "시장의 과열현상과 후발사업자의 유동성 위기를 초래"하고 있으므로, 초고속인터넷접속서비스를 기간역무로 하여 주요 사업자간 상호접속(interconnection) 의무를 부과하고, 초고속인터넷접속서비스 시장의 필수설비인 가입자망 공동활용제도(LLU, local loop unbundling)를 도입하는 한편, 시장지배력을 보유한 사업자에 대해서는 요금 및 결합상품(bundling) 규제를 통해 시장의 공정경쟁여건을 조성하겠다고 하였다.[87]

결국 정부가 초고속인터넷접속서비스를 부가통신역무에서 기간통신역무로 전환한 배경에는 초고속인터넷시장 내 공정한 경쟁환경 조성을 위해 강력한 규제가 필요하다고 판단하였으나 부가통신역무로 남겨져 있을 경우, 이러한 규제를 적용할 수 없으므로 초고속인터넷접속서비스를 기간통신역무로 재분류한 것으로 해석할 수 있다.

기간통신역무로 재분류 이후 도입되는 규제

2004년 정부가 초고속인터넷접속서비스를 기간통신역무로 재분

---

87 정보통신부, 통신시장 현황과 경쟁 정책 방향, 정보화사회, 9/10월호, 2003

류하면서 기존 유·무선 음성전화서비스가 받고 있는 규제를 동일하
게 받게 되었다. 이를 정리하면 표 11과 같다.

인터넷망상호접속제도
도입과 발전

초고속인터넷접속서비스가 기간통신역무로 재분류되면서 가장 변화가 크고 현재까지도 논란이 되고 있는 것이 초고속인터넷접속사업자(ISP)간 트래픽 교환 행위를 상호접속기준에 포섭한 것이다. 소위 인터넷 망 상호접속(IP Interconnection) 제도가 도입된 것인데 그 의미와 발전 과정을 살펴보면 다음과 같다.

인터넷 망 상호접속제도 의미와 도입 인터넷 망 상호접속은 인터넷접속서비스 및 인터넷전용회선 서비스를 제공하는 ISP들이 인터넷 트래픽 교환을 위해 상호간 인터넷 망을 연동하는 것을 말한다.[88] 전통

---

88 이하에서 인터넷 망상호접속이라는 표현이 주는 혼동을 방지하기 위해 추가로 설명이 필요하다. 우리나라 전기통신사업법에 근거하여 마련된 인터넷 망상호접속제도에서 말하는 망의 연결 범위는 국내 트래픽으로 한정된다. 그러나 해외에서 말하는 트랜짓 또는 피어링은 국내외 구분없이

적으로 인터넷 망을 보유하지 않은 최종이용자(End-User, CP 포함)와 ISP 간 트래픽 교환은 사업자 간 거래가 아닌 최종이용자와 사업자간 소매거래(Internet Access)로 인식, 인터넷 망 상호접속 범위에서 제외하였다.

정부가 인터넷 망 상호접속제도를 도입한 것은 초고속인터넷시장 즉 소매서비스 시장이 급속히 확대됨에 따라 소매시장에서의 사업자간 경쟁 심화로 접속거부 및 회선단절 등 대형 ISP 사업자의 불공정행위 및 사업자간 분쟁 사례가 다수 발생하였고, IX서비스/전용회선 결합판매에 따른 불공정 시비 및 중계접속 제한으로 모든 ISP가 개별적인 연동계약을 체결해 직접접속을 해야 하는 상황이 유발하는 후발 사업자의 시장 진입 제한 등 초고속인터넷접속서비스의 도매시장에 해당하는 인터넷 상호접속 시장이 다양한 문제점들이 발생하였기 때문이다. 그리고 이러한 문제들이 시장 자율적으로 문제를 해결할 수 없는 상황이라고 판단하여 정부의 시장개입이 필요하다고 보았다.

이에 2004년 12월 22일 정부는 보도자료를 통해 인터넷 망상호접속 제도 도입을 발표하면서 "사업자간 다양한 자정노력을 기울였음에도 불구하고 시장기능에 의한 자율적 문제해결 기능이 상실됨에 따라 정부는 왜곡된 시장상황 개선을 위해 제도 도입을 통한 직접적

각 ISP가 가지고 있는 라우팅 정보에 기반한 트래픽 교환을 말한다. 후자는 글로벌 연결성(Global Connectivity)를 제공해 줄 수 있지만 전자는 그렇지 못하다. 즉 전기통신사업법에 규율 받는 커버리지는 전 세계가 아니라는 의미다.

규제 방안을 마련하게 되었다"고 설명하고 있다.[89]

이후 2005년 1월, 전기통신설비의 상호접속기준(고시 제2010-60호) 개정을 통해 인터넷 망상호접속제도를 도입하였다.

인터넷 망 상호접속제도 도입 당시 주요 내용[90] 2005년 고시를 통해 도입된 인터넷 망상호접속제도의 주요 내용을 정리하면 다음과 같다.

첫째, 기간 ISP에게 인터넷 망간 상호접속 의무를 부여하고 개별 ISP의 부당한 인터넷 망 단절 및 접속 거부를 금지하고 있으며 동등접속 및 중계접속의 접속료 산정 원칙 및 접속조건을 상세히 규정하고 있다. 특히 과거 IX서비스/전용회선 결합판매에 따른 불공정 시비 해소를 위해 백본망 접속 서비스와 전용회선의 끼워팔기를 금지함으로써 접속이용자의 접속회선 선택 자율성을 보장하고 있다(고시 제44조제2항).

둘째, 인터넷접속제공사업자는 인터넷 접속조건 및 조건에 따른 인터넷 망 운영현황을 공개하며 접속이용사업자의 계위를 구분하여 운용토록 규정하고 있다(고시 제42조). 특히 동등접속은 동일 계위간으로 중계접속은 다른 계위간 협정으로 규정하고 있으며 소통되는 트래픽은 인터넷 직접접속과 인터넷 중계접속으로 구분하고 있는 것이 특징이다(고시 제46조).

셋째, 사업자간 상호접속에 따른 접속료 산정 및 정산은 접속회선

---

89 (구)정보통신부 보도자료," 인터넷 망상호접속제도마련", 2004.12.22, 고창열, et al.(2011)에서 재인용

90 이하 내용은 상호접속고시 및 고창열, et al.(2011)을 인용하였다.

표 12. 우리나라 인터넷상호접속제도 도입 이전과 이후 변화 비교

구분		제도화 이전	제도화 이후
접속유형		접속유형 구분 없음	· 직접접속 · 중계접속
인터넷접속조건		없음	망규모별 사업자 계위 구분
접속료 산정 원칙		접속회선 동시 구매	접속회선비용과 접속통신료를 일괄 또는 분리 산정하여 이용자사업자가 선택 가능
정산방식	접속회선비	· 접속회선비+port 접속료 (접속회선비의 120%) · 이용사업자 부담	· 동일계위: 접속사업자간 ½씩 부담 · 다른 계위: 하위 사업자 부담
	접속통신료		—직접접속 · 동일계위간: 무정산 · 다른계위간: 하위계위 사업자 부담
			—중계접속 · 접속이용사업자 부담
호소통범위		제한적	중형 ISP의 중계접속을 허용, 중계접속 제공 시 Full Routing 제한 또는 거부 금지

출처: 고창열, et al.(2011)

비용과 접속통신료로 구분하고 접속회선비용은 동일 계위간은 1/2 씩 부담하고 다른 계위간은 낮은 계위의 사업자가 전액 부담토록 하고 있다. 접속통신료는 직접접속호와 중계접속호로 구분하여 정산하되 직접접속호의 경우 동일 계위간은 무정산하고 차등 계위간은 하위 계위의 사업자가 상위 계위 사업자에 일방향 지불하고 중계접속호의 경우 접속이용 사업자가 접속제공사업자에게 지불토록 하고 있다(고시 제45조).

인터넷 망 상호접속제도의 변화

1차 개정(2016~2017) 2005년 인터넷 망 상호접속제도가 도입된 지 11년이 지난 2016년 정부는 제1차 제도 개선을 시행하였다.

2014년 7월 29일, 당시 미래창조과학부에서는 공고 제2014-316호를 통해 "데이터 중심으로의 통신시장 환경 변화를 반영하고 통신사업자의 인터넷 망 투자 유인 제공과 공정한 경쟁 환경을 조성하기 위해 인터넷 망 상호접속제도를 새로이 개선"하기 위한 「전기통신설비의 상호접속기준」의 개정을 예고하였다.

당시 미래창조과학부는 2005년 제도 도입 이후 무선 인터넷 망(LTE) 보급 확대, 인터넷 트래픽 증대 등 인터넷 중심의 통신시장 환경변화에도 불구하고 당시 인터넷 망 접속제도는 이런 변화를 수용하지 못한 측면이 있었다고 보았다.

미래부가 제시한 개정의 주요 내용은 2016년부터 ① '표준인터넷접속조건'의 마련, ② 인터넷 망 상호접속 범위에 무선인터넷 망을 포함, ③ 접속통신료 정산 기준을 트래픽 누적량 기반으로 변경, ④ 직접접속시 접속통신료를 동일계위간 '상호정산'으로 변경 등이 포함되었다.

우선 표준인터넷접속조건을 도입하였다. 기존에는 ISP 간의 협의를 통해 자발적으로 이루어져 왔던 계위 평가를 정부가 사업자 모두에게 공통으로 적용되는 표준인터넷접속조건을 정보통신정책연구원 등의 전문기관과 함께 마련하여 이를 기준으로 ISP들이 서로 계위를 평가하도록 개정하였다. 계위 평가는 곧 정산구조와 연결되기 때문에 ISP들로서는 매우 중요한 사안인데 이를 사업자간 이루어지는

그림 48. 우리나라 인터넷망상호접속 제1차 개정에 따른 정산방식

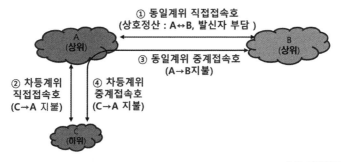

출처: 이상우(2019)

과정에서 협의가 원만하지 않고 분쟁의 소지가 많다는 점을 감안하여 표준인터넷접속조건을 도입하기로 한 것이다. 미래부는 표준 인터넷접속조건인 통신망 규모(서비스 커버리지, 노드수, 백본총량, 접속용량), 가입자수(유·무선 인터넷가입자수, 인터넷전용회선가입자수) 및 트래픽교환비율을 기준으로 세부 평가항목과 배점기준을 마련해 ISP의 망 운영현황을 평가토록 하였다.

둘째, 모바일 기기에서의 인터넷 사용이 급증하면서 무선인터넷망에도 상호접속제도를 적용하도록 개정하였다. 이로 인해 SK텔레콤도 접속제공 및 이용사업자로 참여할 수 있게 되었다.

셋째, ISP가 트래픽 증가에 따른 네트워크 투자비를 보다 원활히 회수할 수 있도록 돕고자 하는 취지에서 접속통신료 산정을 트래픽 누적량 기반으로 산정하는 것과 동일계위간 상호정산 방안을 도입하였다. 이는 기존의 동등계위간 상호무정산과는 정반대의 정산 방식이기 때문에 인터넷 망 접속시장에 상당한 영향을 주는 정책적 변

화였다. 상호정산 원칙이 도입되면서 정산을 위한 자료 수집을 위한
활동이 수반되었다.

- 동일계위사업자 간 정산은 직접접속호와 중계접속호로 구분하
  여 직접접속호는 상호정산, 중계접속호는 하위계위사업자의 트
  래픽을 전송한 사업자가 착신측 사업자에게 일방정산
- 차등계위사업자 간 정산은 직접접속호와 중계접속호로 구분하
  되, 하위계위사업자가 상위계위사업자에게 일방정산

즉 인터넷 상호접속을 오고 간 트래픽의 용량을 기반으로 정산하
기 위해서는 트래픽의 흐름을 기술적으로 정밀하게 측정하고 분석
하는 시스템이 필요한데, 이를 위해 정부는 유·무선통신사업자 단체
인 한국통신사업자연합회(KTOA)에 그 역할을 맡겼으며, 2016년 1월
에 KTOA 내에 트래픽 정산소를 공식 개소하였다. 트래픽 정산소는
통신사들의 데이터 트래픽을 서로 연동해주고 접속료를 정산하는
역할을 담당하고 있으며, 각 통신사들이 운영비용을 부담토록 하고
있다.

2차 개정(2018~20년) 2019년 12월 23일, 과학기술정보통신부는 인
터넷 시장의 공정경쟁환경을 조성하기 위해 업계의견 등을 수렴하
여 마련한 '인터넷 망 상호접속제도 개선방안'을 발표하였는데 이것
이 인터넷 망 상호접속 2차 개정이었다.

정부는 2016년 개정된 인터넷 망 상호접속 제도 운영 과정에서 제

그림 49. 우리나라 인터넷망상호접속 제도 변천 과정

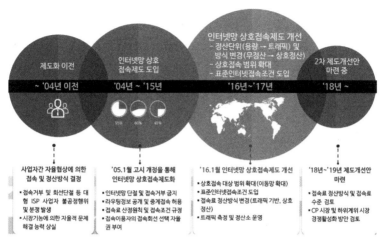

출처: 이상우(2019)

도 개편 이후, 통신사 간에 발생하는 접속료가 CP시장에 영향을 미치면서, 인터넷 시장에서의 경쟁이 위축되는 현상이 일부 발생한 것을 인지하였다. 이에 과기정통부는 인터넷 시장 전반의 경쟁상황을 확인·점검하고, 합리적인 개선방안을 마련하기 위해 지난 1년여간 (18.9월~19.12월) 제도개선 연구반을 구성·운영하였고 3가지의 개선방안을 제시하였다.

첫째, 대형 통신사(KT·SKB·LGU+) 간에는 트래픽교환비율이 일정 수준 이하일 경우 접속료를 상호정산하지 않도록, 접속료 정산제외 구간(무정산 구간)을 설정하였다. 무정산 구간은 과기정통부가 시장 경쟁 상황 등을 고려하여 하한수준을 결정하게 되며, 현행 대형 통신사 간 트래픽 교환 비율의 최대치보다 다소 높은 수준인 1:1.8로 정하였다. 이는 최근 1년간 대형 통신사 간 월별 트래픽교환비율은 모두 1:1.5를 하회므로 무정산구간이 1:1.8로 설정되면 통신사가 타 사로 발신하는 트래픽이 상당수준 늘더라도 접속비용이 발생하지 않을 것으로 보았기 때문이다.

둘째, 중소 통신사(중계사업자, CATV사 등)의 접속비용 부담을 완화하기 위해 접속통신요율을 인하하고, 사업자 간 상호합의가 있는 경우 계위 등을 달리 선택할 수 있도록 자율화하였다.

셋째, 인터넷 시장의 투명성 확보를 위해 접속통신요율 상한과 대형 통신사 간 트래픽교환비율을 공개하고, 업계와 협의하여 망 이용대가 추이를 수집·공개하는 방안도 검토하기로 하였다.

3차 개정(2022~23년) 2022년 1월 10일, 과학기술정보통신부는 전기통신사업법 제39조(상호접속)에 따라 인터넷 시장의 공정경쟁 환경을 조성하기 위하여 '22~'23년 인터넷 망 상호접속제도 시행방안을 마련, 발표하였다. 제3차 개정은 제2차 개정 내용에 대한 보완이라고 할 수 있다. 주요 발표 내용을 정리하면 다음과 같다.

첫째, 기존 상호무정산 구간을 유지하기로 하였다. 2020년 제도개선 시 대형 통신사 간 사실상 무정산 하도록 설정한 무정산 트래픽교환비율 범위(이하 '무정산 구간') '1:1~1:1.8'의 경우, 무정산 구간 도입 이후 콘텐츠제공사업자(CP) 유치 경쟁이 이전 대비 활성화되고, 콘텐츠제공사업자(CP)에 대한 인터넷전용회선요금 단가가 인하된 사례도 확인되는 등 긍정적인 효과가 도출되고 있는 점을 고려하여 현행 유지하기로 하였다.

둘째, 접속요율을 인하하였다. 구체적으로 보면 접속통신요율은 직접접속 통신요율과 중계접속 통신요율로 구분되는데, 주로 계위가 같은 사업자 간 정산 시 활용되는 직접접속요율은 12% 인하하고, 주로 계위가 낮은 중소 사업자가 대형 사업자에게 정산 시 활용되는 중계접속요율은 17% 인하하였다.

5

SK브로드밴드–넷플릭스
연동과 재정

SK브로드밴드-넷플릭스
연동 시작과 확대

넷플릭스는 2016년 1월 경 국내에서 공식적으로 서비스를 시작
했다. 당시 넷플릭스는 국내 서비스를 시작하면서 미국 시애틀 소
재 중립 IDC(Internet Data Center)에 위치한 시애틀 IX(Seattle Internet
Exchange, 이하 'SIX'라 함)에서 SK브로드밴드(이하 SKB)와 퍼블릭 피
어링 방식으로 트래픽을 교환하기 시작하였다.[91]

이후 양사는 2018. 6월 경 일본 도쿄에 위치한 IX인 BBIX에서 망
연동을 하였는데 SKB는 자사가 확보한 용량 내에 넷플릭스 트래픽

---

91 퍼블릭 피어링(Public Peering)은 하나의 물리적인 네트워크에 여러 피어링 접속을 시행하는 방
식임. 즉 인터넷 교환을 통해 하나 이상의 물리적 연결을 사용하여 다른 여러 Peer와 연결 가능하
다. 이때 IXP는 퍼블릭 피어링에 참여하는 사업자에게 인프라 운영비 충당을 위해 포트 및/또는 회
원 수수료를 청구한다. (https://blog.leaseweb.com/2012/10/24/public-vs-private-peering-the-
basics-part-1/)

그림 50. SK브로드밴드-넷플릭스 망 연동 현황(2021년 기준)

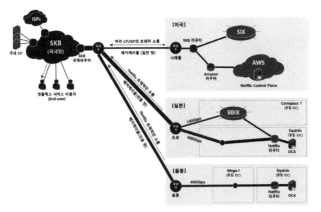

그림 51. SK브로드밴드 한-일 구간 망 용량 증가 추이(FY 2018~2021.5)

만을 수용하면서 사실상 프라이빗 피어링 방식[92]으로 연결하였다.

---

92 프라이빗 피어링에 대해서는 제2장 설명을 참조. 프라이빗 피어링이 퍼블릭 피어링과 가장 큰
차이는 전자는 개통한 용량 내에서 어떤 사업자와의 트래픽도 교환, 수용할 의사가 있는 반면 후자는

그리고 SKB는 도쿄의 BBIX에서 넷플릭스와 연동한 이후에도 넷플릭스 트래픽이 계속 증가하게 되자, 그 트래픽을 처리하기 위해 자사 비용으로 국제망과 서버 링크 용량을 추가로 증설하였고, 넷플릭스도 자신의 비용으로 여러 차례 BBIX에서의 용량을 증설하였다. 더불어 양사는 2020년 1월 경부터는 홍콩 내 중립 IDC(Internet Data Center)인 Mega-1에서 프라이빗 피어링을 하기 시작하였다.

그림 51에서 보듯이 양사 접속용량은 2018년 50Gbps, 2109년 말 150Gbps, 2021년 5월 900Gbps로 대역이 급증하고 있음을 알 수 있다.

교환하는 트래픽에 대해서는 개별 계약을 통해 특정 사업자의 것만을 교환한다는 점이다. 이 때문에 피어링을 위한 한 협상, 조건, 대가 지불 등이 다르다. 이 부분은 SKB-넷플릭스 2심에서 중요한 쟁점으로 부각된 바 있다.

SK브로드밴드의
재정 신청과 중단

　방송통신위원회 재정제도[93]는 전기통신사업자간 분쟁 발생시 방통위에 중재를 요청할 수 있는 제도로 재정 중 한쪽에서 법원에 소송 제기시 재정 절차는 중단된다.[94]

　SKB는 넷플릭스에 망 이용대가 협의를 수차례 요청하였으나, 넷플릭스가 이를 지속적으로 거부하자 2019년 11월 12일, 방통위에 재정을 신청하였다.[95]

93　제45조(방송통신위원회의 재정) ① 전기통신사업자 상호 간에 발생한 전기통신사업과 관련한 분쟁 중 당사자 간 협의가 이루어지지 아니하거나 협의를 할 수 없는 경우 전기통신사업자는 방송통신위원회에 재정(裁定)을 신청할 수 있다.

94　제45조(방송통신위원회의 재정)
⑤ 방송통신위원회는 재정 절차의 진행 중에 한쪽 당사자가 소를 제기한 경우에는 재정 절차를 중지하고 그 사실을 다른 당사자에게 통보하여야 한다. 재정신청 전에 이미 소가 제기된 사실이 확인된 경우에도 같다.

95　방송통신위원회 보도자료, 방통위, SK브로드밴드-넷플릭스 간 망사용 협상 재정 개시,

당시 SKB가 밝힌 재정 취지는 "넷플릭스의 콘텐츠로 인해 유발되는 트래픽으로부터 이용자 이익 보호 및 품질 보호를 위하여 SKB가 한-일 국제망 구간에 대한 증설비용 부담 및 망 이용대가 지불이 수반 된 캐시서버 설치 등의 조치를 마련하도록 신청인과 협상에 성실하게 임할 것을 요구하는 것이었다.

SKB의 요청으로 방통위는 재정 절차에 돌입하였고, 전문가들과 함께 양측의 주장을 검토하였으나, 2020년 4월 넷플릭스가 SKB를 상대로 소송을 제기하면서 양사의 망사용료 갈등을 중재하던 방송통신위원회는 해당 재정 절차를 중단하였다.[96]

넷플릭스가 재정 절차를 중단하고 소송으로 방향을 선회한 것은 불리한 재정 결정이 내려질 것이라고 예상했기 때문인 것으로 보인다. 넷플릭스 측은 "소비자에게 요금을 받는 ISP가 CP에게도 망이용대가를 받는 것은 부당하다"며 "넷플릭스는 트래픽 문제 해결을 위해 해외로부터 해당 국가에 콘텐츠를 미리 옮겨 두는 오픈 커넥트 프로그램을 대안으로 제안했지만 SK브로드밴드 측이 이에 응하지 않는 것"이라고 설명했다. 이어 "방통위 중재를 진행했지만 양사간 간극이 좁혀지지 않아 소송을 진행하게 됐다"고 공식적으로 언급하였다.

이와 관련된 언론의 보도 내용을 추가로 보면, CP에 대한 과금 주장은 이중과금의 문제가 있다는 점, 넷플릭스의 자체 CDN을 이용할

2019.11.19.

96 본문에서는 방통위의 재정 과정에서 논의된 세부 쟁점 및 양측의 주장, 전문가들의 의견 등은 공개되지 않아 언론에 언급된 정도로 정리한다.

경우 대가를 받을 이유가 없다는 점을 주장한 듯하다. 이러한 주장에
도 불구하고 방통위의 재정과정에서 기대하는 결정이 나오지 않을
것으로 판단한 넷플릭스는 재정 결정을 기다리지 않고 소송을 추진
하게 되었다. 당시 업계는 넷플릭스의 소송 제기가 ▲지지부진한 협
상을 반전시킬 수 있는 계기 ▲정책적 해석이 뒷받침되는 행정력에
대한 불신 ▲전 년도 페이스북이 방송통신위원회를 상대로 한 행정
소송 승소에 따른 반사효과 ▲향후 인터넷제공사업자(ISP)와의 협상
력 강화 차원이라고 분석하였다.[97]

한편 언론에 나타난 SKB의 주장을 요약하면 "넷플릭스 사용자가
늘어나 인터넷 망을 늘렸으니 그 비용을 넷플릭스가 부담해야 한다"
는 것이다. SKB는 지난 3년간 매년 8,000억~9,000억원 규모의 설비
투자를 했는데, 이 중 상당 부분이 넷플릭스와 구글 등 해외 기업의
서비스를 원활하게 하기 위해서였다"고 주장하면서 넷플릭스 제소
에 대해서는 응소한다는 입장을 보였다.[98]

당시 방통위는 최종적으로 중재안을 마련해 2020년 5월, 방통위
전체회의에 상정할 예정이었으나 넷플릭스의 소 제기로 재정 절차
는 중단되었다.[99]

97 김문기, [초점]넷플릭스, 방통위 재정中 SKB 소송 강수…왜?, 2020.4.14.

98 곽희양, 넷플릭스, SK브로드밴드 상대로 소송, 또 '망 사용료' 갈등…누구 손 들어주나,
2020.4.14.

99 김주현, 넷플릭스·SKB 갈등 소송전으로…방통위 손 뗀다, 머니투데이, 2020.4.14.

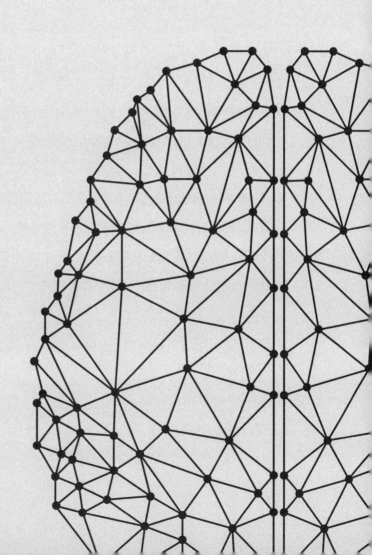

6

SK브로드밴드-넷플릭스
1심 판결 주요 내용 및 검토

개관

이번 장에서는 소위 "세기의 재판"[100]이라고 불리는 SK브로드밴드-넷플릭스 간의 1심 판결문을 정리하고 쟁점별로 검토하고자 한다.

앞서 제5부에서 설명하였듯이 넷플릭스는 방통위의 재정결정을 기다리지 않고 소송을 제기하였다. 이 같은 결정에 이해관계자들은 물론 언론에서도 큰 반응을 보였다. 국내 ISP와 해외 글로벌 OTT 사업자간의 소송이 어떻게 전개될 것인지에 대해서 이목이 집중될 수

---

100 백연식, '세기의 재판' SK브로드밴드 vs 넷플릭스 1심…쟁점은?, 디지털투데이, 2021.6.25. (https://www.digitaltoday.co.kr/news/articleView.html?idxno=407170)
이기범, '세기의 재판' 승기 잡은 SKB…뿌리깊은 '망 사용료' 갈등 짚어보니, 뉴스1, 2021.6.26. (https://www.news1.kr/articles/?4351541)
최민지, "다윗과 골리앗 싸움" 세기의 재판서 넷플릭스 이긴 SKB, 2021.6.25. (https://www.ddaily. co.kr/news/article/?no=216887)

밖에 없었다. 문제는 이 소송을 둘러싼 쟁점과 그 쟁점을 두고 양측의 제시하는 논리와 주장들이 생소하고 어려워 이해와 접근이 쉽지 않았던 측면이 있다. 이하에서는 1심 판결문을 중심으로 양측의 주장과 법원의 판결을 재구성하여 설명한다.

넷플릭스의
제소 이유

2020년 4월 13일, 넷플릭스는 서울중앙지방법원에 '채무부존재 확인의 소'[101]를 제기했다. 구체적으로 넷플릭스가 자신이 SKB에게 트래픽과 관련된 망의 운용·증설·이용에 대한 대가를 지급하거나 협

---

[101] 채무부존재 확인의 소 및 그에 따른 이익에 관하여 강수미(2014) 논문에서 발췌하여 정리하면 다음과 같다. "확인의 소는 특정한 권리 또는 법률관계의 존부를 현재의 시점에서 확정하는 것으로서, 현재의 권리 또는 법률관계를 확정함으로써 현존하는 분쟁을 해결하는 기능을 할 뿐만 아니라, 장차 발생할 개연성이 높은 분쟁에 대비하여 당사자로 하여금 유리한 지위를 취득하게 함으로써 분쟁의 발생을 예방하는 기능을 하기도 한다. 확인의 소를 제기하는 측(원고측)이 얻는 실익 즉 이유는 "원고(채무자)의 권리 또는 법적 지위에 위험이나 불안이 존재하고, 이러한 법적 위험이나 불안이 피고의 태도에서 유래하여 이를 제거하기 위하여 피고와의 사이에서 확인판결을 받는 것이 현실적으로 필요하고 유효·적절"하다고 판단하기 때문이다. 만일 채무부존재확인소송에서 원고(채무자)가 전부 승소한 때에는 해당 채무가 존재하지 않는 것으로 확정되어 분쟁이 근본적으로 해결될 수도 있다." (출처: 강수미. (2014). 채무부존재확인의 소의 확인이익에 관한 고찰. 민사소송, 18, 103–150.) 따라서 채무자인 넷플릭스가 채무부존재 확인의 소 제기를 통해 자신이 피고(SK브로드밴드)에 대해 채무가 없음을 확인 받아 법률적 위험을 제거하고 분쟁을 근본적으로 해결할 수 있다는 기대에서 소송이 시작되었다고 할 수 있다.

상할 의무가 존재하지 않는다는 것을 확인해 줄 것을 요청한 소송이다. 당시 넷플릭스가 소송을 제기한 이유를 보면 크게 두 가지이다.[102]

첫째, SKB가 재정신청을 하였으므로 넷플릭스 측에서는 이에 대응하여 협상의무가 존재하지 않음을 법원을 통해 확인을 구할 이익이 존재한다는 것이다. 즉 넷플릭스는 만약 이 사건 재정 절차에서 방통위가 SKB가 신청한 것과 같이 '협상하라'는 취지의 재정 결정을 하고, 넷플릭스가 이에 불복하는 차원에서 제소를 하지 않는다면, 전기통신사업법 제45조(방송통신위원회 재정) 제7항[103]에 따라 재정 내용과 동일한 합의가 성립한 것으로 간주될 것으로 보았다. 즉, 넷플릭스는 망 이용대가 지급 등과 관련하여 SKB와 망 이용대가 부담을 두고 협상해야 하는 의무를 부담하게 될 수도 있다고 판단한 것이다. 넷플릭스 입장에서는 무엇을 어떻게 협상하라는 것인지 불분명한 상황에서 협상을 해야 할 의무를 부담하는 것 자체가, 넷플릭스의 권리 또는 법률상 지위에 대한 불안과 위험이 된다는 설명이다. 그리고 넷플릭스는 당시 제소를 통해 이 사건에 관한 방통위의 재정 절차가 중단되고, 이 사건 소송이 판결 등으로 종료될 경우 이 사건 재정 절차가 종결되기 때문에 앞서 언급한 소(訴) 제기 실익이 있다고 본 것이다.

---

102 이하 내용은 언론을 통해 알려진 넷플릭스의 주장을 인용하여 정리한 것이다.

103 제45조(방송통신위원회의 재정) ⑦ 방송통신위원회의 재정문서의 정본(正本)이 당사자에게 송달된 날부터 60일 이내에 해당 재정의 대상인 사업자 간 분쟁을 원인으로 하는 소송이 제기되지 아니하거나 소송이 취하된 경우 또는 양쪽 당사자가 방송통신위원회에 재정의 내용에 대하여 분명한 동의의 의사를 표시한 경우에는 당사자 간에 그 재정의 내용과 동일한 합의가 성립된 것으로 본다.

넷플릭스의 준비서면에서 이를 잘 설명하고 있다. "SKB는 협상의무가 단순한 사실상의 의무에 불과하다고 주장합니다만, 재정 내용과 동일한 합의가 성립하는 경우 협상 의무는 합의상(계약상)의 의무가 되므로 넷플릭스는 이에 구속됩니다. 협상의 결과가 도출되는지여부에 관계없이 협상을 해야 할 의무를 부담한다는 것 자체가 권리또는 법률상의 지위에 대안 불안과 위험이 됩니다. 위와 같은 사정을고려하면, 원고 넷플릭스가 협상 의무 부존재 확인을 구할 확인의 이익이 있다고 보아야" 한다.

둘째, 협상의무 부존재 확인이 곧 채무부존재 확인과 같은 의미로보기 때문에 소(訴)의 이익이 있다고 판단하였다. 재정에서 협상의의무를 부여하더라도 사실상의 의무에 불과하지만 만일 협상할 의무가 있다면 그것이 채무가 존재할 수 있다는 것이다.

요약하면 넷플릭스는 재정의 결과가 협상의무로 예상되었고 협상의무는 곧 대가협상으로 이어질 것이라는 판단에 아예 협상의 의무더 나아가 채무가 존재하지 않는다는 법원의 판단을 받는 것이 양측의 분쟁을 해소하는데 더 효과적이라고 본 것이다. 이에 대해 SKB측은 넷플릭스가 소를 제기한 것은 "원고들은 재정 절차에 응하였음에도 방송통신위원회의 재정안 도출 직전에 돌연 이 사건 소를 제기하였는바, 자신들에게 불리한 재정결정이 나올 것으로 전망되자 방송통신위원회의 재정 절차를 무력화시키기 위한 의도"에 연유한 것으로 보았다.[104]

104 법무법인(유) 세종, 서울중앙지방법원 2020가합533643호 사건 구두변론자료, 2020.10.30.

법원의
판결과 논리

넷플릭스(원고)의 제소 이유(청구취지)

넷플릭스(원고)가 SKB(피고)에게 지급할 채무가 존재하지 않는 것을 확인하는 소송이다. 즉 피고가 자사 가입자에게 초고속인터넷을 제공하고 있으며 CP는 ISP가 제공하는 인터넷접속역무를 통하여 인터넷에 접속하는 이용자들에게 자사 서비스 제공을 한다. 그런데 이때 유발되는 인터넷 트래픽과 관련하여 넷플릭스가 SKB의 국내 및 국제망을 통한 전송, 이러한 망의 운영, 증설 또는 이용(이하 이용 등)에 대하여 협상하거나 그 대가를 지급할 채무가 존재하지 않는 것을 확인하고자 소송을 제기한 것이다.

넷플릭스가 법원에게 확인을 요청한 것은 다음 두 가지로 요약할 수 있다.

첫째, 넷플릭스는 SKB의 국내 및 국제망 이용 등에 따른 협상의무

가 존재하지 아니한다.(협상의무 부존재 확인)

둘째, 넷플릭스는 SKB의 국내 및 국제망 이용 등에 따른 대가를 지급할 채무가 존재하지 아니한다. (채무부존재 확인)

협상의무 부존재에 대한 넷플릭스 주장과 법원의 검토 및 판단

넷플릭스의 주장 넷플릭스(원고)는 SKB와의 협상 의무가 존재하지 않는다는 것을 법원으로부터 확인받아야 하는 이유를 넷플릭스 본사와 한국의 넷플릭스 지사 차원에서 설명한다.

첫째, 넷플릭스 본사가 이번 소송에서 협상의무 부존재 확인을 받고자 하는 법적 실익은 다음과 같다. 만일 방송통신위원회가 "협상하라"고 재정 결정을 하고, 넷플릭스가 이를 불복하는 소를 제기하지 않는다면, 전기통신사업법 제45조 제7항[105]에 의하여 재정 내용과 동일한 합의가 성립한 것으로 간주될 것이고, 이에 따라 원고 넷플릭스는 법률적으로 망 이용대가 지급 등과 관련하여 피고와 협상할 합의 내지 계약상 의무를 부담하게 되므로, 위와 같은 의무를 부담하는 것 자체가 원고 넷플릭스의 권리 또는 법률상 지위에 대한 불안과 위험이 될 것이기 때문에 소송이 의미를 가진다.

둘째, 넷플릭스의 한국 지사인 넷플릭스코리아 입장에서도 소 제기의 이유가 있다는 입장이다. 즉 우리나라 전기통신사업법상 부가

---

105 전기통신사업법 [시행 2022. 3. 15.] [법률 제18451호, 2021. 9. 14., 일부개정]
제45조(방송통신위원회의 재정) ⑦ 방송통신위원회의 재정문서의 정본(正本)이 당사자에게 송달된 날부터 60일 이내에 해당 재정의 대상인 사업자 간 분쟁을 원인으로 하는 소송이 제기되지 아니하거나 소송이 취하된 경우 또는 양쪽 당사자가 방송통신위원회에 재정의 내용에 대하여 분명한 동의의 의사를 표시한 경우에는 당사자 간에 그 재정의 내용과 동일한 합의가 성립된 것으로 본다.

통신사업자인 넷플릭스코리아에 대해 SKB가 언제든지 재정신청을 통해 협상 의무를 받아 내려 할 것이고, 넷플릭스코리아에게도 망 이용대가를 요구하고 있다는 점에서 협상 의무부존재라는 확인을 받을 법적 이익이 있다는 주장이다.

법원의 판단 넷플릭스의 협상 의무가 존재하지 않는다는 것을 확인해 달라는 요청에 대해 법원은 "넷플릭스(원고)들의 권리 또는 법률상의 지위에 불안이 현존하지 않거나 불안 제거의 유효·적절한 수단이라 볼 수 없어 확인의 이익이 인정되지 않아 부적법하다"고 판단하였다.

덧붙여 말하면 원고에게 채무가 존재하지 않는다는 확인을 받는 것만으로도 협상 의무 존재 여부를 확인할 수 있어 후자는 불필요한 청구라는 것이다.

법원이 이와 같이 판단한 근거를 살펴보면 다음과 같다.

첫째, 원고인 넷플릭스는 협상의 의무가 존재하지 않는다는 것을 확인시켜 달라고 하고 있으나 사실 넷플릭스는 이미 협상을 진행해 왔고 법원의 판단을 받고 있는 당시에도 그 협상은 지속되고 있어 협상 의무가 존재하지 않음을 확인시켜 달라고 하는 것을 인정하기 어렵고 법적 실익이 없다는 것이다.

법원이 넷플릭스와 SKB가 협상을 해오고 있고 진행 중임을 판단하는 이유를 다수 들고 있다.

· 넷플릭스는 '협상의무를 강제할 법적 근거는 존재하지 않는다'

라고 주장[106]하고 있음

· 넷플릭스 측은 이 사건 소제기 이전부터 피고에게 자신들이 고안한 캐시서버인 OCA(Open Connect Appliance)를 자신들의 비용으로 SKB에게 무상으로 제공하겠다는 취지의 제안을 하였고, 이 제안은 이 사건 변론종결 시점에서도 유효한 것으로 보인다고 법원은 판단하였음

· 넷플릭스 측은 OCA의 설치가 트래픽 전송 비용 절감이라는 목적을 달성하기 위한 가장 효율적이고 지속가능한 수단이라고 주장[107]하고 있는데 이러한 비용 절감은 협상결과에 따라서는 피고가 주장하는 원고들의 망 이용대가 부담 방식 중 하나가 되거나 적어도 부담 범위를 정함에 있어 고려 요소가 될 것으로 보임

· 넷플릭스와 SKB 양측은 여전히 전자가 후자의 망에 대한 연결 등에 관한 대가의 범위와 지급 방식 등을 협상하는 과정에 있는 것으로 보임

둘째, 법원은 넷플릭스 측이 소를 제기하면서 협상 의무 부존재 확인과 대가 지급 채무 부존재 확인을 제기하였다는 점을 언급하면서 만일 후자에 대한 판단이 어떤 방향으로든 이루어진다면 전자는 실익이 없기 때문이다. 이렇게 판단한 이유를 보면 다음과 같다.

---

106 윤은식, "망 사용료 못내" 넷플릭스 패소…'사용료 강제 사례 없다' 항소 여지 남겨, 쿠키뉴스, 2021.6.25.

107 이러한 주장은 넷플릭스가 제출한 소장 37페이지에서 인용한 것이다.

- '협상의무' 부존재 확인을 구함과 동시에 '대가 지급채무' 부존재 확인을 함께 구하고 있고, 원고들이 이 사건 소송을 통하여 달성하고자 하는 궁극적인 목적은 '대가 지급채무'가 있는지 여부임

- 넷플릭스에게 SKB의 망 이용과 관련한 대가 지급채무가 존재하지 않는 것으로 확인된다면, 넷플릭스에게 SKB와의 협상에 응할 의무가 존재한다고 할 수 없을 것임. 즉 채무관계가 성립하지 않는데 채무를 두고 협상해야하는 의무가 존재한다고 하는 것이 어불성설이라는 것임

- 반대로 위 대가 지급채무가 존재하는 것으로 확인된다면, 원고들에게는 신의칙상 협상의무가 있다고 보아야 하는 것이 자연스러운 것임

- 넷플릭스가 대가 지급채무가 존재하지 않음을 확인해 달라는 청구도 전기통신사업법 제45조 제5항에서 재정 절차가 중지되는 '재정 절차의 진행 중 한쪽 당사자가 소를 제기한 경우'로서 동조 제7항에서 정한 '해당 재정의 대상인 사업자 간 분쟁을 원인으로 하는 소송'에 해당

- 전기통신사업법에서 절차 중지의 원인이 된 소송이 취하되지 않고 확정된 경우의 조치방법에 관한 규정은 발견되지 않지만, 전기통신사업법에 의한 재정신청은 재판상 화해가 아닌 민사상 화해의 효력을 갖는 것에 그치고 당사자들에게 강제력이 부여되지 않으며 불이행시 특별한 제재 규정이 없고, 재정에 대한 불복기간이 지나간 경우에도 당사자는 재정 절차에서의 의사표시 흠결을 들어서 그 효과를 다툴 수 있으며, 재정에 따른 이행을

강제하기 위해서는 다시 법원의 재판절차를 거쳐야 하므로, 방
통위가 확정된 법원의 판단에 반하는 내용의 재정결정을 할 가
능성이 거의 없다고 판단

· 따라서 넷플릭스로서는 대가지급채무의 부존재 확인 판결만으
로도 방송통신위원회의 재정결정으로 협상의무 등을 부담하게
될 위험에서 벗어날 수 있음

부연하면 넷플릭스가 협상의무가 있는 지 여부와 채무가 존재하는
지 여부를 동시에 확인을 요구한 상황에서 후자만을 확인하여도 되
므로 전자를 굳이 확인해 줄 법적 실익이 없다고 본 것이다. 그래서
법원은 넷플릭스가 SKB의 망 이용에 관련한 '대가 지급채무'의 부존
재 확인을 구하는 것이 아니라 이에 관한 '협상의무'가 존재하지 않
음이라는 확인을 구하는 것은 원고들의 권리 또는 지위의 불안을 해
소시킴에 있어 가장 유효하고 적절한 수단이라고 인정할 수 없다고
판단하였다.

넷플릭스의 채무 부존재 확인에 대한 양측 주장과 법원의 검토 및 판단

쟁점 1: 망 이용의 유상성 첫번째 쟁점은 "망 이용대가가 유상인가?"
의 문제 즉 SKB가 설치·증설·운용하는 국내 및 국제망을 통해 넷플
릭스의 트래픽을 전송하도록 한 것이 유료인지 그래서 요금을 청구
하는 것이 타당한지에 대한 문제다. 이 사안에 있어 넷플릭스의 접근
방법은 접속과 전송을 구별하는 논리를 전개하고 있다. 원고(넷플릭
스)측이 제시하는 논리는 표 13과 같다.

표 13. 망의 유성상에 관한 넷플릭스 주장(넷플릭스-SKB 소송 판결문)

— 인터넷을 구성하는 수많은 종단(終端, endpoint)에 연결되도록 인터넷에 접속 (access)하게 하는 것과 SKB의 인터넷 서비스에 가입한 고객들이 요청한 콘텐츠를 전송(delivery)하는 것은 구별된다. SKB는 넷플릭스에게 위와 같이 전세계적인 연결 성을 제공하는 내용의 인터넷 접속을 제공하지 않고 있고 그 밖에 다른 서비스를 제 공하고 있지도 않다.

— 콘텐츠를 제작하여 연결 지점에 이용 가능한 상태로 두는 것만이 콘텐츠 전송에 관 한 넷플릭스 의무에 해당하고, 그 콘텐츠를 연결 지점부터 인터넷 이용자에게 전송하 는 것은 SKB 의무에 해당한다. 따라서 SKB의 인터넷 이용자가 아닌 넷플릭스는 SKB 의 망을 이용하지 않을 뿐만 아니라 인터넷 세계에서의 전송은 무상이 원칙이므로 넷 플릭스가 전송에 관한 이득을 얻고 있지도 않다.

— SKB가 인터넷 이용자에 대한 자신의 계약상 전송의무를 이행함에 있어 각종 비용이 발생한 것을 두고 SKB에게 손실이 발생하였다고 볼 수 없다. 게다가 SKB는 위와 같 은 과정에서 넷플릭스가 이득을 얻었다고 하더라도 인터넷 서비스 이용계약의 상대 방이 아닌 넷플릭스에게 부당이득 반환청구를 할 수도 없다.

— 넷플릭스와 SKB는 각자 비용을 부담하여 도쿄와 홍콩에서 연결하기로 합의 하였고, 연결 지점까지의 해저케이블 설치비용을 비롯한 연결 자체에 소요되는 비용 외에 추 가로 비용을 부담하지 않고 연결하기로 하는 내용의 합의를 하였고, 전송의 무상성은 인터넷의 기본원칙이자 표준이고 이미 관행 또는 조리가 되었다고 볼 수 있으므로, 넷플릭스가 SKB 망을 이용하는 것에 관한 법률상 원인도 존재한다.

— 결국 이 사건의 경우 SKB에게 배타적 이익을 보장하는 권리가 인정되지 않고 그에 대한 침해도 인정되지 않아 SKB가 주장하는 침해부당이득이 성립하지 않고, 그 밖에 달리 SKB가 넷플릭스에게 망 이용과 관련된 대가를 청구할 법률상·계약상 근거는 존재하지 않는다.

출처: 서울중앙지방법원(2021)

한편 재판부는 동일한 쟁점에 관한 SKB 측의 주장도 정리하고 있

다. 이하 표 14는 판결문에서 정리한 SKB가 망 이용이 유료인 이유

와 넷플릭스 주장에 대한 반박이다.

법원의 유상성 검토[108] 법원은 넷플릭스가 SKB에게 부담해야할 채무

---

108 2020가합533643 채무부존재확인 판결 서울중앙지방법원 제20민사부, 2021.6.25.

표 14. 망의 유성상에 관한 SK브로드밴드 주장(넷플릭스-SKB 소송 판결문)

기간통신사업자가 제공하는 기간통신역무로서의 '접속'은 '음성·데이터·영상 등을 그 내용이나 형태의 변경 없는 송신 또는 수신'하는 '전송'을 포함하는 개념으로서 '접속'과 '전송'은 분리할 수 있는 개념이 아니다. 피고는 인터넷 이용자들에게 인터넷 망을 연결하여 이를 통해 위와 같은 '접속' 서비스를 제공하고, 원고들은 위와 같은 '접속' 서비스를 이용하는 것으로 보아야 한다. 나아가 원고들은 피고와 일본·홍콩에서 직접 접속하면서 피고로부터 인터넷 전용회선서비스를 제공받고 있다. CP인 원고들은 최종이용자에게 콘텐츠를 전달하기 위하여 ISP인 피고의 네트워크 자원을 이용하는 것에 대한 대가를 지급할 의무가 있는 것이다.

— 원고들은 최종이용자에게 전송하라는 전자신호 명령을 내리는 방식으로 전송행위를 하여 피고의 망을 이용한다. 즉 원고들은 피고가 소유 또는 임차한 전기통신설비(국내·국제 데이터 전송망)를 이용하여 대량의 데이터를 넷플릭스 서비스 가입자들에게 소통하는 이익을 취하고 있다.

— 원고들이 주장하는 '전송은 무상'이라는 인터넷의 기본원칙은 존재하지 않고, 위와 같이 피고의 데이터 전송망을 이용하여 데이터를 송수신할 권리는 일반적으로 유상으로 부여되는 것이다. 원고들이 이러한 이익을 보유하는 것에 관하여 당사자들 사이의 약정이나 법률규정 등의 법률상 원인은 존재하지 않는다. 따라서 원고들은 피고에게 피고의 망을 이용하고 있는 것에 관한 이득액을 부당이득으로 반환할 의무를 부담한다.

출처: 서울중앙지방법원(2021)

가 있는지 여부를 판단하기 위해 양측간 인터넷 망상호접속관계에 유상성이 있는가에 대한 판단을 먼저 시도하고 있다. 결론부터 말하자면 법원은 "넷플릭스가 SKB를 통하여 인터넷 망에 접속하고 있거나 적어도 SKB로부터 SKB의 인터넷 망에 대한 연결 및 그 연결 상태의 유지라는 유상의 역무를 제공받고 있다"고 판단하였다. 그리고 더 나아가 넷플릭스는 SKB의 인터넷 망에 대한 연결 및 그 연결 상태의 유지라는 유상의 역무를 제공받는 것에 대한 대가 (이하 '연결에 관한 대가'라고만 한다)를 지급할 의무를 부담해야 한다고 결론지었다.

법원의 논리를 따라가보면 다음과 같다.

우선 법원은 양측이 동의하는 사실관계를 정리한다. 즉 도쿄와 홍

그림 52. 넷플릭스-SKB 상호접속 현황(2020.4.)

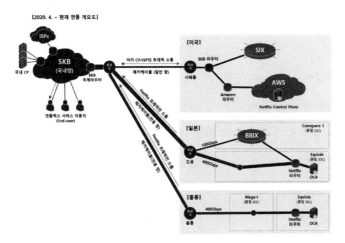

출처: SKB(2021)

콩에 위치한 넷플릭스 캐시서버(OCA)에서 출발한 콘텐츠가 일본/홍콩과 한국간 해저케이블 및 피고의 국내 전용회선을 거쳐 피고가 구축한 국내 인터넷 망을 통하여 최종이용자에게 도달하고, 넷플릭스와 SKB 사이에 별도의 기간통신사업자(ISP)가 존재하지 않아 원고 넷플릭스가 피고와 직접 연결하고 있다.

첫째, 법원은 상법 제47조 제1항과 제2항[109]을 근거로 상인의 행위는 영업을 위하여 하는 것으로 추정되고, 상인이 영업을 위하여 하는 행위는 상행위로 의제된다고 하여 SKB가 상인이며 그가 하는 행

---

109 상법 [시행 2020. 12. 29.] [법률 제17764호, 2020. 12. 29., 일부개정]
제47조(보조적 상행위) ①상인이 영업을 위하여 하는 행위는 상행위로 본다.
②상인의 행위는 영업을 위하여 하는 것으로 추정한다.

위는 영리를 목적으로 하므로 SKB가 자신의 사업 범위 내 한 행위는 상행위이고 그 행위는 대가를 전제로 하는 것이 타당하다고 보았다. 즉 SKB는 전기통신사업법에 따라 등록된 기간통신사업자로서 법인인 주식회사이고, 이러한 SKB가 비용과 노력을 투입하여 자신의 사업범위 내에서 한 행위는 영리를 목적으로 하는 상행위에 해당한다는 것이다. 따라서 SKB가 무상제공의사 없이 역무를 제공한 상대방은 대가지급을 면할 수 있는 특별한 사정이 없는 한 SKB에게 그 대가를 지급할 의무를 부담한다.

둘째, SKB는 인터넷접속역무를 제공하였고, 넷플릭스는 그 역무를 제공 받은 것이 명확하다. 법원은 양자가 역무의 제공 및 이용 관계가 설정되어 있음을 인정한 것이다. 이는 전기통신사업법 조항을 들어 논증하고 있다.

즉 전기통신사업법 제2조 제11호에 의하면, '기간통신역무'란 전화, 인터넷접속 등과 같이 음성·데이터·영상 등을 그 내용이나 형태의 변경 없이 송신 또는 수신하게 하는 전기통신역무 및 음성·데이터·영상 등의 송신 또는 수신이 가능하도록 전기통신회선설비를 임대하는 전기통신역무를 말하고, 인터넷 망에 대한 접속 없는 음성·데이터·영상 등의 송신 또는 수신을 상정할 수 없는 이상 인터넷 망에 대한 접속 또한 피고가 수행하는 기간통신역무에 포함된다는 것이다.

또 SKB가 국제선 망을 증설하고 국제선 및 국내선 망을 운영하면서 넷플릭스의 연결을 허용한 것이 앞서 전기통신사업법에서 명시하고 있는 기간통신역무 중 하나인 인터넷접속역무의 범위 내에 있는 것은 의문의 여지가 없고, 넷플릭스와 SKB가 상호 합의하에 연결한 이상 SKB가 넷플릭스에게 사업법에서 정의하고 있는 인터넷접속역무를 제공하고 넷플릭스는 이를 수령한 것으로 보아야 한다고 판단하였다.

셋째, 법원은 양면시장 이론과 사례[110]를 들어 넷플릭스가 자사 서비스 가입자에 대한 콘텐츠 제공과정에서 발생하는 콘텐츠의 전송은 명백히 넷플릭스의 적극적 행위에 의한 것이라고 명시하고 있다. 이는 변론 과정에서 넷플릭스가 자사 콘텐츠를 쌓아 두면 이용자가 가져가는 것이고 그 과정에서 SKB가 전송의 의무를 다하는 것이라는 주장에 대한 법원의 반박이라고 할 수 있다. 그래서 법원은 SKB가 인터넷 망을 제공하고 관리하는 것이 자신의 인터넷 서비스 가입자에 대한 계약상 의무에 해당한다고 하여 그 인터넷 망을 통한 콘텐츠의 전송을 두고 SKB가 서비스 가입자에 대하여 행하는 의무의 이행에 불과할 뿐 넷플릭스의 인터넷 망 이용에 해당하지 않는다고 할 수 없다는 것이다. 그리고 이러한 관계가 양측의 법률관계가 유상인지 여부에 관하여 직접적인 영향을 미칠 수도 없다고 보았다. 환언하면 넷플릭스가 적극적으로 이용하는지 하지 않는지 여부가 SKB가 제공하고 넷플릭스가 이용하는 역무의 유상성과는 무관하며 무상성으로 인정될 수는 없다는 것이다.

---

110 법원이 예를 든 것은 신용카드 사례이다. 신용카드회사가 신용카드 회원인 소비자로부터 연회비를 수취하고, 가맹점으로부터도 결제 수수료를 지급받는 등 동일한 서비스에 관하여 양 당사자로부터 이용대가를 수령하는 형태의 다면적인 법률관계를 현대사회에서는 어렵지 않게 찾아 볼 수 있다고 설명한다.

넷째, 완전한 연결성(Full Connectivity) 여부는 넷플릭스 선택사항이어서 전 세계적 연결성을 제공하지 않는다는 것이 역무를 이용하지 않는다는 것과 같은 말은 아니다라고 보았다. 이는 넷플릭스가 "양측이 직접 연결되어 SKB의 이용자에게 한정하여 콘텐츠를 전송할 뿐 SKB로부터 전세계적인 연결성을 제공받고 있지는 않으므로 위와 같은 연결은 유상성이 인정되는 인터넷 접속[111]에 해당하지 않는다"라는 주장을 받아들이지 않은 것이다. 그 이유는 SKB가 전 세계적인 연결성을 제공할 수 있음에도 불구하고 넷플릭스가 그것을 원하지 않아서 그렇게 제공할 뿐이었다는 것이다. 즉 SKB는 전세계 여러 ISP와의 상호접속을 통해 원고들에게 전세계적인 연결성을 제공할 수 있고, 원고들도 원하는 경우 얼마든지 원고들의 데이터를 전세계에 송·수신할 수 있음에도 스스로의 판단과 선택으로 피고를 통해 전세계 각 종단으로 트래픽을 송신하지 않고 있을 뿐이므로, 피고가 원고들에게 원고들이 주장하는 전세계적인 연결성이 보장된 인터넷 접속을 제공하지 않고 있다고 보기 어렵다는 것이다.

다섯째, 양측이 직접 연결되어 있고, SKB의 국제전용회선 내 넷플릭스 트래픽만 소통하는 등의 연결 상황을 보면 SKB가 넷플릭스에게 경제적 가치가 있는 역무를 제공하고 있다고 보았다. 즉 전 세계적 연결성을 제공하고 있지 않더라도 넷플릭스의 이용자에게 콘텐츠를 전송하도록 양측이 직접 연결되어 있고 특히 SKB의 국제선 망

---

111 참고로 판결문 주석에 다음과 같이 언급된 부분이 있다. "넷플릭스는 전 세계적인 연결성을 제공받는 인터넷 접속에 관한 대가를 지급하여야 함을 인정하고 있다. (2020.10.23.자 준비서면 제1,2면)"

에는 넷플릭스의 트래픽만이 소통한다는 점에서 넷플릭스는 SKB로부터 일반적인 CP와는 구별되는 독점적 지위를 부여 받고 있다고 설명한다. 그러한 연결 상태와 국제전용회선의 독점적 이용을 할 수 없을 때를 고려하면 넷플릭스로서는 경제적인 가치가 있는 역무를 제공받고 있다고 볼 수 있다는 것이다.

여섯째, 법원은 트래픽 증가만큼이나 양측이 경제적 이득이 있어야 하지만 SKB는 그러한 영업상 이익을 얻는 것을 확인할 수 없다고 명시하고 있다. 이는 트래픽 증가는 곧 비용 증가를 의미하는데 SKB가 늘어나는 비용을 상쇄할 수 있는 뚜렷한 영업상 이익이 있어야만 양측간의 인터넷 망상호접속이 지속 가능할 것인데 실제로는 그러하지 못하다고 본 것이다. 반면 넷플릭스는 트래픽 증가가 곧 가입자 증가로 인한 것이기 때문에 경제적 이익을 향유하고 있다.

일곱째, 법원은 유상성을 인정하는 이유로 SKB가 무상으로 제공하겠다고 의사표시한 바가 없다는 점을 든다. 즉 SKB가 자사의 국제선 망에 관하여 원고들과 연결하면서 원고들에게 연결 내지 접속을 계속하여 무상으로 제공하거나 그 대가를 원고들이 부담한 해저케이블 설치비용, 망 용량 증설비용 등 일부 비용을 부담하는 것으로 갈음하겠다는 취지의 의사를 확정적으로 표시하였음을 인정할 만한 증거는 없다는 것이다. 오히려 SKB는 넷플릭스와 도쿄의 BBIX에서 상호접속을 개시하고 얼마 지나지 않아 원고 넷플릭스에게 국제망 구간의 비용 분담을 요구하는 등 망에 대한 비용을 지급하여야 한다는 의사를 밝혔을 뿐이다.

여덟째, SKB가 이용대가 요구를 하지 않은 시간이 있었다 하더라도 이것이 대가 요구 의사가 없었다는 것으로 해석하기에는 무리가 있다고 보았다. 즉 법원은 SKB를 통해 넷플릭스가 넷플릭스 서비스를 개시한 이후 상당한 기간이 경과할 때까지 SKB가 넷플릭스에게 별다른 이용대가를 요구하지 않았고, 넷플릭스와 연결에 관한 대가 지급 협상이 제대로 진행되지 않고 있음에도 넷플릭스와 홍콩에서 추가로 연결할 것을 먼저 요구하였다고 하면서도 SKB의 위와 같은 행동을 넷플릭스에 대하여 망 이용과 관련한 대가의 지급을 요구하지 않겠다는 의사의 표현으로 해석할 수는 없다는 것이다. 더불어 이러한 SKB의 행동은 어디까지나 SKB의 경영 판단에 의한 것으로서 트래픽 폭증이라는 사정변경으로 다소 늦은 시점에서 넷플릭스에게 망 이용과 관련한 대가를 요구하는 것과 특별히 모순된 행동으로 평가할 수도 없다고 판시하였다.

아홉째, 넷플릭스 부사장의 발언 상에 나타난 미국 내 연결방식, 대가 지불 등이 인정되고 이번 사건과도 동일하다고 판단하였다. 넷플릭스의 콘텐츠 전송 부문 부사장인 Ken Florance가 2014년 미국 연방통신위원회(Federal Communications Commission)에 제출한 확인서 등에 의하면, 원고 넷플릭스는 적어도 그 무렵에는 ISP인 Comcast와 AT&T, Verizon, TWC(Time Warner Cable)에게 '착신망 이용대가(Terminating access fee)'를 지불하고 있었다는 것이다.

보론

— 접속은 유상, 전송은 무상이라는 구분

이 쟁점을 검토할 때 용어 먼저 생각해 볼 필요가 있다. 우선 넷플

표 15. 미국 넷플릭스 부사장의 발언(망이용대가 지불)이 담긴 FCC의 확인서

원문	번역
DECLARATION OF KEN FLORANCE 1. My name is Ken Florance. I am the Vice President of Content Delivery at Netflix. I have held the position of Vice President of Content Delivery since 2012. In this role, I am responsible for the seamless delivery of more than one billion hours each month of streaming video content to more than 50 million Netflix members in over 40 countries. In connection with these responsibilities, I oversee Open Connect, Netflix's single-purpose content delivery network ("CDN") designed for Netflix streaming video. I have led the network architecture efforts for Netflix's streaming video service since its launch in 2007.	KEN FLORANCE의 진술서 1. 제 이름은 Ken Florance이고, 2012년부터 넷플릭스에서 콘텐츠 전송(Content Delivery) 부문 부사장(Vice President)으로 재직하고 있습니다.
57. Netflix reached an agreement with Comcast in February 2014. Under the terms of the agreement, Comcast agreed to interconnect with Netflix via Open Connect and to provide sufficient capacity for Netflix to deliver streaming video requested by Comcast customers at bitrates that allowed for an acceptable viewing experience. Also included under the terms of the interconnection agreement is Netflix's agreement to pay Comcast's terminating access fee. Netflix does not pay Comcast for transit or CDN services. As Netflix always has, it will continue to internalize all of those transit and storage costs to deliver Netflix traffic to the edge of Comcast's network, or if Comcast ever so chooses, to whichever location within Comcast's network that Comcast likes.	57. 넷플릭스는 2014년 2월 Comcast와 계약을 체결했습니다. 동 계약의 조건에 따라, Comcast는 Open Connect를 통해 넷플릭스와 상호 접속하고 Comcast의 이용자들이 요청한 스트리밍 동영상을 제공할 때, 이용자들이 받아들일 수 있는 수준의 시청이 가능한 정도의 비트 전송률을 전송하기에 충분한 용량을 넷플릭스에게 제공하기로 합의했습니다. 동 상호접속 계약의 조건에는 넷플릭스가 Comcast의 착신망 이용대가를 지불하기로 하는 동의도 포함되어 있습니다. 넷플릭스는 Comcast에게 중계 또는 CDN 서비스에 대한 요금을 지불하고 있지 않습니다. 항상 그렇게 해왔던 것처럼 넷플릭스는 앞으로도 Comcast의 망의 엣지(망의 말단 시스템) 또는 Comcast가 정한 Comcast 망 내 위치로 전송하는 모든 중계비용과 저장비용을 자체 부담할 것입니다

출처: FCC(2014)

릭스는 공중인터넷 망을 최종이용자 및 CAP가 이용할 때 접속과 전송을 구분하고 있는데 전자 즉 접속은 Access를, 전송은 Delivery를 번역한 것으로 보인다.[112] 그리고 전송은 착신(Termination)으로 설명하고 있는 듯하다.[113]

---

112 2020가합533643 채무부존재확인 판결 서울중앙지방법원 제20민사부, 2021.6.25.

113 넷플릭스 관계자는 "인터넷 접속과 전송을 위한 연결은 구분되는 개념으로 논의할 대상조차 아니다"라며 "특정 인터넷서비스사업자(ISP) 를 통해 인터넷에 접속한 이용자가 요청한 콘텐츠의 전송

표 16. 미국 FCC 망 중립성 명령서의 BIAS 정의와 액세스서비스(원문)

"44. We(FCC) find that open Internet rules should apply to "broadband Internet access service," which we define as: A mass-market retail service by wire or radio that provides the capability to transmit data to and receive data from all or substantially all Internet endpoints, including any capabilities that are incidental to and enable the operation of the communications service, but excluding dial-up Internet access service. This term also encompasses any service that the Commission finds to be providing a functional equivalent of the service described in the previous sentence, or that is used to evade the protections set forth in this Part."

출처: FCC (2010, 2015, 2017)

우선 ISP가 최종이용자나 CAP에게 액세스서비스를 제공한다는 것은 제2부에서 설명하였듯이 ISP의 모든 것을 이용할 권리를 제공하는 것을 말한다. 미국 FCC는 BIAS(Broadband Internet Access Service=ISP)의 액세스는 모든 공중인터넷 망 종단점에 있는 이용자 간 데이터를 송신하고 수신하는 모든 역량을 제공하는 것으로 정의한다. EU의 EECC(전자통신규범)의 Access 정의 역시 ISP가 제공하는 액세스 서비스는 매우 폭넓은 의미로 사용하고 있다.

다시 말하면 액세스서비스는 물리적으로 공중인터넷 망에 케이블을 연결해 주는 것, 패킷 통신을 위해 IP 주소를 할당해 주는 것, 패킷의 헤더에 담긴 목적지 IP 주소에 따라 전송(Transmit)해 주는 것이 모두 포함되는 것이다. 액세스서비스는 접속과 전송이라는 기능상의 분리가 사실상 불가능하고 액세스서비스 내 전송 기능이 부분집합

(착신)은 이용자에 대한 해당 ISP 의 의무가 맞다"고 말했다.(출처: 노현섭, 법에도 없는 '전송' 개념 꺼낸 넷플릭스, 무리수될까 묘수될까, 서울경제, 2021.6.22.)

그림 53. 전형적인 인터넷서비스 이용 개념도(양측 종단 이용자의 트랜짓서비스 이용)

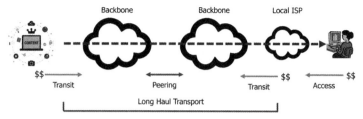

으로 포함되어 있다고 보는 것이 타당하다. 그리고 액세스서비스의 반대급부가 "요금"이고 이것이 Access fee이다.

그런데 인터넷 망의 연결방식이나 서비스는 기술의 발전, 서비스 이용패턴, 콘텐츠에 의해 변화를 거듭해왔다. 제2부에서 설명한 바와 같이 인터넷 초기 요금은 트랜짓서비스를 의미하였다. 개인, 가정, 기업이용자에게는 여전히 동일한 의미이다. 전 세계 모든 사이트에 액세스하고 이용자와 패킷을 교환하는 것을 의미한다.

그런데 CAP의 경우 공중인터넷 망에 액세스하는 점은 동일하나 연결의 의미가 다양해진다. 과거와 같이 트랜짓서비스를 이용할 수도 있지만, 피어링 방식으로 연결하되 요금을 지불하는 유상 피어링을 하기도 한다. 이때 트랜짓과 다른 것은 전 세계 모든 사이트, 모든 이용자와 패킷교환을 하는 것이 아니라 당사자가 보유한 사이트, 이용자 간에만 트래픽을 교환할 수 있다. 그러나 여전히 액세스하고 있는 점은 동일하다. 이때 "Paid"라는 표현은 CAP가 ISP에게 요금을 지불한 것이다. 망의 구조가 CDN 등을 이용하였기 때문에 이전과 다른 네트워크를 구성하여도, 모든 사이트, 이용자와 패킷교환을 하는

그림 54. CP가 구축한 자체 CDN과 Local ISP간 연결 개념도(Paid Peering)

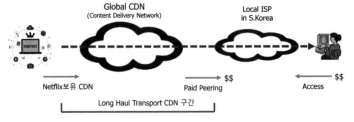

것이 아니라 당사자간에 트래픽을 교환하는 경우에도 CP는 여전히 ISP의 공중인터넷 망에서 접근하여 서비스를 제공한 반대급부로 요금을 지불하는 것이다.

그림 53은 종단의 이용자들이 공중인터넷 망에 액세스하는 것을 개념화한 것으로 전형적으로 전 세계적인 연결성을 제공하는 트랜짓서비스 이용을 표현하고 있다. 양측 이용자는 트랜짓서비스를 이용하며 Tier 1에 해당하는 IBP들은 동등한 사업자로 피어링을 실시하고 있다. 그리고 각 국가내 Local ISP(지역 ISP)는 망 규모가 큰 IBP에게 트랜짓서비스를 구매하여 자신의 최종이용자에게 전 세계적 연결성을 제공한다.

그림 54는 CDN이 등장한 이후 망의 구조 변화를 보여 주고 있는데 글로벌 CDN이 Local ISP와 접속할 때 피어링 방식으로 하되 유료 정산을 하고 있는 것을 볼 수 있다. 이때 CP는 CDN에게 트래픽 전송에 따른 요금을 지불한다. 특히 그림 54의 경우는 구글이나 넷플릭스와 같이 자체 CDN을 보유한 사업자가 Local ISP와 접속할 때를 상정한 것이다. 이 때문에 CP와 CDN간에는 정산이 없지만 글로벌

CDN과 Local ISP간에는 유상 피어링으로 연결한다.

그런 차원에서 SKB가 넷플릭스에게 요구하는 대가는 요금이 타당하다. 넷플릭스 서버군과 연결된 OCA(CDN)가 가장 처음 만나는 ISP가 SKB이고 이는 액세스를 하는 것과 동일한 연결 구조를 갖기 때문이다. 여기서 중요한 점은 글로벌 CDN과 Local ISP간에 피어링 계약을 체결하였다면 이미 양사는 전 세계적 연결성 배제를 합의한 것이고 이때 전세계적 연결성이 제공되지 않기 때문에 요금을 지불하기어렵다는 주장은 성립하지 않는다.

왜냐하면 제2부의 피어링 정의에서 본 것처럼 피어링 당사자는 보유한 라우팅 정보만을 교환하고 제3자에게는 트래픽을 넘기지 않기때문이다. 그래서 재판부의 "피고는 전세계 여러 ISP와의 상호접속을통해 원고들에게 전세계적인 연결성을 제공할 수 있고, 원고들도 원하는 경우 얼마든지 원고들의 데이터를 전세계에 송·수신할 수 있음에도 스스로의 판단과 선택으로 피고를 통해 전세계 각 종단으로 트래픽을 송신하지 않고 있을 뿐이므로, 피고가 원고들에게 원고들이주장하는 전세계적인 연결성이 보장된 인터넷 접속을 제공하지 않고 있다고 보기 어렵다"라는 판단은 적절하다.

— CP와 ISP의 권리와 의무

원고는 CP의 의무를 "콘텐츠를 제작하여 연결 지점에 이용가능한상태로 두는 것"이라고 표현하고 있는데 이 논리는 소위 최종이용자가 CP의 콘텐츠를 가져간다는 주장과 맥을 같이한다. 과연 그럴까?인터넷을 처음 디자인한 밥 칸의 얘기를 제1부에서도 했는데 그 중

그림 55. 단대단(End-to-End) 인터넷 구조

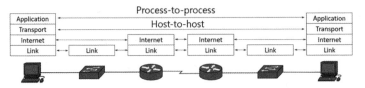

출처: wikiwand

하나가 단대단(End-to-End) 구조였다. 그림 55를 보면 양 끝의 최종
이용자와 CP는 애플리케이션 레이어까지 이용하지만 전송을 담당하
는 중간 부분(ISP가 전송하는 구간)은 IP 계층 이하만을 이용하고 있다.

즉, 인터넷에 있어 지능적인 역할은 양측 종단(최종이용자와 CAP)
가 한다. 그래서 양측 이용자는 상대방에게 패킷을 보낼지 여부를 판
단한다. 즉 내가 가진 콘텐츠(이메일, 동영상, 사진, 문서 등)를 상대방
에게 보낼지 여부를 결정해야 전달이 시작된다. 상대방이 가져가는
것이 아니라 서로 보내는 것이다. 왜냐하면 데이터를 전송할 때는 패
킷 단위로 보내는데 각 패킷에는 헤더가 있고 헤더 내에는 발신지 IP
주소와 목적지 IP 주소가 있다. 전송 명령을 종단자가 내리면 목적지
IP 주소를 찾아가는 것이 인터넷의 기본 전송원리이다.

따지고 보면 양측 종단자가 서로 패킷을 보내는 것으로 데이터 전
송이 가능한 것이지, 상대방이 가져올 수는 없는 것이다. 최종이용자
가 가져오도록 쌓아 두었다는 표현은 인터넷의 기본 통신 구조를 고
려하면 타당하지 않은 표현이다. 이는 제1부 그림 4의 패킷교환 개
념도를 보아도 동일한 맥락에서 이해할 수 있다. 양 끝의 단말기 보
유자들이 서로 보내는 것이지 일방이 타방의 데이터를 가져오는 행

그림 56. TCP/IP 패킷 구조(목적지와 발신지 IP 주소 포함)

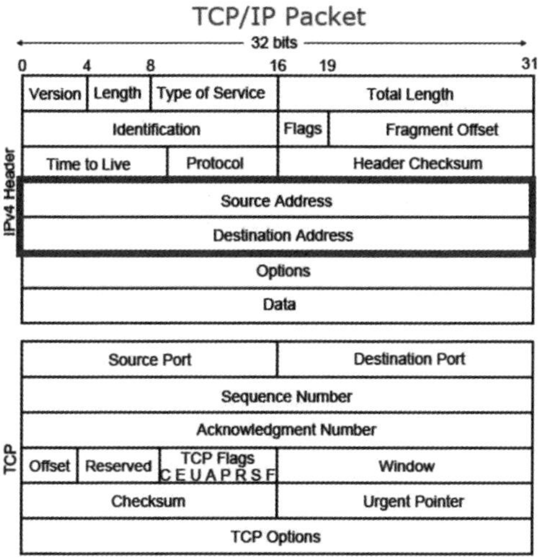

TCP/IP Packet

출처: ComputerHope

위가 일어나는 것이 아니다.

— 망 이용대가(요금)와 망 중립성 관계

재판부는 망 이용대가와 망 중립성 원칙과는 무관하다고 명시적으로 언급하고 있다.[114] 이해를 돕기 망 중립성 원칙과 망 이용대가에 관한 추가적인 설명을 더하고자 한다.

---

114 "원고 넷플릭스는 피고를 통하여 인터넷 망에 접속하고 있거나 적어도 피고로부터 피고의 인터넷 망에 대한 연결 및 그 연결 상태의 유지라는 유상의 역무를 제공받고 있다고 보아야 하고, 이는 '통신사가 자사망에 흐르는 합법적 트래픽을 불합리하게 차별하는 것을 금지하는 원칙'인 망 중립성에 관한 논의나 '전송의 유상성'에 관한 논의와는 직접적인 관련이 없으므로," (2020가합533643 채무부존재확인 판결 서울중앙지방법원 제20민사부, 2021.6.25.)

우선 망 중립성(Net Neutrality)은 인터넷접속서비스제공사업자(ISP)가 네트워크를 통해 전송되는 트래픽의 내용, 유형, 단말기기 등에 관계없이 차별·차단하지 않고 동등하게 처리해야 한다는 원칙을 말한다.[115] 망 중립성 논의가 가장 먼저 발생한 것은 미국이었다. 망 중립성이라는 용어는 콜롬비아 大 Tim Wu 교수가 2003년 자신의 논문[116]에서 처음 제시한 용어이다.[117] ISP가 차별적인 행위를 할 수 있다는 우려를 담은 Tim Wu의 논문이 발간된 지 얼마 되지 않아 미국에서는 Madison River 사건이 망 중립성 논란을 촉발시켰다. 2005년 초 Madison River Communications는 인터넷 서비스 제공업체로서 VoIP의 포트에 대한 접속을 차단한 것이다. 이 사건을 조사한 미국 연방통신위원회(FCC)는 시정 명령을 내림과 동시에 포트 차단을 중

---

115 해외에서도 망 중립성 원칙에 대한 정의를 다양하게 시도하고 있다.
"Network neutrality is the principle that all Internet traffic should be treated equally. Internet traffic includes all of the different messages, files and data sent over the Internet, including, for example, emails, digital audio files, digital video files, torrents etc. According to Columbia Law School professor Tim Wu, a public information network will be most useful if all content, websites, and platforms (e.g., mobile devices, video game consoles, etc.) are treated equally, which is the principle of network neutrality.
Net neutrality is the principle that an internet service provider (ISP) has to provide access to all sites, content and applications at the same speed, under the same conditions without blocking or giving preference to any content. Under net neutrality, whether you connect to Netflix, Internet Archive, or a friend's blog, your ISP has to treat them all the same. Without net neutrality, an ISP can decide what information you are exposed to. Proponents argue that this could cause an increase in monetary charges for companies such as Netflix in order to stream their content." (출처: https://en.wikipedia.org/wiki/Net_neutrality)

116 Wu, T. (2003). Network neutrality, broadband discrimination. J. on Telecomm. & High Tech. L., 2, 141.

117 The term was coined by Columbia University media law professor Tim Wu in 2003, as an extension of the longstanding concept of a common carrier, which was used to describe the role of telephone systems

지시키고 $15,000의 과징금을 부과하였다. 이후 몇 년 간의 논쟁 끝에 2010년 12월 망 중립성 행정명령서가 발표되었다.

망 중립성 원칙에 관련하여 몇 가지 사항을 알아두면 이해하기가 용이하다.

첫째, 망 중립성 원칙을 준수해야 하는 수범자는 인터넷접속서비스제공사업자(ISP)이다. 미국 FCC는 망 중립성 행정명령서에는 BIAS라고 표기하는데 여기에는 CDN, IBP, VPN 등의 사업자는 제외된다. 소위 이들은 ISP가 아니며 따라서 수범자도 아니다. 그리고 망 중립성 원칙을 적용하는 대상은 최선형인터넷(best effort) 방식으로 서비스를 제공하는 경우로 제한된다. 즉 품질을 보장하면서 인터넷프로토콜(TCP/IP)을 사용하는 서비스(IPTV, VoLTE 등)에는 망 중립성 규제를 적용하지 아니하는데 이를 소위 특수서비스(Specialized service)라고 부른다.

둘째, 각국 규제기관은 망 중립성 원칙을 지키기 위해 다양한 형태의 접근을 하고 있다. EU 회원국을 포함하는 다수의 국가는 법률로 제정하기도 하고, 우리나라와 같이 연성규제(가이드라인 등)를 채택하기도 한다. 어떤 형태이든 공통적으로 금지하는 행위와 권장하는 행위를 사전적으로 규제(ex-ante regulation)하고 있다.

셋째, 망 중립성 원칙을 위해 금지하는 행위는 3가지인데, ISP가 네트워크를 인위적으로 조작하여 트래픽을 차단하는 행위, 특정 패킷 처리 속도를 인위적으로 늦추는 지연(조절) 행위, 특정 패킷을 우선전송 해주는 것을 이유로 추가대가(웃돈)를 받는 행위이고 이를 3 Bright Rule이라고도 한다. 그리고 권장하는 행위는 투명성이다. 트래

표 17. 망 중립성 규제 차원의 금지행위와 권장 행위

구분	주요 내용
차단금지(No Blocking)	합법적 콘텐츠, 애플리케이션, 서비스 및 망에 위해가 되지 않는 기기 또는 장치를 차단해서는 안 됨
조절금지(No Throttling)	합법적 콘텐츠, 애플리케이션, 서비스 및 망에 위해가 되지 않는 기기 또는 장치를 조절, 지연시켜서는 안 됨(불합리한 차별의 일종)
대가기반의 우선전송 금지(No Paid Prioritization)	일반 인터넷망(Best Effort)에서 대가를 받고 특정 트래픽을 다른 트래픽 보다 우선 처리하는 것을 의미(언론에서는 Fast lane이라고 표현되기도 함)
투명성(Transparency) 원칙	ISP는 트래픽 관리에 대한 방침을 공개해야 하며, 관련 조치 시 그 사실과 영향 등을 해당 이용자에게 고지(부득이한 경우 공지)해야 함

출처: 조대근(2022)

픽 관리에 관련된 정보를 포함하여 종단의 이용자에게 충분한 정보를 제공하여 이용자가 초고속인터넷접속서비스 이용에 있어 적절한 의사결정(Informed Decision)을 할 수 있도록 권장한다. 표 17은 금지 행위와 권장 행위를 설명하고 있다.

이상의 내용을 기반으로 망 중립성 규제와 CP 망 이용대가 간의 관계를 살펴본다. 앞서 설명한 것과 같이 망 중립성 규제가 금지하는 것은 ISP가 네트워크 장비를 조작하여 트래픽을 인위적으로 차단, 조절, 지연하는 행위를 말한다. 특히 주의할 것은 대가에 의한 우선처리 금지 행위는 이미 망 이용대가(또는 요금, access fee)를 지불한 CP에게 착신 구간에서 인위적으로 우선 트래픽을 처리해 주는 조건으로 돈을 추가로 받는 것을 금지(No Paid Prioritization)한 것인데 이는 통상 가입자구간 초고속인터넷속도가 느려서 혼잡이 발생할 가능성이 높은 경우 발생할 수 있는 행위이다. 즉 트래픽 양이 많으면서 시간적 민감성을 가진 서비스(예를 들면, OTT와 같은 영상 서비스)를 제공하는 CP는 가입자구간의 혼잡으로 인해 서비스가 정상적으로 제공되지 못할 경우 이용자의 불만을 야기할 수 있으므로 자사 트래픽을 우선처리 해줄 것을 요구하고 추가 비용 부담을 감수할 유인이 있다. 이때 ISP는 시간적 민감도가 낮은 트래픽(예를 들면, 이메일 서비스)은 전송을 늦추고 추가 대가를 지불한 CP의 트래픽을 우선 처리 해준다. 이때 반드시 ISP의 인위적인 트래픽 관리 행위가 발생한다. 망 중립성 원칙은 바로 이것을 금지하고 있는 것이다.

현재 넷플릭스-SKB간 소송에서 말하는 망 이용대가와 망 중립성 원칙이 상충한다는 주장은 대가에 의한 우선처리 금지 행위와 ISP의 CP에 대한 요금 청구 행위가 동일한 것으로 혼동을 하고 있거나 잘못 이해하고 있는 듯하다.

결론적으로 양자는 무관한 사안인데 그 이유는 다음과 같다.

첫째, SKB가 CP에게 요구하는 대가는 공중인터넷 망에 액세스하여 이용하는 대가(곧 요금)이지 이미 요금을 지불한 CP에게 우선처리를 조건으로 웃돈을 달라는 것이 아니다.

둘째, 망 중립성 규제가 망 이용대가를 요구하고 지불하는 거래를 금지하는 것이 아니라는 것을 미국 연방통신위원회의 행정명령서와 미 항소법원의 판결문에서 확인 가능하다. 2016년 FCC의 CATV 사업자이자 초고속인터넷사업자인 차터(Charter)에 대한 조건부합병승인 명령서 및 동 합병 승인으로 인한 Charter와 Charter의 초고속인터넷 이용자 간 소송에 따른 판결문에서 ISP들이 CP에게 요금 부과

표 18. 미국 차터 합병승인과 망 이용대가 관련한 설명(조대근 논문 인용)

"당시 FCC는 망 중립성 규제 관할권 문제 해소를 위해 ISP를 Common Carrier로 재분류하고 트래픽 차단, 트래픽 조절, 대가에 의한 특정 트래픽 우선처리를 명백히 금지한 시기였다.

만일 망 중립성 규제에 따라 CP의 ISP에 대한 대가 지불이 금지될 수 있었다면, FCC가 Charter에 대한 합병승인조건으로 "프로그래밍사업자(CP)에 대한 New Charter의 망 이용대가 부과 금지"를 제시할 이유가 없었을 것이다. 왜냐하면, 이미 망중립성 명령에 따라 Charter가 CP에게 과금할 수 없기 때문이다.

그래서 Charter가 합병승인을 얻기 위해 FCC와 협의할 때 Charter는 "합병조건으로 소송에 의해 무효가 될 지 여부와 상관없이 3년간 망 중립성 규제 준수를 제시"하였는데 FCC는 2015년 망 중립성 규제 명령은 이미 발효 중이기 때문에 합병인가조건이 아니더라도 Charter가 준수해야 하는 것으로 합병인가 조건으로 부과하는데 의미가 없다고 판단한 점은 이를 방증해준다."

출처: 조대근(2021)

표 19. 채무부존재 확인 요청 관련 넷플릭스와 SKB의 주장 요지(1심)

구분	넷플릭스	SKB
접속과 전송	· 인터넷을 구성하는 수많은 종단(終端, endpoint)에 연결되도록 인터넷에 접속(access)하게 하는 것과 피고의 인터넷 서비스에 가입한 고객들이 요청한 콘텐츠를 전송(delivery)하는 것은 구별 · SKB는 넷플릭스에게 전 세계적 연결성을 제공하고 있지 아니하며 그 외 다른 서비스도 제공하고 있지 아니함	· 기간통신사업자가 제공하는 기간통신역무로서의 '접속'은 '음성·데이터·영상 등을 그 내용이나 형태의 변경 없는 송신 또는 수신'하는 '전송'을 포함하는 개념으로서 '접속'과 '전송'은 분리할 수 있는 개념이 아님 · SKB는 인터넷 이용자들에게 인터넷 망을 연결하여 이를 통해 위와 같은 '접속' 서비스를 제공하고 있으며 넷플릭스 역시 위와 같은 '접속' 서비스를 이용하고 있는 것임 · 나아가 넷플릭스는 피고와 일본·홍콩에서 직접 접속하면서 SKB로부터 인터넷 전용회선서비스를 제공받고 있음 · 따라서 CP인 넷플릭스는 최종이용자에게 콘텐츠를 전달하기 위하여 ISP인 SKB의 네트워크 자원을 이용하는 것에 대한 대가를 지급할 의무가 있음
의무/망 이용	· 넷플릭스의 의무: 콘텐츠를 제작하여 연결 지점에 이용가능한 상태로 두는 것만이 넷플릭스의 의무	· 넷플릭스는 최종이용자에게 전송하라는 전자신호 명령을 내리는 방식으로 전송 행위를 하여 SKB의 망을 이용

의무/망 이용	・SKB의 의무: 넷플릭스가 이용가능한 상태로 둔 콘텐츠를 연결 지점부터 SKB의 인터넷 이용자에게 전송 ・SKB의 인터넷 이용자가 아닌 넷플릭스는 SKB의 망을 이용하지 않을 뿐만 아니라 인터넷 세계에서의 전송은 무상이 원칙이므로 넷플릭스는 전송에 관한 이득을 취하고 있지 아니함	・넷플릭스는 SKB가 소유 또는 임차한 전기통신설비(국내・국제 데이터 전송망)를 이용하여 대량의 데이터를 넷플릭스 서비스 가입자들에게 소통하는 이익을 취하고 있음
부당이득 반환청구	・SKB가 인터넷 이용자에 대한 자신의 계약상 전송의무를 이행함에 있어 각종 비용이 발생한 것을 두고 SKB에게 손실이 발생하였다고 할 수 없음 ・넷플릭스가 이득을 얻었다고 하더라도 인터넷 서비스 이용계약의 상대방이 아닌 넷플릭스에게 부당이득 반환청구를 할 수도 없음	부당이득 반환 의무가 있음(구체적인 이유는 SKB가 전송의 무상성 관련하여 제시한 논리 참조)
전송의 무상성	・넷플릭스와 SKB는 각자 비용을 부담하여 도쿄와 홍콩에서 연결하기로 합의하였음 ・연결 지점까지의 해저케이블 설치비용을 비롯한 연결 자체에 소요되는 비용 외에 추가로 비용을 부담하지 않고 연결하기로 하는 내용의 합의가 있었음 ・전송의 무상성은 인터넷의 기본원칙이자 표준이고 이미 관행 또는 조리로 성립 → 넷플릭스가 SKB의 망을 이용하는 것에 관한 법률상 원인도 존재	・"전송은 무상"이라는 인터넷의 기본원칙은 존재하지 아니함 ・SKB의 데이터 전송망을 이용하여 데이터를 송수신할 권리는 일반적으로 유상으로 부여되는 것임 ・넷플릭스가 이러한 이익을 보유하는 것에 관하여 당사자들 사이의 약정이나 법률규정 등의 법률상 원인은 존재하지 아니함 ・따라서 넷플릭스는 SKB에게 SKB의 망을 이용하고 있는 것에 관한 이득액을 부당이득으로 반환할 의무가 있음

출처: 서울중앙지방법원(2021)

행위를 명시하고 있다. 정확히는 유상 피어링 거래 방식이다. 대형 CP가 대형 ISP에게 액세스하여 최종가입자와 패킷통신을 하되 일정한 대가를 ISP에게 지불한 것이다.[118]

---

118 차터 합병 및 소송에 관한 사항은 제6장 Side story에서 별도 정리하였으므로 참조하기 바란다.

사건의 발단은 FCC의 2016년 발표된 Charter의 조건부합병승인 결정명령서였는데 차터는 Time Warner Cable 등 다른 CATV 사업자이자 초고속인터넷사업자를 인수합병하기 위해 FCC의 승인이 필요하였다. 당시 FCC는 최종적으로 조건부로 승인을 해 주었는데 조건 중 하나가 합병 후 법인인 차터가 CP 등에게 망 이용대가를 받지 말라고 하는 것이었다. 만일 망 중립성 규제가 CP에게 망 이용대가를 받지 못하도록 한 규제였다는 이와 같은 조건을 붙일 이유가 없었다. 왜냐하면 이미 규제가 집행되고 있는 사안을 합병 조건으로 중복 부과할 이유가 없기 때문이다.

다음 표 18은 저자의 논문 중 차터 합병승인과 망 이용대가 관련 부분을 인용하고 있다.

셋째, SKB가 넷플릭스에게 요구하는 것은 소위 착신대가(termination fee)가 아니다. 착신대가 논리가 성립하기 위해서는 넷플릭스가 미국 ISP에게 트랜짓 요금을 지불하였는데 SKB가 착신을 이유로 추가 대가를 요구하는 경우에 성립한다. 그러나 당시 SKB와 넷플릭스는 오리진 서버-OCA-SKB-최종이용자로 연결되어 있어 넷플릭스가 미국 ISP에게 요금을 지불한 바가 없고 CDN을 자체 구축한 CP가 자국 ISP에게 요금을 지불할 이유가 없다. 왜냐하면 미국 ISP에게 요금을 지불하는 것을 회피하기 위해 OCA(CDN)을 구축했기 때문이다. 결국 CDN인 넷플릭스가 처음 만난 ISP인 SKB는 요금 또는 유상 피어링 대가를 요구하고 있어 착신대가와는 무관하여 망 중립성 원칙과 충돌하지 않는다.

결론적으로 망 중립성 규제와 ISP가 CP에게 망 이용대가를 받는 것과는 무관한 사안으로 본 법원의 판단은 적절하다고 할 수 있다.

양측 주장의 요지를 정리하면 표 19와 같다.

법원의 채무부존재 확인 청구에 대한 판단 우선 법원은 넷플릭스가 청구한 채무부존재 확인 청구의 범위부터 설정한다. 즉 넷플릭스가 채무가 존재하지 않는다고 확인해 달라고 청구한 부분은 이 사건 변론종결일 현재까지 이행기가 도래한 것으로 볼 수 있는 연결에 관한 대가에 한정한다는 것이다.

또한 법원은 양측이 협상을 해왔고, 판결을 내리는 시점에도 협상은 여전히 진행 중이며 협상이 결렬되었다고 볼 수 없다고 명시한다. 그래서 넷플릭스가 대가 지불 채무가 있다는 것을 넘어 그 지급채무의 범위를 확정하는 것은 본 재판의 영역을 넘어선 것으로 보았다.[119] 다시 말하면 실제 얼마의 채무가 발생하였는지는 양측 협상에 맡겨야 한다는 입장으로 해석할 수 있다.

같은 맥락에서 법원은 넷플릭스가 협상과정 내지 계약체결과정 중 그 상대방인 SKB의 명시적인 동의를 받아 SKB의 망에 연결하고 그 연결 상태를 유지하고 있는 이상 현재 법률상 원인의 부존재를 요건으로 하는 부당이득 반환채무가 성립하고 있다고 보기도 어렵다고

---

119 법원은 이에 대해 다음과 같이 표현하고 있다. "원고들과 피고는 여전히 원고들이 피고의 망에 연결되어 있는 것에 관하여 그 대가의 지급 방식, 규모, 기준, 시기 등을 협상하는 과정에 있고, 그와 같은 협상의 체결 여부와 내용에 따라 이 사건 변론종결일 현재까지 원고들이 부담하는 연결에 관한 대가 지급채무의 범위가 정해질 것으로 보이며, 협상이 결렬되었다고 볼 수 없는 현재로서는 원고들이 피고에 대하여 연결에 관한 대가 자체를 지급할 채무가 있음을 넘어 그 지급채무의 범위를 확정할 수 없다."

보았다. 이는 넷플릭스가 SKB에 대하여 어떠한 채무도 부담하지 않는다는 것이 아니라, 넷플릭스측이 SKB에 대하여 부담하고 있는 연결에 관한 대가의 법적 성격이 민법 제741조[120]가 규정하고 있는 부당이득 반환채무로 보기는 어렵다는 취지라고 부연하여 설명한다.

한편 법원은 채무부존재 확인에 대한 판결 관련하여 몇 가지 사안에 대해 판시하고 있다.

첫째는 역무의 이용대가를 반드시 금전으로 하도록 명하는 것에 대해서는 양측 협상이 결렬되었을 때로 한정하고 판결 당시에는 협상이 진행 중이므로 당사자에게 정산 방식을 일임하고 있다.

판결문에서 법원은 양측 협상이 진행 중이라는 점에 주목하여 넷플릭스가 SKB의 역무를 이용한 대가 지불에 있어 다양한 방식이 존재함을 확인시켜 주고 있다. 이는 사적자치의 원칙에 따라 협상 당사자들이 합의할 때는 'CP의 콘텐츠를 최종이용자에게 도달시키기 위해 ISP의 망을 이용하는 것에 대한 대가로 지불되는 경제적 이익'의 반대급부로 금전 및 금전 외 다른 방식도 정산 방식으로 활용할 수 있음을 적시하고 있다. 구체적으로 법원이 제시한 정산 방안에는 다음과 같은 방식이 있다.

· CP가 접속회선료 또는 접속통신료 등의 명목으로 금전 지급
· CP가 ISP에게 콘텐츠를 독점적으로 공급할 수 있는 기회 부여

---

120 제741조(부당이득의 내용) 법률상 원인없이 타인의 재산 또는 노무로 인하여 이익을 얻고 이로 인하여 타인에게 손해를 가한 자는 그 이익을 반환하여야 한다.

· 복수의 지역에 CP의 OCA를 설치하여 ISP의 망에 발생하는 트래픽을 경감시키거나 각종 공사비용과 설비의 업그레이드 비용 등을 상호 분담

더불어 법원은 사적자치의 원칙에 따라 다양한 정산 방식이 있음에도 불구하고 금전 지급을 명하는 것은 당사자들 사이의 합의가 완전히 결렬된 이후에 한하여 신중하게 이루어져 한다고 보았다. 이에 대한 논거로 구글의 예를 들고 있다. 법원은 Global CP들 중 구글(Google)은 금전으로 망 사용료를 지급하지 않고 국내 ISP들과 별도의 계약을 체결하여 국내 ISP들에게 다른 서비스를 제공하는 것으로 망 사용료의 지급을 대체하고 있는 것으로 알려져 있다고 판시하였다.

둘째, 채권 포기에 대한 부연 설명을 하며 SKB의 행위를 채권포기라고 해석하기 어렵다고 보았다. 즉 SKB가 장기간 원고들에게 망 이용대가를 요구하지 않았다거나 국제선 망의 설치, 증설 등과 관련하여 원고들이 일부 비용을 부담하였다는 등의 사정들만으로는 SKB가 넷플릭스에 대하여 가지는 연결에 관한 대가 상당의 채권 일체를 포기하는 내용의 종국적인 합의가 성립하였다고 단정할 수 없다는 것이다. 채권포기라고 해석 하기 위해서는 당해 권리관계의 내용에 따라 이에 대한 채권자의 행위 내지 의사표시의 해석을 엄격히 하여 그 적용 여부를 결정하여야 한다고 설명한다.

셋째, 법원이 양측간의 협상이 결렬된 것이 아니라 진행 중이라고 판단한 몇 가지 논거를 제시하고 있다. 구체적으로 보면 법원은 양측

이 주고 받은 이메일을 언급하면서 SKB는 넷플릭스의 국제 및 국내 구간의 증설, 운영 관련 비용을 요구하면서도 넷플릭스의 OCA에 대해 긍정적인 답변을 하였고, 넷플릭스는 OCA 설치를 제안하면서도 SKB와의 협상을 명시적으로 거부하지 않았다.

또 SKB는 재정신청을 할 때 협상에 성실하게 임할 것을 요구하였지 금전지급을 명시하지는 않아 협상의 여지를 두었고 판결 당시까지도 SKB는 해당 사건의 재정신청을 취하하지 않았던 점을 보면 양측의 협상 의지는 여전하다고 보았다.

더불어 SKB는 넷플릭스가 부당이득 반환의무가 있다고 주장하면서도 소 제기 후 1년이 경과하였는데도 부당이득 반환의무의 지급을 구하는 반소장을 제출하지 않은 점, 넷플릭스의 국제망 독점 사용을 여전히 허용하는 점도 양측의 협상 의지가 있음을 추정할 수 있는 근거라고 설명한다.

동일한 맥락에서 넷플릭스도 이 사건 소송 과정에서 지속적으로 SKB의 망 트래픽 경감과 망 비용 절감에 효과가 있다는 주장과 함께 자신의 비용으로 국내에 OCA를 설치하여 주겠다는 취지의 주장을 반복적으로 하고 있는데 이것이 정산 방법 중 하나라는 점을 고려하여 법원은 넷플릭스 측도 협상을 포기하고 있지는 않은 것으로 보았다.

결론적으로 법원은 넷플릭스가 SKB에게 '연결에 관한 대가'를 지급할 채무를 부담하는 것으로 인정되므로 넷플릭스가 청구한 채무 부존재 확인은 이유 없다고 보았다.

판결

이 사건 소 중 협상의무 부존재 확인 청구 부분은 부적법하여 이를 각하하였고, 넷플릭스의 나머지 청구는 이유 없어 이를 기각하였다.[121]

주문

1. 이 사건 소 중 협상의무 부존재 확인청구 부분을 각하한다.

2. 원고들의 나머지 청구를 기각한다.

3. 소송비용은 원고들이 부담한다.

---

121 SKB 소송대리인은 2021. 6. 4. 추가 주장 및 입증을 하겠다며 변론 재개를 신청하였으나, 이로 인하여 지금까지 설시(說示)한 판단의 결과가 달라질 수 있다고 여겨지지 않는다고 보아 법원은 변론 재개신청을 받아들이지 않았다.

2016년 미국 방송통신규제기관 FCC는 CATV 사업자인 Charter가 Time Warner Cable, Advance/Newhouse를 합병하기 위해 승인 신청한 것에 대해 조건부로 승인 명령을 내렸다. FCC의 합병승인 조건 내용을 보면 CP의 망 이용대가 지불에 관한 주요 사항이 포함되어 있어 주요 사건 내용을 정리한다.

사실관계

— 미국 CATV 사업자 Charter의 합병 발표

- 2015.5.23. Charter, Time Warner Cable, Advance/ Newhouse(Bright House 모기업)는 현금-주식 교환 방식으로 합병 선언
- 2015.6.25. FCC에 합병 승인 신청서 제출
- 2015.7.27. FCC, 합병 승인 신청서 접수 공식 발표
- 2016.4.25. DoJ, 합병 조건부 승인(동의명령)(안) 발표
- 2016.5.16. FCC, 행정명령(Merger Order, FCC 16-59)을 통해 조건부 합병 승인
- 2016.9.9. 美 콜롬비아 지방법원, DoJ, 합병 조건부 승인(동의명령)(안) 최종 판결

─FCC의 합병인가조건

· 조건 1: OVD(Online Video Distributor)[122] 지원: OVD에게 부과하는 인터넷 이용 및 접속 비용 부담을 덜어 줄 것. 이를 위해 OVD를 시청하는 New Charter 가입자에게 데이터 상한/이용기반과금 7년간 금지, New Charter와 망 연동하는 Backbone 사업자, CDN, Edge Provider(CP)와 상호무정산 연동 시행 및 망 연동 조건 공개

· 조건 2: 승인 이후 200만 가구에 브로드밴드 구축(저소득층에게 낮은 요금 부과)

· 조건 3: 망 중립성 규제 준수: 당시 진행 중이던 소송 결과와 무관하게 준수

---

122 소위 OTT 사업자를 말한다. 미국에서는 OVD와 OTT를 동의어로 사용하고 있다.
Online Video Distributor or "OVD"
Also known as "over-the-top" ("OTT") content provider or aggregator. These terms refer to firms that offer video programming content to consumers over the Internet by means of websites and other applications. Well known OVDs currently include 넷플릭스, Hulu, NOW TV, and Whatever TV, but new companies spring up almost overnight. As more video content becomes available online, OVDs are increasingly seen as a competitive threat to the traditional pay-TV model used by cable operators and other multi-channel video programming distributors ("MVPDs"). However, OVDs are for the moment limited in their ability to compete because content owners are free to withhold popular video programming from online distributors.
(https://www.kandutsch.com/glossary/online-video-distributor-or-ovd)

— FCC의 합병인가 조건 1 부과 논리와 결과

· 부과 이유: 합병 후 법인인 New Charter는 합병 이후 브로드
  밴드 가입자 및 커버리지가 확대될 것이고 이는 초고속인터넷
  제공 가능 가구수 증가를 의미. 이는 곧 CATV 사업자인 New
  Charter의 유료방송가입자 및 매출 증가로 이어질 것임(미국은
  유료방송사업자를 MVPD, Multichannel Video Program Distribution
  으로 표기하는데 FCC는 MVPD 가입자 증가로 표현) 이러한 상황인
  New Charter로서는 MVPD의 경쟁사업자인 OVD의 경쟁적 생존
  력(competitive viability)을 축소시키기 위한 조치를 시행할 유인이
  높아질 것으로 판단하였음[123]

· 즉 New Charter가 브로드밴드 소매 판매 조건을 이용하여 OVD
  이용 수요를 인위적으로 낮추거나, OVD 공급 상의 비용을 인위
  적으로 높이거나 연결 용량을 제한하여 경쟁력을 훼손할 것으
  로 보았음[124]

---

123 "We(FCC) find that New Charter will have greater incentives to harm those OVDs that
serve as a substitute for, and therefore compete with, New Charter's video services. (Merger
Order (2015), para. 39)"

124 "We (FCC) find that post-transaction, New Charter may be more likely to use data caps
or UBP(usage-based pricing) to curb current and future OVD-consumption levels with the
purpose of inhibiting or eliminating OVD competition. In addition, we find the Applicants'
proposed commitment to refrain from the use of data caps or UBP for three years is

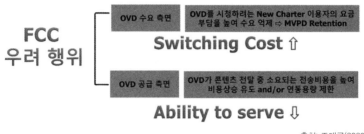

그림 57. 미 FCC의 합병 후 법인 New Charter에게 망 이용대가 부과 금지 조건 논리

출처: 조대근(2020)

· MVPD 시장 보호, New Charter 브로드밴드가입자의 OVD 이용
억제, 사업자 차별 행위 방지를 위해 데이터 상한 및 이용기반과
금(Usage-Based Pricing, UBP) 소매조건 부과 7년간 금지

· New Charter는 7년간 대형 Backbone 사업자, CDN, Edge
Provider(CP)가 New Charter 가입자에게 자유롭게 액세스할 수
있도록 의무적으로 제공/7년간 망연동합의서를 FCC에 제출(비
공개 시 남용 행위 발생 우려)/New Charter와 상호무정산 기반 망
연동 가능한 사업자 조건을 명시한 피어링 정책을 합병 승인 행
정명령의 부속서류 포함

---

insufficient to address these potential harms and that seven years is a more appropriate
term." (Merger Order(2016), para. 73)"

─ FCC의 Charter 합병 승인 조건이 가지는 의의[125]

· FCC의 Charter 합병 승인 조건이 행정명령을 통해 발표된 것은
  ISP가 최종이용자 뿐 아니라 CP(OTT 사업자 포함)에게 공중인터
  넷 망 연결에 대한 반대급부로 협정을 체결하고 대가를 받고 있
  다는 것을 공문서를 통해 확인할 수 있다는 점에서 의의가 있는
  것임
· 즉 Charter-TWC-Bright House간 합병 승인 명령, 이후에 벌어
  진 FCC 합병승인 무효 소송[126] 등 일련의 사건에서 발표된 각종
  공문서를 통해 그간 업계에서 소문으로만 전해지던 유상 거래
  행위가 입증되었음

---

125 보다 구체적인 내용은 "조대근. (2021). 인터넷 망 이용의 유상성에 대한 고찰-미국 인터넷 역사
및 Charter 합병승인조건 소송 중심으로. 인터넷정보학회논문지, 22(4), 123-134." 참조

126 2019년 9월 5일, 경쟁기업연구소(Competitive Enterprise Institute, 이하 CEI)와 4명의 합병 후
법인 Charter의 이용자(이하 원고)는 "FCC가 Charter의 TWC(Time Warner Cable), Bright House 인
수 인가 시 부여한 조건으로 인해 자신들이 이용 중인 CATV를 이용한 초고속인터넷 서비스 요금이
인상되었다"고 주장하며, FCC가 Charter에게 부여한 합병인가 조건 철회를 요청하며 FCC(이하 피고)
를 상대로 美 콜롬비아 연방항소법원(이하 법원)에 제소한 것을 말한다. 원고가 피고를 제소한 것은
2016년 피고가 Charter의 합병 승인을 심사하면서 내린 조건부 합병인가 결정 때문이었다. 당시 피
고(FCC)는 Charter에게 4가지 인가 조건을 부과하였고 동 조건 중 일부가 원고가 주장하는 초고속인
터넷요금 인상의 원인이라고 판단하였다. 2016년 피고가 부과한 Charter의 합병승인 조건은 ⅰ) 프
로그래밍사업자(CP를 의미)에 대한 합병 후 법인(New Charter)의 망 이용대가 부과 금지 ⅱ) New
Charter로 하여금 이용자에 대해 데이터 상한 및 이용기반 과금 금지 ⅲ) 저소득층에 대한 브로드밴
드 서비스 제공 시 상당한 요금 감면 ⅳ) 브로드밴드 네트워크 구축 투자 시행 등이었다.

· 구체적으로 예를 들면, 2016년 발표된 FCC의 New Charter 합병 인가 행정명령서에 따르면 미국 내 5개 사업자가 CP에게 대가 를 부과하고 있는 중(Comcast, AT&T, Verizon, Time Warner Cable, CenturyLink)이라고 적시되어 있음

7

SK브로드밴드-넷플릭스 2심: 반소와 항소

SK브로드밴드 반소와
넷플릭스 항소 경과

1심에서 패소한 넷플릭스는 2021년 7월 15일, 1심 판결에 불복하여 항소한다고 공식 발표하였다. 이어 SKB는 2021년 9월 30일 넷플릭스를 상대로 '망 이용대가 청구' 반소를 제기했다. 이후 양측의 항소와 반소 경과를 정리하면 다음과 같다.

- ('21.7.15) 넷플릭스 항소
- ('21.9.30) SKB, 반소(부당이익청구 소송) 제기
- ('21.12.23) 변론준비기일
- ('22.3.16) 변론기일(1차)
- ('22.5.18) 변론기일(2차)
- ('22.6.15) 변론기일(3차)
- ('22.7.20) 변론기일(4차)

- ('22.8.24) 변론기일(5차)
- ('22.10.12) 변론기일(6차)

항소를 제기한 넷플릭스는 항소 제기 이유를 다음 세 가지를 제시한 것으로 알려진다.[127]

첫째, 법원은 SKB가 넷플릭스에 '연결'(인터넷 접속 서비스)이라는 역무를 제공하고 있고, 넷플릭스는 이에 대한 대가를 지급할 의무가 있다고 판단하였지만 넷플릭스는 SKB로부터 연결을 받고 있지 아니하다. 즉 넷플릭스는 SKB가 이용자들에게 콘텐츠를 더욱 원활하게 전송하는 것을 돕고자 SKB가 원하는 가까운 위치에 연결점을 마련해 콘텐츠를 제공하고 있다는 것이다.

둘째, 전 세계적으로 국가적 차원에서 CP사의 망 이용대가 지급을 강제한 사례가 없다는 것이다. 그 이유는 대가 지급 의무를 인정할 법적 근거가 없기 때문이며, 넷플릭스는 1심 판결대로라면 한국 이용자가 미국 CP사 콘텐츠를 이용하고 싶어도 해당 CP사가 한국 ISP에 망 이용대가를 내지 않았다면 콘텐츠 이용이 불가능한 것 아니냐는 것이다. 이는 망 중립성 위반에 대한 얘기를 다시 하고 있는 것이다.

셋째, 당사자 간 분쟁 해결이 가능하다는 입장이다. 넷플릭스가 자체 개발한 CDN, '오픈 커넥트'를 SKB에 설치하면 넷플릭스 콘텐츠 관련 트래픽을 최소 95% 이상 줄일 수 있다고 설명했다. 넷플릭스가

---

127 조준혁, 넷플릭스 항소장 제출, '망사용료' 결투 2라운드 돌입, 미디어오늘, 2021.7.16.

먼저 SKB에 오픈 커넥트 무상 설치를 제안했지만 SKB가 이를 거부했고 금전적 대가만 요구하고 있다는 것이다.

반면 반소를 제기한 SKB는 "넷플릭스가 1심 판결이 인정한 망 이용의 유상성을 부정하는 건 통신사업자의 기본 비즈니스 모델을 부정하는 것"이라며 "국내·외 CP 모두가 정상 지급하는 대가를 넷플릭스도 똑같이 지급해야 하는 점은 당연하다"는 입장을 제시한 것으로 알려진다.[128]

---

128 블로터, 최대 1000억원 배상? SKB '모른 척' 넷플릭스에 반소 제기, 2021.9.30.

현재까지 진행된 2심 재판은 총 6차까지 변론이 진행되었다.(2022 년 10월 기준) 언론에서 소개되고 있는 양측의 주장을 살펴보면 크게 두 가지 쟁점을 두고 재판부가 청취하고 있는 것으로 보인다. 이 과 정에서 법률대리인의 변론뿐 아니라 관련 전문가의 진술도 청취하 고 있다. 이하에서는 두 가지 쟁점의 내용과 양측의 주장을 중심으로 정리한다. 2심의 판결이 난 상황이 아니기 때문에 언론 등에서 알려 진 상황을 중심으로 요약한다. 이해를 돕기 위해 보론에서 중요 개념 을 추가로 설명하고자 한다.

쟁점 1: 전송의 주체와 책임, ISP인가 CP인가?

2심에서 제기된 첫번째 쟁점은 패킷 전송의 주체는 누구이며 누 가 책임을 부담해야 하는가이다. CP가 취합하거나 생산한 콘텐츠를 최종이용자가 보고 즐기기 위해서는 콘텐츠가 저장되어 있는 서버에서 최종이용자의 단말기(PC, 스마트폰, 태블릿 PC 등)까지 콘텐츠가 전달이 되어야 한다.

재화와 용역을 제공하는 생산자(또는 공급자)가 해당 재화와 용역을 소비자에게 유통과정을 거쳐 제공해야만 판매가 완료되고 그에 따른 매출을 확보할 수 있는 것과 같은 이치다.

이 부분에 대한 넷플릭스와 SKB의 주장을 정리한다.

넷플릭스의 주장 전송주체는 착신 ISP인 SKB이며 전송 책임 역시 마찬가지이다. 이와 같은 주장을 위해 넷플릭스는 "송신 ISP"와 "착신 ISP"라는 개념을 제시하고 이어 "상호무정산(Bill & Keep)" 개념을 언급하였다.

우선 넷플릭스측에서 주장하는 내용을 따라가보면, 송신 ISP는 CP와 연결된 ISP를 말하고, 착신 ISP는 최종이용자들에게 연결성을 제공하는 ISP를 말한다. CP는 송신 ISP에게 이미 요금을 지불하였고, 착신 ISP는 최종이용자에게 요금을 받기 때문에 양측 ISP는 서로 돈을 주고 받지 아니하기로 하여 상호무정산(Bill & Keep) 관계를 유지하며 트래픽을 처리한다는 것이 요지다.

실제 1심에서 패한 넷플릭스가 서울 고등법원에 항소이유서를 제출하였을 때 어떤 논리로 2심을 대응할지 많은 이들의 관심을 받은 것이 사실이다. 2심 변론이 시작된 이후 가장 주목받은 논리가 바로 "상호무정산(Bill & Keep)" 개념과 "넷플릭스도 사실상 ISP의 기능을 수행하고 있다"는 주장이었다. 한 언론은 "넷플릭스의 CDN인 OCA

를 통해 SKB의 트래픽 처리를 줄여줬으니 망 이용대가를 낼 필요가 없고, '빌 앤 킵(상호무정산·Bill and Keep)'으로 이뤄져야 한다"고 보도하고 있다.[129]

또 다른 언론을 보면 "양사가 상호무정산을 하는 이유는 넷플릭스가 자체 개발한 기술인 오픈커넥트어플라이언스(OCA)가 ISP의 역할을 한다고 판단"했기 때문이다.[130] 그리고 "국내 ISP는 국내 CP와의 관계에서 송신 ISP 역할을 하며 국내 CP에게 전 세계 인터넷에 대한 접속 서비스를 제공하는 반면, 넷플릭스와의 관계에서는 착신 ISP로서 넷플릭스에 어떠한 서비스도 제공하고 있지 않기"[131] 때문에 넷플릭스가 SKB에게 망 이용대가를 지불할 수 없다는 것이다.

언론에 나타난 내용을 살펴보면 넷플릭스가 주장하는 내용은 이렇게 이해할 수 있다. 우선 넷플릭스가 투자를 통해 전 세계에 구축한

---

129 백연식, 넷플릭스 vs SKB 망이용료 2심, 핵심 쟁점은 '상호무정산', 디지털투데이, 2021.12.24.
더불어 넷플릭스는 대부분의 인터넷 망 연결방식이 상호무정산 방식으로 이루어지는 것을 논증하기 위해 PCH(Packet Clearing House) 통계를 소개하기도 하였다. 즉 피어링을 할 경우 비용정산을 하지 않는다는 점은 실제 시장 조사결과를 통해 확인된다. 192개국 1,500만개 피어링을 조사한 결과 57개, 즉, 0.0004%만이 페이드 피어링을 하고 있고, 나머지는 무정산 피어링을 하고 있다고 설명한다. (출처: Bill Woodcock & Marco Frigino, 2016 Survey of Internet Carrier Interconnection Agreements, PCH, 2016.11.21.)

130 선모은, SKB vs 넷플릭스, '상호무정산' 원칙 두고 공방, 이코노미스트, 2022.5.19.
https://economist.co.kr/2022/05/19/it/general/20220519080016821.html
넷플릭스 측 법률대리인이 변론 중 다음과 같이 언급한 것으로 보도된 바 있다. "넷플릭스는 이날 변론에서 자신들 역시 사실상 ISP의 역할을 하고 있다는 주장을 내놨다. 넷플릭스 변호인은 "전 세계 1조원을 투자해 구축한 OCA는 통신망"이며 "넷플릭스와 SKB는 통신사간 대등한 지위에서 연결한 '피어링'(ISP간 네트워크를 연결하고 트래픽을 교환하는 것)"이라고 주장했다."(출처: 권하영, 넷플릭스 "우리도 통신사" vs. SKB "무리한 주장"…망사용료 공방, 디지털데일리, 2022.5.18.)

131 박수현, 끝날 기미 없는 망 사용료 공방… 넷플릭스-SKB, 입장차만 재확인, 비즈조선, 2022.5.19.

그림 58. 넷플릭스가 제2심에서 주장한 비용 부담 방식(Bill & Keep)

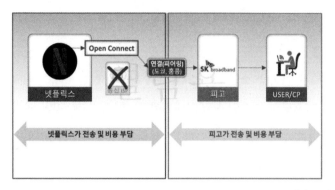

출처: SKB(2022)

자체 CDN 즉 OCA는 전 세계 Local ISP(소송당사자인 SKB 포함)와 직접 연결하고 있는데, 이는 전통적인 인터넷 연결구조를 대체한 것으로 넷플릭스가 CP측과 연결된 ISP의 역할을 대신하는 상황이라고 본 듯하다. 해외 CP인 넷플릭스와의 관계에서 국내 ISP를 착신 ISP라고 설명하는데서 그러한 추정이 가능하다.

전통적인 연결구조(그림 59)는 국내 Local ISP와 넷플릭스 모두 Tier 1사업자(Backbone Network A & B)에게 트랜짓 요금을 지불해야 한다. 이는 국내 CP의 콘텐츠를 해외 ISP의 가입자가 이용하는 경우도 마찬가지이다.

그런데 넷플릭스는 CP로부터 Local ISP까지 구간을 OCA로 대체해 주었으므로 Local ISP로서는 백본사업자에게 트랜짓요금을 지불할 것을 절감할 수 있게 되었기 때문에 넷플릭스 트래픽이 착신 구간에서 발생시키는 비용은 이것으로 충당할 수 있으니 상호무정산으로

그림 59. 전통적 인터넷망 연결구조와 넷플릭스 OCA의 대체 구간 비교

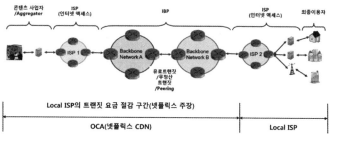

출처: 조대근 재구성(2022)

처리하는 것이 가능하다는 논리다.

SK브로드밴드의 주장 이에 대해 SKB측은 다음과 같이 반박한다.

우선 송신 ISP, 착신 ISP라는 개념 자체가 넷플릭스 주장을 위해 인위적으로 만들어진 개념이다. 즉 이전에 없던 개념이고 ISP들은 송수신을 동시에 수행하고 있다고 반박한다. 그리고 2022년 5월 변론할 때 그림 60을 두고 다음과 같이 설명한다.

"인터넷 망 이용자(CP, 개인이용자, 기업 포함)는 자신이 보내고자하는 데이터를 패킷 단위로 잘라서 인터넷 망으로 통해 전송하는데이때 패킷교환방식으로 송·수신이 이루어진다. 패킷은 헤더(Header)와 데이터(payload)로 구성되는데, 헤더(Header) 안에는 패킷이 도달해야 하는 최종 목적지(Destination)에 관한 정보(IP 주소)가 있는데 이것은 콘텐츠를 최종이용자에게 보내려는 경우에는 CP가 작성하는것이기에 ISP가 관여할 수 있는 것이 아니다. 넷플릭스 가입자가 넷플릭스에 접속을 시도할 경우 미국 서버에서 아이디(ID)와 패스워드

233

그림 60. 넷플릭스 콘텐츠가 SKB 망을 통해 최종이용자까지 전달되는 과정(SKB 변론 자료 중)

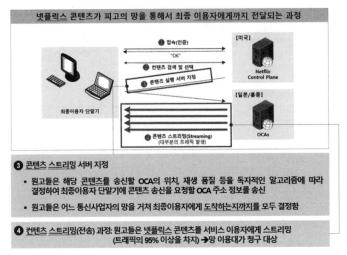

(password)를 확인하고 인증(authorization)을 하면, 이후 콘텐츠 검색 및 선택 과정을 거쳐서 미국 서버에서 콘텐츠 실행 서버를 지정한다. 이후 해당 OCA에서 데이터 전용망을 통해 이용자들에게 콘텐츠를 전송한다. 1~3번 과정의 경우 트래픽이 거의 발생하지 않고, 4번 과정에서 트래픽의 95% 이상이 발생한다."

결론적으로 SKB는 "(넷플릭스의) OCA는 데이터를 분산된 서버에 저장하는 시스템에 불과하다"며 "넷플릭스는 기간통신망을 보유하고 있지 않기 때문에 ISP에도 해당하지 않는다"고 넷플릭스의 주장을 정면으로 반박했다. 또한 "넷플릭스가 주장하는 상호무정산의 원칙은 동등한 수준의 ISP 사이에서 적용되는 정산 방식"이라며 "CP인

넷플릭스와 ISP인 SKB 사이엔 상호무정산의 원칙을 적용할 수 없다"는 입장이다.[132]

쟁점 2: 상호무정산 합의를 하였는가? 하지 않았는가?

두 번째 중요한 쟁점은 소송 당사자간에 서로 망을 이용하는 대가를 주고 받지 않기로 합의하였는가 여부다. 양측의 주장을 정리한다.

넷플릭스의 주장 넷플릭스는 변론 과정에서 미국 시애틀에 소재한 SIX(Seattle Internet eXchange)에서 서로 연결한 이후 대가를 청구하지 않았는데 이는 무상의 합의를 의미한다는 것이다. 그리고 넷플릭스의 법률대리인은 "2018년 5월 SKB 요청으로 (OCA와 SKB 망) 연결 지점을 시애틀에서 도쿄(BBIX)로 변경했는데 이때도 SKB는 비용 정산을 언급하지 않았다. 피고는 2018년 10월에 가서야 국제망 비용을 요구하기 시작했다"고 주장한 것으로 알려진다.[133]

결론적으로 미국 SIX와 일본의 BBIX로의 연결 지점 이동에도 불구하고 양사는 상호무정산에 합의하였고 그것이 변경될 이유는 없다는 것이다.[134]

---

132 선모은, SK브로드밴드 vs 넷플릭스, '상호무정산' 원칙 두고 공방, 이코노미스트, 2022.5.19.

133 권하영, 넷플릭스 "우리도 통신사" vs. SKB "무리한 주장"…망사용료 공방, 디지털데일리, 2022.5.18.

134 이와 관련한 언론 보도 내용을 추가하면 다음과 같다. 넷플릭스는 "쌍방은 2015년 9월부터 망 연결에 관한 교섭을 진행했고, SKB는 이 과정을 통해 넷플릭스 망 연결이 무정산이라는 점을 알고 있었다", "넷플릭스 OCA는 무정산 연결을 전제로 하고 있다"라고 주장한다. 구체적으로 양측이 주고 받은 이메일을 근거로 들어 "2016년 1월 미국 시애틀에서 최초로 망을 연결했고 이때 아무런 비용 정산이 없었다"면서 "2018년 5월 망 연결 지점을 시애틀에서 도쿄로 변경했을 때도 SKB는 비용 정산을

SK브로드밴드의 주장 이에 대해 SKB는 무정산 합의를 한 바가 없고 미국에서 일본으로 접속점을 이전할 때 대가에 대해서는 추후협의 사항(Open Issue)로 남겨 둔 것[135]이라는 입장이다. 이 같은 주장을 보다 구체적으로 보자.

양사는 미국 SIX에서는 퍼블릭 피어링 방식으로 트래픽을 교환하였고 일본 BBIX에서는 프라이빗 피어링 방식으로 연결하였다. 퍼블릭 피어링이란 IX 이용 비용을 낸 모든 인터넷사업자(ISP)와 콘텐츠사업자(CP)가 차별 없이 자유롭게 트래픽을 소통하는 방식이다. 특정 ISP와 CP간 연결을 위해 사전 합의나 동의를 구하지 않는다. 따라서 양사간 계약 내지 합의 자체가 존재할 수 없다. 그러나 2018년 BBIX에서 프라이빗 피어링 방식으로 연결할 때는 별도의 합의를 통해 이전과 다른 새로운 관계를 맺게 된 것이기 때문에 대가 정산을 요구하였으나 합의에 이르지 못했다는 것이다.[136]

보론

이하에서는 2심에서 등장한 쟁점을 이해하는데 필요한 몇 가지 개

언급하지 않았고, 2018년 10월에 가서야 국제망 비용을 요구했다"고 지적했다."(출처: 권하영, [망사용료 2R]⑦ 넷플릭스 "무정산 합의했다" SKB "안했다"…엇갈린 해석, 디지털데일리, 2022.5.19.)

135 권하영, 넷플릭스 "우리도 통신사" vs. SKB "무리한 주장"…망사용료 공방, 디지털데일리, 2022.5.18.

136 백연식, '무정산 합의' '프라이빗 피어링'…넷플릭스 vs SKB, 계속 '평행선', 디지털투데이, 2022.8.24. 같은 기사에는 이와 같은 표현이 있다. ""넷플릭스가 SIX에서의 퍼블릭 피어링과 2018년 이후 하게 된 프라이빗 피어링을 동일하다고 주장하나 양자 간에 연결방식 뿐만 아니라 법률관계에 있어서도 분명한 차이가 있다"면서 "SIX에서의 퍼블릭 피어링은 프라이빗 피어링과 달리 개별 참여자간 동의나 협의가 필요하지 않으며 연결의 목적 및 제공하는 서비스에 있어서도 차이가 존재한다"고 강조했다."

그림 61. 넷플릭스-SKB의 미국와 일본에서의 연결 방식 비교(FY 2016 vs. FY 2018)

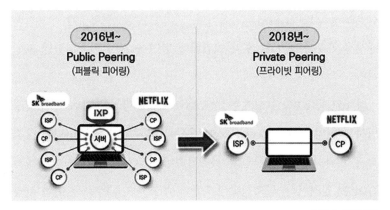

출처: 뉴시스(2022)

념에 대해 추가적인 설명을 하고자 한다. 2심에서 새롭게 등장한 개념은 상호무정산(Bill & Keep), 퍼블릭 피어링(Public Peering)과 프라이빗 피어링(Private Peering) 정도인데 퍼블릭 피어링과 프라이빗 피어링은 본서 망의 연결방식 1:피어링 이하를 참고하길 권한다. 이하에서는 상호무정산을 살펴본다.

상호무정산 개념은 통신 역사에서 매우 오래되었다. 통신서비스를 제공하기 위해 통신사업자들은 소매요금을 이용자에게 청구한다. 문제는 통신사업자 홀로 모든 통신망을 구축할 수 없기 때문에 타 통신사와의 연결(상호접속)이 불가피하다. 이때 타 통신사의 망을 이용하면서 발생하는 비용을 지불해야 하는데 소매서비스를 위해 타인의 자원을 이용하여 발생하는 도매대가가 상호접속료이다. 그런데 상호접속료를 어떻게 정산을 해야 하는가에 대해서는 대표적인 두 가지 방식이 있다. 하나는 발신측 사업자가 착신측 사업자에게 접속료를 지불하는 CPNP(Calling Party's Network Pats) 방식, 다른 하나는 상호무정산(Bill & Keep) 방식이다. 전자는 주로 전화망간 상호접속에서 이용된 모델이고 후자는 인터넷 망간 연결시 활용되었던 모델이다.

김득원 등(2010)은 상호무정산(Bill & Keep) 방식을 다음과 같이 정의하고 있다. "Bill & keep은 상호접속에 대한 대가를 주고받지 않고 각자가 자신의 망에서 발생하는 접속비용을 모두 부담하는 상호접속 정산 원칙이다. 상호접속에 따른 외부효과의 내부화를 위한 사업자 간 상업적 협상에서 유래된 정산방식으로 규제당국이 접속료 수준 등의 결정에 개입하지 않으므로 일반적으로 비규제의 성격이 강하다. Bill & keep은 발착신측 모두 망원가의 유발자(cost-causer)이자 수혜자이며, 양측이 대화 또는 상호 교류 시 자원을 공히 점유하므로 동일한 규모의 혼잡비용(congestion cost)을 유발한다는 가정에 기반한다."[137]

다시 말하면 통신사업자가 소매이용자에게 청구(bill)하고 수령한 소매요금을 모두 매출로 가지되(keep) 접속된 상대 통신사업자에게는 접속료를 지불하지 않는다는 것이다.[138] 이러한 거래가 가능한 경우는 상호접속 시 트래픽 및 비용 유발도가 균형 시에만 효율성이

---

137 김득원, 김희수, 오기환. (2010). IP 네트워크 요금체계 연구. 기본연구 10-02, 정보통신정책연구원, 2010.12.

138 "A 'bill and keep' or 'peering' arrangement involves setting m cc = − 0 . In this situation, interconnect charges are zero with no settlement taking place; calls are billed but termination charges are kept."(출처: Gans, J. S., & King, S. P. (2000). Using" bill and Keep" Interconnect Arrangements to Soften Network Competition. RESEARCH PAPER–UNIVERSITY OF MELBOURNE DEPARTMENT OF ECONOMICS.)

확보되는 전제가 있다. 이러한 정의를 고려하면 앞서 설명한 "상호무정산에 기반한 피어링(Settlement Free Peering)"과 같은 의미로 이해할 수 있다.[139]

당초 상호무정산(Bill and Keep) 개념이 형성될 때는 통신망을 보유한 사업자가 망을 연결할 때를 전제로 하였다. OECD에서 제공하는 상호무정산(Bill and Keep) 정의에서도 "두 개의 네트워크"라는 표현을 사용하고 다른 문헌에서는 "복수의 네트워크"라는 표현을 사용한다.[140]

그렇다면 넷플릭스가 상호무정산(Bill and Keep)을 주장하기 위해서는 ISP인 SKB와 연결되어 OCA 즉 CDN이 네트워크로서 인정되어야 한다는 논리가 성립하는데 이 부분에 대해서는 제2부에서 설명하였듯이 통상적으로 인정되는 네트워크와 동일시 하기는 어려워 보인다. 다만 넷플릭스는 스스로가 해외 ISP 기능을 수행하고 있어 CP이지만 국내 ISP와 연결시에는 해외 ISP로 볼 수 있다는 입장으로 알려진다.[141]

139　김득원 등은 이를 Bill & Keep 모델의 단점으로 규정한다.

140　"A pricing scheme for the two-way interconnection of two networks under which the reciprocal call termination charge is zero - that is, each network agrees to terminate calls from the other network at no charge." (출처: OECD, 2004, Access Pricing in Telecommunications, OECD, Paris, Glossary of Terms. https://stats.oecd.org/glossary/detail.asp?ID=6727)
"The bill-and-keep principle refers to a commercial relationship in the interconnection of networks in which both parties do not charge each other for the traffic volume exchanged between them.(출처: Karl-Heinz Neumann 외, Competitive conditions on transit and peering markets Implications for European digital sovereignty, WIK-Consult, 2022.2.28.

141　"넷플릭스는 해외 CP로 활동하고 있다는 전제로, 한국 ISP 및 고객의 관점으로 보면 피어링을 기준으로 해외에서 벌어지는 일들은 모두 해외 ISP의 영역으로 볼 수 있다는 뜻이다. 넷플릭스는 해외 ISP에 접속료를 내고 있으니 한국 입장에서 볼 때 넷플릭스가 곧 피어링 너머에서 해외 CP의 역

만일 이러한 주장을 수용한다고 해도 문제가 여전히 남는다. ISP와 ISP의 기능을 수행하는 양자를 망 연결 파트너라고 할 때 상호무정산 방식의 정산을 하려면 양자가 교환하는 트래픽의 교환비율이 유사해야 한다는 조건이 충족되어야 하는데 적어도 2018년 이후 프라이빗 피어링 이후에는 이 조건이 성립하지 않고 있다는 점이다. 피어링 파트너로서 동등함을 인정한다 할지라도 트래픽교환비율이 대칭적이지 않을 때는 "양측이 대화 또는 상호 교류 시 자원을 공히 점유하므로 동일한 규모의 혼잡비용(congestion cost)을 유발한다는 가정"에 위배되기 때문이다. 만일 이런 상황에도 불구하고 피어링 관계를 유지하려 할 경우에는 혼잡비용을 더 많이 유발하는 자 즉 상대방에게 보다 많은 트래픽을 전달하는 측에서 일정한 대가를 지불하는 것이 필요하다.[142]

할을 수행한다는 주장이다. 여기에 오픈커넥트를 활용하면 더욱 해외 ISP의 지위에 가깝다는 주장이다." (출처: 최진홍, 넷플릭스, 스스로를 정말 '한국' ISP로 봤을까?, 이코노믹리뷰, 2022.5.25.)

142   여기서 저자는 CP이자 CDN인 넷플릭스를 ISP로 간주하였을 때를 상정하고 이러한 결론을 내리고 있다. 그러나 저자는 CP는 종단이용자이므로 자신이 액세스하는 첫 ISP에게 요금을 지불하는 것이 타당하다고 생각한다. 즉 만일 넷플릭스가 프라이빗 피어링을 통해 접속하는 첫 ISP가 SKB라면 요금을 지불하는 것이 타당하다고 생각한다. 이는 유상 피어링과 같은 모양새이다.

8

CP 과금에 대한
국내·외 정책 동향

우리나라
동향

과거에는 일반인들은 물론이고 전문가들이나 학계조차도 관심 밖의 주제였던 ISP의 CP 과금에 대한 문제는 넷플릭스-SKB 소송이 길어지면서 정부, 국회, 언론, 시민단체 등 다양한 이해관계자들에게서 많은 관심을 받고 있다.

주목할만한 사건을 정리하면 다음과 같다.

첫째, 2021년 6월, 넷플릭스-SKB 소송 1심에서 법원은 SKB의 손을 들어주었다. 세부 내용은 제6부를 참조하기 바란다.

둘째, 2019년 4월 24일, 경제정의실천시민연합은 통신 3사를 국내외 사업자 간 망 이용대가를 차별했다는 이유로 공정거래위원회에 신고하였고, 2021년 12월 공정거래위원회는 통신3사가 국내외 CP를 차별한 것이 아니라 글로벌 CP가 우월적 지위를 이용하여 망 사용료

표 20. 여야 주요 의원들이 발의한 무임승차방지법(안)(2022.9. 기준)

발의 의원	발의 법안 주요 내용
전혜숙 의원 (민주당, '20.12.11)	· 부가통신사업자가 통신망 이용 또는 제공에 관하여 불합리하거나 차별적인 조건 등을 부당하게 부과하는 행위 및 계약 체결을 부당하게 거부하는 행위 금지 · 망 이용 또는 제공 현황을 파악하기 위한 실태조사 실시
김영식 의원 (국민의힘, '21.7.15)	· 일정 규모 이상의 부가통신사업자가 정당한 대가 지불을 하지 않고 인터넷접속역무 제공을 요구하는 행위 금지
김상희 의원 (민주당, '21.11.1)	· 일정 규모 이상의 부가통신사업자에게 정보통신망 서비스 이용계약 체결 의무 부과 · 계약체결 시 상대방의 이익을 부당하게 제한하거나 다른 계약조건과 부당하게 차별하는 행위 금지
이원욱 의원 (민주당, '21.11.25)	· 전기통신사업자는 기간통신역무의 이용/제공에 관한 계약 체결 시 정보통신망의 이용기간, 전송용량, 이용대가 등을 계약내용에 반영 의무 · 계약 체결 시 거래상 이익을 부당하게 제한, 다른 유사한 계약과 불리하게 계약을 체결, 불합리한 사유로 계약 지연 및 거부 금지 등 상대방에게 불이익을 주는 조건 설정 등 금지
양정숙 의원 (무소속, '21.12.21)	· 일정 규모 이상의 부가통신사업자에 정보통신망 이용계약 체결 의무 부과 · 적정한 대가 산정 의무 부과(전송용량, 이용기간, 부가통신사업자의 사업규모, 사용량/기간 할인율, 기존 계약 산정 방식 등 종합적 고려) · 망 이용계약 체결을 거부하거나 정당한 대가의 지급을 거부하는 행위 금지
박성중 의원 (국민의힘, '22.4.14)	· 일정규모 이상의 부가통신사업자의 망이용계약 체결 의무 부과 · 차별적 계약 또는 일방 이익의 부당한 침해 금지
윤영찬 의원 (민주당, '22.9.8)	· 기간통신사업자와 전기통신사업법 제22조의7에 따른 부가통신사업자에게 의무 부여 · 기간통신사업자는 정보통신망 이용 또는 제공에 있어 불합리하거나 차별적인 조건 또는 제한을 부당하게 부과 금지 · 부가통신사업자는 정보통신망 이용 또는 제공에 관한 계약 체결 부당 지연, 거부, 정당한 대가 지급 거부 금지 · 기간통신사업자는 정보통신망 이용 또는 제공에 관한 계약 체결 과정에서 요금, 조건 등의 중요 사항 설명, 고지 의무, 거짓 설명 또는 고지 불가

출처: 국회의안정보시스템(FY 2020~2022)

를 내지 않고 있다는 결론을 경실련에 전달하였다.[143]

---

143 장우정, [단독] 공정위, 넷플릭스 우월적 지위 이용해 망 사용료 무임승차, 비즈조선, 2021.12.22.

셋째, 국회 과학기술정보방송통신위원회(과방위) 소속 의원들을 중심으로 대형 플랫폼사업자의 무임승차를 방지할 목적으로 국회에서는 여러 의원들이 발의가 이어지고 있다. 2022년 10월 현재 총 7개의 법안이 계류 중에 있다. (표 20 참조)

2022년 4월 21일, 국회 과학기술정보방송통신위원회가 인터넷 제공 사업자(ISP)의 통신망을 이용하는 대가로 콘텐츠사업자(CP)가 망 이용계약을 체결하도록 하는 '망 무임승차 방지법' 혹은 '망 사용료법'으로 불리는 전기통신사업법 개정안 의결을 보류했다. 주무부처인 과학기술정보통신부와 방송통신위원회의 입장 정리를 거쳐, 관련 전문가를 비롯해 사업자 등을 불러 의견을 취합하고 법안 처리 속도를 높이자는 취지다. 당시 과방위는 공청회를 개최할 것을 합의한 바 있었다. 이 합의를 근거로 2022년 9월 30일 공청회가 열렸으나 원론적인 주장을 되풀이하며 별다른 합의점을 도출하지 못했다는 평가를 받았다.[144] 향후 2차 공청회가 열릴 수 있다는 보도가 있으나 아직 미정이다.

2022년 9월 21일, 구글 유튜브는 한국 크리에이터들에게 국회에서 논의 중인 망 무임승차법(안)에 대한 반대 서명에 동참해 줄 것을 요청했다. 오픈넷은 "망 중립성 수호 서명운동"을 추진하여 2022년 10월 22일 기준 262,500명 이상이 서명에 참여하였다.[145]

구글의 커텀 아난드 유튜브 아태지역 총괄 부사장은 공식블로그를

---

144 뉴시스, 망사용료'法 국회 첫 공청회 열렸지만…"해묵은 쟁점만 공회전", 2022.9.21.

145 opennet.or.kr

통해 "인터넷과 유튜브에 기반하여 비즈니스를 영위하고 있는 창작 커뮤니티는 동 법안 통과시 비즈니스가 망가지거나 피해를 입을 수 있다"고 주장하였다. 이후 여러 크리에이터들의 망 사용료 관련한 콘텐츠를 만들어 올리면서 사회적 관심이 매우 높아졌다.[146]

2022년 9월 30일, 아마존닷컴이 보유한 세계 최대 게임방송 플랫폼 트위치는 망 사용료 부담으로 인해 한국만 화질을 낮춘다는 발표를 하면서 망 이용대가 논란을 더욱 확산시킨 바 있다. 이와 같은 일련의 과정은 망 이용대가를 둘러싼 정책 형성 과정에서 이해관계자 간의 매우 치열한 투쟁이 벌어지고 있는 상황이다.

---

146 2022년 10월 20일, 한국방송학회 등 3개 학회 주최로 열린 세미나에서 로슬린 박사(Dr. Roslyn Layton)가 주장한 초국가적 행동주의 개념은 현재 입법을 막기 위해 여론을 움직이고 있는 구글의 움직임을 설명하는데 매우 설득력이 있다. 즉 구글이 미국, 유럽, 인도에서 했듯이 자사에 이익이 되는 방향으로 정책 및 입안을 이끌기 위해 조직적으로 여론을 만들어내고 있으며 기획적이고 하향식 여론이라는 점에서 문제가 있다는 주장이다.

CP 과금(망 비용 분담 관련)
해외 주요국 동향

한국에서 진행된 소송의 결과에 대해 해외 주요국들이 주목하기에 충분하였다. 특히 EU 회원국을 포함한 유럽 국가의 통신사업자들 중심으로 빅테크들의 망 이용대가 분담을 촉구하는 움직임이 활발해졌다.

첫번째는 유럽의 통신사업자들이 규제기관에 빅테크의 망 이용대가 부담을 촉구하는 성명서를 발표한 것이다. 2022년 2월 14일, 독일 도이치텔레콤의 팀 회트게스 대표, 영국 보다폰의 닉 리드 대표, 스페인 텔레포니카의 호세 마리아 알바레스팔레테 대표, 프랑스 오렌지의 스테판 리차드 대표 등 유럽 각국을 대표하는 통신사 수장들이 EU의회 의원들에게 서한을 보내 빅테크 기업들이 인터넷 인프라 확장에 더 많은 기여를 하는 법을 만들어달라고 촉구하는 성명서를 발표하였다.

둘째, EU의 선발통신사업자연합회(European Telecommunications Network Operators' Association, ETNO)의 요청으로 Axon은 유럽연합의 인터넷 트래픽을 둘러싼 분쟁 문제와 이를 해결하였을 때 얻을 수 있는 사회경제적 편익에 관한 보고서를 발표하였다.[147] Axon은 본 사안의 핵심적 원인을 ① 거대 CP와 개별 국가 ISP간의 비대칭적인 협상력(Asymmetric bargaining power of the players involved)과 ② 이러한 불균형을 균형으로 맞춰줄 수 있는 규제 환경을 갖춘 동등한 장을 마련해 주지 못한 것(Lack of a level regulatory playing field)이라고 진단하였다.

비슷한 시기인 2022년 5월, GSMA는 "The Internet Value Chain"이라는 보고서를 통해 인터넷가치사슬이 연간 15%씩 지속적으로 증가하는 상황에서 ISP와 CP간 수익성에서의 불균형은 다양한 분야에서 문제가 될 수 있음을 주장하였다. 즉 인터넷 가치사슬이 강력하게 성장하고 있지만 이익과 수익은 주로 온라인 서비스 부문의 플레이어에게 유입되는 반면, 이러한 서비스를 뒷받침하는 연결 인프라를 구축 및 실행하는 통신사업자는 예상만큼 큰 이익을 가져가지 못함을 지적하는 보고서였다.

이런 보고서가 회람 되자 EU 정치권에서도 관련한 반응이 등장하였다. 즉 이들 보고서는 EC 위원들의 반응을 이끌어 내었고, 유럽연합에서 이 논의가 본격적으로 시작되는 상황인데 이는 일종의 정책

---

147   Axon Partners Group, Europe's internet ecosystem: socio-economic benefits of a fairer balance between tech giants and telecom operators, May 2022

의 창(Policy Window)[148]이 열리는 것으로 볼 수 있다.

예를 들면, 2022년 5월, EU 역내시장 위원(internal market commissioner)인 Thierry Breton은 EC가 콘텐츠를 많이 유발하는 플랫폼사업자가 통신망 비용에 기여할 수 있도록 하겠다고 언급하고, 2023년 말까지 신규 법안을 제안할 것을 언급하였고, 2022년 9월에는 2023년 1사분기에 Big Tech의 망 투자 분담에 관한 자문(Consultation) 실시하겠다고 하여 매우 구체적인 일정을 밝힌 바 있다. 이 자문은 약 5~6개월 소요될 것으로 알려진다.[149] 빅테크의 망 이용대가 기여에 관해 주목해야할 또 한 인물은 공정정책 및 정보통신정책에 큰 영향을 주고 있는 Margrethe Vestager 위원이다. 2022년 5월, Margrethe Vestager는 Big Tech가 유럽 통신망 투자 비용에 대한 기여를 해야 할 것으로 언급한 바 있는데, 이는 정책결정자인 EC 위원들이 이전에는 관심을 두지 않았으나 앞서 ETNO 등의 기관들이 발표한 보고서나 언론과의 인터뷰 등을 통해 새로운 문제에 주의를 기울이고 의견을 표했고 이는 곧 EU 전체의 정책 방향을 제시했다는 점에서 의

---

148 Kingdon의 이론으로 '정책의 창'은 '정책주창자들이 그들의 관심대상인 정책문제에 주의를 집중시키고, 그들이 선호하는 대안을 관철시키기 위해서 열리는 기회'를 의미한다.

149 "Last week, EU internal market commissioner Thierry Breton announced that the European Commission will make content-heavy platforms contribute to the cost of telecom networks. This initiative is based on the principle that market actors benefiting from the digital transformation should make a fair contribution to the costs of infrastructure for the benefit of all Europeans. The new legislation will be presented before the end of 2022." (출처: Laura Kabelka, While internet value chain grows, telecom operators lag behind, Euractiv, 2022.5.17.) Mathieu Rosemain and Foo Yun Chee, EU to consult on making Big Tech contribute to telco network costs, Reuters, 2022.9.9.

의가 있다.[150]

비슷한 시기 유럽의회의 의원 9명은 Ursula Von der Leyen 집행위원장, Thierry Breton, Margrethe Vestager에게 서한을 보내 네트워크 인프라를 이용하여 가장 많은 트래픽을 유발하는 사업자가 공정하고 비례적으로 비용 충당에 기여해야 한다고 촉구하였다.[151]

또한 GSMA의 José María Álvarez-Pallete는 정치권에서 이 사안에 관심을 가져준 것을 환영한다는 메시지를 표한 바 있는데 역시 같은 맥락으로 이해된다. 이렇게 되면 유럽연합 차원에서 정책 의제로 설정되고 이와 관련한 다양한 이슈가 다루어질 것이며 이해관계자들의 정책 경쟁이 불가피해 질 것으로 예상된다.

미 의회의 빅테크에 대한 보편적서비스 기금 부담 법안 발의

2021년 9월, 미국 공화당의 로저 위커, 셸리 무어 캐피토, 토드 영 상원의원은 '안정적 기여를 통해 저렴한 인터넷을 만들기 위한 자금 조달법'(Funding Affordable Internet with Reliable Contributions Act)을 공동 발의하였다.

공화당은 각 단어의 앞 문장을 따 '인터넷에 대한 공정(FAIR) 기여법'으로 명명했다. 이보다 앞서 브렌던 카 연방통신위원회(FCC) 상임위원이 빅테크 기업의 보편서비스 기금(USF) 부과에 대한 필요성

---

150 Foo Yun Chee, EU's Vestager assessing if tech giants should share telecoms network costs, Reuters, 2022.5.2.

151 Mathieu Rosemain and Foo Yun Chee, EU to consult on making Big Tech contribute to telco network costs, Reuters, 2022.9.9.

을 제기한 이후 공화당이 당론으로 채택한 것이다. 민주당도 빅테크 규제에 한 목소리를 내고 있는 상황이어서 법률안 통과에 탄력이 붙을 것으로 전망된다. 법률안은 구글, 애플, 페이스북, 아마존, 넷플릭스 등 빅테크 기업을 '인터넷서비스제공사업자'(ISP, 통신사)와 대비되는 '인터넷종단사업자'(Internet Edge Provider)로 정의한다. 기존 콘텐츠제공사업자(CP) 개념에서 확장해 인터넷 생태계 구성 요소로서 지위와 이용책임을 명확하게 규정하기 위한 새로운 정의라는 특징을 가진다.[152]

동 법률안에 따르면 FCC(Federal Communications Commission)는 빅테크 기업의 의견 청취 절차 등을 거쳐 디지털광고 및 사용자 수수료 등 수익원을 파악해 보편 기금 부과 체계의 공정성, 빅테크 기업의 보편 기금 분담 체계 등을 조사해서 보편 기금 분담 절차와 분담액 기준 등을 마련하도록 하고 있다. 제도 개편으로 소수민족, 저소득·고령 소비자에게 미칠 영향과 제도 개편을 위해 필요한 현행법 변경 사항 등을 종합 검토하도록 했다.[153]

그리고 2022년 9월 26일, 브랜던 카(Brendan Carr) 미국 연방통신위원회(FCC) 의원이 유럽연합(EU) 의원과 만나 예전과 다른 상황에서 빅테크의 공정한 기여가 필요하다고 기조연설한 것이 알려졌다.[154]

---

152 (4) EDGE PROVIDER.—The term "edge provider" means a provider of online content or services, such as a search engine, a social media platform, a streaming service, an app store, a cloud computing service, or an e-commerce platform.

153 박지성, 美 의회, "빅테크 기업에 보편서비스 기금 부과", 전자신문, 2021.9.13.

154 Carr argues that "Big Tech has been enjoying a free ride on our Internet infrastructure

반면 구글은 같은 자리에서 이에 대해 분명한 반대 의사를 명확하게 한 것으로 알려진다. Matt Brittin(President of Google's EMEA business and operations)은 발신자 과금 방식(sender-pays principle) 도입은 새로운 정산 방식이 아닐뿐더러 구글은 이미 상당한 네트워크 투자를 통해 ISP들의 네트워크 부담을 덜어주고 있다고 주장한 것으로 알려진다.[155]

---

while skipping out on the billions of dollars in costs needed to maintain and build that network."(출처: Jon Brodkin, As ISPs seek payments from Big Tech, Google criticizes "sender-pays" model, Arstechnica, 2022.9.27.

155 이 주장을 생각해 보면 ISP의 CP에 대한 요금 부과가 발신자 과금으로 이해하고 있는 것으로 보인다. 그러나 국내에서 논의되는 망 이용대가는 요금 즉 공중인터넷 망에 액세스할 때 지불하는 것이라는 점에서 차이가 있다. 향후 양측의 논의 과정에서 망 이용대가의 실체에 대한 합의 도출이 필요한 이유라고 생각된다. 이런 차원에서 다음과 같은 표현은 시사하는 바가 크다. 즉 유상 피어링 또는 액세스 요금은 방향성과는 무관한 네트워크라는 자원 이용에 대한 반대급부라는 점이다. "For supplementary Paid Peering and for transit, payment is made on the basis of the capacity provided at the POI. These costs are independent of where the traffic originates and terminates." (출처: Karl-Heinz Neumann 외, Competitive conditions on transit and peering markets Implications for European digital sovereignty, WIK-Consult, 2022.2.28.)

9

궁금한 점
다시 보기

SKB-넷플릭스 소송을 계기로 인터넷 상호접속, CP-ISP간 망 연결 시장에 대한 관심이 많이 높아졌다. 이해관계자뿐 아니라 정책을 수립, 집행해야하는 정부, 입법을 담당하는 국회, 언론, 시민단체, 학계와 연구기관 등 많은 이들이 숨겨진 이 시장에 대해 이해하고자 한다.

문제는 이 시장은 네트워크를 구축·운용해오던 전문가들만이 관여해왔고 관행과 업계의 이해관계 하에서 자연스럽게 형성되어온 시장이기 때문에 알려진 정보가 적고, 다양한 기술적 요소와 이론들이 난무하면서 많은 혼선을 빚고 있다. 실제 논의 과정에서 정확한 근거 없이 일방적 주장만 쏟아지는 주제들이 많아져 독자들을 위해 몇 가지 질문을 던지고 답을 하는 방식으로 "다시 보기"를 하려 한다.

인터넷은
공짜다?

그렇지 않다. 인터넷은 네트워크를 구축하고 운용하는데 비용이 발생한다. 그렇다면 이에 상응하는 비용을 누군가는 지불해야 한다. 바로 인터넷을 통해 의사소통을 하거나 정보를 교환하는 양 끝의 이용자(End User)가 요금을 지불해야 한다. 여기서 양 끝의 이용자는 개인, 가정, 기업, CP, AP가 해당한다. 공중인터넷 망에 접근해야만 이미 공중인터넷 망에 접근해 있는 다른 이용자와 의사소통이나 정보교환이 가능하기 때문이다.

그래서 모든 양 끝의 이용자는 공중인터넷 망에 접근하는 물리적인 모양은 다양할 수 있지만 적어도 처음 만나는(즉 자신이 가입하여 요금을 지불해야 하는) ISP/CDN에게 최소한 한 번의 요금은 지불해야 한다.

그것이 트랜짓 요금(Transit fee)이 될 수도 있고, 유상 피어링일 수

표 21. 최종이용자와 CP 각자 ISP에게 가입하여 이용(원문)

"End-users buy connectivity services from Internet Service Providers (ISPs) in order to be granted access to the services and content provided or sold by Content and Application Providers (CAPs). Traditionally, fixed and/or mobile telecom operators and cable operators act as local access providers or terminating ISPs Terminating ISPs assure their access to the global Internet by paying a transit provider and/or investing in Peering capacity.
At the other end, CAPs also need to connect to the Internet by paying an access and/or transit fee to the local-access network operators or to global ISPs specializing in Internet transit services. CAPs may alternatively opt to buy content delivery services and caching capacity from commercial, independent CDN providers, or even invest in and roll out their own Content Delivery Networks. E.g. 넷플릭스's Open Connect, Google Global Caches, Amazon's CloudFront. Reportedly, Apple is also building its own CDN to manage its growing iCloud service usage, as well as hosting and delivering content from the iTunes and App Stores, both streamed and downloaded.

출처: Gregory Pankert 외 2인(Arthur D. Little, 2014)

도 있고, 초고속인터넷 요금일 수도 있다. 참고로 CDN은 CP로부터 요금을 받은 후 Local(특정 국가)에서 서비스를 제공하는 ISP에게 착신에 따른 대가를 지불한다.[156] CP로부터 받은 요금의 일부를 ISP에게 지불하는 것이다. 그 이유는 망이 없는 CDN이 최초로 직접 만나는 ISP가 바로 Local ISP이기 때문이다.

넷플릭스가 구축, 운용 중인 OCA라는 CDN이 다른 ISP를 거치지 않고 한국이라는 Local 국가에서 처음 만나는 ISP가 SKB이기 때문에 SKB는 그에 따른 요금을 달라고 하는 것이다. 바로 Access fee 즉 요금이다.

---

156 주의할 것은 대형 CP가 자체 구축한 CDN이 Local ISP와 연결할 때는 CDN 트래픽을 최종이용자를 보유한 ISP로 착신 기능을 수행한다. 그런데 이때 CDN이 만나는 첫 ISP가 착신측 ISP이기 때문에 액세스 요금 또는 유상 피어링으로 정산하는 것이다.

2022년 9월 20일, 개최된 국회 과방위 망 이용대가법 공청회에서 ISP에게 지불하는 요금을 "통행세(Toll fee)"라고 표현하고 있는데 이는 잘못된 표현이다. 일반 초고속인터넷이용자가 ISP에게 요금을 내는 것을 통행세라고 표현하는가? 마찬가지이다. CP/AP가 ISP에게 망 이용에 따른 반대급부 차원에서 지불하는 것은 "요금"으로 표현하는 것이 맞다. 해외에서 작성된 보고서들이나 문헌들에서도 "Access fee"나, 유상 피어링에 따른 대가 지불을 통행세로 표현하는 경우는 없다.

Free Peering은
망이 공짜라는 뜻인가?

그렇지 않다. SKB-넷플릭스 간 분쟁이 수면위로 떠오르면서 가장 혼란을 주었던 개념 중 하나가 "Free Peering"이라는 표현이다. "Free"라는 단어 때문에 ISP-ISP 또는 CP-ISP간 피어링 방식으로 네트워크를 연결하면 무료 내지 공짜라는 주장이 있었고 그렇게 받아들여지기도 하였다.

그러나 실상은 전혀 그렇지 않다. 피어링을 하되 "Free"라는 의미는 물리적인 네트워크를 연결한 후 당사자간에 정산을 목적으로 현금(Cash)을 주고 받지 않지만, 망 연결로 인해 상대방에게 자사의 망 자원을 서로 제공하고 그것으로 정산이 이루어졌다고 상호 인정하는 것을 말한다. 보다 정확한 표현은 "현물 거래(Barter)"[157]를 하

---

157 "Internet networks have contracts that govern the terms under which they pay each

그림 62. 교환 트래픽의 대가는 0(zero)이 아니라는 원문

X-------------Y-=-=-=-=-=-Z

Under peering, two interconnecting networks agree not to pay each other for carrying the traffic exchanged between them as long as the traffic originates and terminates in the two networks. Referring to the diagram above, if X and Y have a peering agreement, they exchange traffic without paying each other as long as such traffic terminating on X originates in Y, and traffic terminating on Y originates in X. If Y were to pass to X traffic originating from a network Z that was not a customer of Y, Y would have to pay a transit fee to X (or get paid a transit fee by X, i.e., it would not be covered by the peering agreement between X and Y).

Although the networks do not exchange money in a peering arrangement, the price of the traffic exchange is not zero. If two networks X and Y enter into a peering agreement, it means that they agree that the cost of transporting traffic from X to Y and vice versa that is incurred within X is roughly the same as the cost of transporting traffic incurred within Y. These two costs have to be roughly equal if the networks peer, but they are not zero.

출처: Majumdar, S. K., Vogelsang, I., & Cave, M. (Eds.). (2005).

고 현금 정산을 하지 않는다는 의미이다.

상대방의 네트워크 이용을 하면서 현금 교환이 이루어지지 않는 것이 공짜라는 뜻이 아니라는 것은 그림 62에서 보는 Majumdar, S. K., Vogelsang, I., & Cave, M. (Eds.). (2005)의 책에 명확하게 적시하고 있다. 자사 서비스의 완성을 위해 타인의 자원을 이용하는 것의 반대급부는 대가지불인데 그 정도가 유사하여 서로 현물(물리적인 네트워크)을 주고 받은 방식으로 정산한 것을 표현한 것이 "Free Peering"이다.

---

other for connectivity. Payment takes two distinct forms: (i) payment in dollars for "transit"; and (ii) payment in kind (i.e., barter, called 'peering')."(출처: Economides, N. (2005). The economics of the Internet backbone. NYU. Law and Economics Research Paper, (04-033), 04-23.)

접속과 전송은
별개다?

그렇지 않다. 공중인터넷 망에 접근하는 것과 전송하는 것은 구별

되는 개념이 아니다. 공중인터넷 망에 접근하여 ISP가 DHCP(Dynamic

Host Configuration Protocol)[158]를 통해 IP 주소를 할당하여 인터넷 애

플리케이션(예: 웹브라우저를 통해 네이버 홈페이지를 연 것을 의미)을

여는 순간 이미 패킷통신은 이루어져 접근과 전송은 동시에 이루어

지고 있는 것이다.

---

158 IP 주소와 같은 TCP/IP 통신을 수행하기 위한 네트워크 구성 파라메터들을 동적으로 설정하기
위해 사용되는 표준 네트워크 프로토콜이다. 네트워크 관리자는 ISP로부터 할당 받은 주어진 주소 블
록 내에서 해당 기관의 호스트들에 IP 주소를 할당하고 관리해야 한다. 이를 위해 수많은 호스트마
다 IP주소를 할당하고, 호스트 이동시 새로운 주소를 설정해 주어야 한다. 이때 DHCP를 이용하면 네
트워크 관리자들은 이러한 작업을 수동으로 수행하지 않고 자동으로 관리할 수 있는데, DHCP는 호
스트가 네트워크에 접속하고자 할 때마다 IP를 동적으로 할당받을 수 있도록 한다. 두산백과 DHCP [
Dynamic Host Configuration Protocol] https://terms.naver.com/entry.naver?docId=2835899&c
id=40942&categoryId=32851

왜냐하면 내가 애플리케이션을 클릭하면 전송하고자 하는 정보(소위 payload)[159]는 전송과 관련된 정보가 포함된 헤더가 부착이 되고 이렇게 만들어진 패킷은 목적지 주소에 해당하는 IP를 따라 서버를 찾아가고 서버는 관련 콘텐츠를 이용자의 단말기까지 보내준다. 공중인터넷 망에 접근했다는 것은 곧 패킷 전송을 위한 길을 내었으며 그 길로 패킷 전송은 헤더 정보에 따라 자동적으로 이루어지고 있음을 의미한다. 그렇다면 왜 ISP는 트래픽이 증가하는데 따른 요금을 더 내라고 하는가? 이 요구사항에 대해 전송 개념을 분리하여 설명하는 측과 구분이 어렵다는 측은 이해를 달리한다.

일단 양자를 분리하는 측은 접속료 즉 처음 공중인터넷 망에 접근할 때 내는 요금은 내야 한다고 인정한다. 그러나 트래픽이 증가하면서 요금을 더 달라고 하는 것은 전송료에 해당하기 때문에 이를 인정하면 안 된다고 주장한다. 그 이유는 인기 있는 콘텐츠를 보유한 자는 결국 더 많은 전송료를 내야하고 그렇게 되면 창의적이고 바람직한 콘텐츠 양산을 포기하기 때문에 인터넷은 사실상 형해화(形骸化) 된다. 그리고 이러한 요금 기제는 표현의 자유를 억제한다고 본다.

그런데 이는 논리적인 비약이 있다. 일단 트래픽이 늘어남에 따라 ISP가 요금을 더 달라고 하는 것은 왜 그럴까? CP의 서버를 ISP가 IDC에 수용하고 있든지 CP가 관장하는 AS내 서버군과 ISP가 BGP 연

---

159 페이로드(payload)는 사용에 있어서 전송되는 데이터를 뜻한다. 페이로드는 전송의 근본적인 목적이 되는 데이터의 일부분으로 그 데이터와 함께 전송되는 헤더와 메타데이터와 같은 데이터는 제외한다. (출처: Wikipedia, 페이로드)

표 22. 최종이용자와 CP가 각각 요금을 지불하는 것을 표현한 Tim Wu 논문의 원문

"it has maintained a pricing structure that is unique among information networks: users and content providers typically pay ISPs access fees—fixed fees to get on the Internet at all—and usage fees—variable fees paid based on time or bandwidth usage"

출처: Lee, R. S., & Wu, Tim. (2009)

동을 하든지 어떠한 경우라도 트래픽이 증가하면 양자간에 패킷이 지나갈 대역폭(Bandwidth, Port)을 확대해야만 정체없이 원활한 소통이 이루어진다. 도로에 비유하는 경우가 많은데 도로폭을 넓히는 것과 같다. ISP는 대역폭(다른 표현으로 속도)이 확대되면 요금이 증가되므로 그것을 더 달라는 것이다.

유선초고속인터넷이용자도 100Mbps 회선과 1Gbps 회선 중 후자가 더 요금이 높은 것에 대해서는 다른 문제 삼지 않는다. 마찬가지로 CP가 1Gbps 대역폭의 Port를 이용하다가 트래픽이 증가하여 10Gbps port로 증속을 하면 요금을 더 지불하게 되는 것이다. 그런데 여기서도 여전히 접속과 전송은 분리되지 않고 대역폭이 곧 접속과 전송의 기능이 통합되어 제공된다.

앞서 설명한 바와 같이 CP가 ISP의 인터넷 접속서비스를 이용할 때 접속 또는 액세스(access)라는 표현을 사용하였다. 이때 액세스는 전기통신서비스를 이용하기 위해 공중통신망에 물리적 회선을 연결해 주는 것과 전기통신서비스를 이용하는데 필요한 모든 망 자원을 제공하는 것을 의미한다. 곧 우리나라 전기통신사업법 상의 "이용"과 그 의미가 동일하다. 이 때문에 접속과 전송 구별은 물리적/기능적/

전기적으로 불가능하다.

요약하면 첫째, 인터넷 망을 통한 의사소통 서비스를 제공할 때 ISP는 접근과 전송을 분리하여 제공하지 않고 물리적으로도 분리할 수 없다. 둘째, 따라서 전송료라는 것은 존재하지 않으며 ISP가 트래픽 증가에 따라 요금을 더 달라고 요구하는 것은 대역폭 증가 즉 속도가 높아짐에 따른 것으로 우수한 품질의 상품을 사용하면 요금이 더 나가는 것은 자연스러운 현상이다.

CP에게 과금하는 것은
망 중립성 위반인가?

그렇지 않다. 일부 시민단체에서는 2010년 FCC 망 중립성 명령서 paragraph 67을 근거로 "망 중립성이 전송에 대한 과금을 금지한다는 것은 명확하다. 우선처리 대가와 단순처리 대가를 구분하지 않는다"고 주장한다.[160] 그런데 이 주장은 명령서의 맥락을 잘 이해하지 못한 것으로 보인다. 그 이유를 살펴본다.

아래에서 보듯이 해당 단락 67(paragraph 67)는 차단금지(No Blocking) 단원에서 등장하고 있다.

그리고 단락 67(paragraph 67)의 의미를 정확히 이해하려면 앞의 단락들을 이해할 필요가 있다. 단락 67(paragraph 67)에 따르면 ISP가

---

160 오픈넷(Opennet), '망이용료' 논쟁 팩트체크 2.0, 2021.12.28.(https://www.opennet. or.kr/20414)

표 23. 미국 FCC 망 중립성 명령서 중 차단금지와 CP 과금에 대한 입장 원문(FY 2010)

C. No Blocking and No Unreasonable Discrimination

1. No Blocking

64. The phrase "content, applications, services" refers to all traffic transmitted to or from end users of a broadband Internet access service, including traffic that may not fit cleanly into any of these categories. The rule protects only transmissions of lawful content, and does not prevent or restrict a broadband provider from refusing to transmit unlawful material such as child pornography.

67. Some concerns have been expressed that broadband providers may seek to charge edge providers simply for delivering traffic to or carrying traffic from the broadband provider's end-user customers. To the extent that a content, application, or service provider could avoid being blocked only by paying a fee, charging such a fee would not be permissible under these rules.

출처: FCC(2010)

"단순(simply)" 트래픽 전달인 ISP 가입자(이용자)로부터 CP에게로 트래픽을 전송하는 것을 이유로 대가를 부과하는 것에 대한 우려가 있다고 하면서, ISP가 그러한 서비스에 대해 CP들이 요금을 납부해야만 차단을 하지 않겠다고 하면 그런 요금 부과는 차단금지 규정에 따라 허용되지 않는다는 것이다.

이는 일부 트래픽 처리 기능만을 제공하는 ISP가 모든 트래픽을 처리해 주는 조건으로 돈을 달라고 하는 것은 차단에 해당하기 때문에 요금을 부과하는 것이 불가하다는 의미이므로 앞서 제시한 미국의 망 중립성 규제는 우선처리 대가와 단순처리 대가를 구분하지 않고 금지한다는 해석은 잘못된 것이다. 왜냐하면 ISP가 처리하고 요금을 받을 수 있는 서비스(즉 인터넷 액세스 서비스)는 합법적인 "모든" 트래픽, 최종이용자로부터 오는 트래픽 "전부"를 의미하기 때문이다. (단락 64 참조)

표 24. 미국 FCC 망 중립성 명령서 중 차단금지와 CP 과금 관련 주석 원문(FY 2010)

Footnote 209 We do not intend our rules to affect existing arrangements for network interconnection, including existing paid peering arrangements.

출처: FCC(2010)

다시 말하면 ISP가 불완전한 서비스를 제공(일부 트래픽은 차단된 상태)하면서 만일 완전한 서비스 즉 모든 트래픽 처리를 조건으로(추가된) 요금을 요구하는 것은 허용되지 않는다는 의미다.

그리고 CP와 ISP는 품질과 트랜짓 요금(Transit fee) 절감을 위해 피어링 그 중에서도 유상 피어링을 하는 경우가 많다. 더불어 CDN 사업자도 그러하다. 이때 CP나 CDN이 유료 정산을 기반으로 한 유상 피어링은 공중인터넷 망에 접근하기 위해 지불하는 Access fee이기 때문에 망 중립성 규제에서 문제 삼는 착신독점력을 기반으로 한 웃돈 요구도 아니다. 미국 FCC는 2010년 망 중립성 명령서 paragraph 67에 부연한 주석 209에서 차단금지 관련 망 중립성 규제가 당시 시행 중인 IP 상호접속이나 유상 피어링 계약에 영향을 주지 않는다고 명시하고 있다.(표 24) 즉 모든 트래픽처리가 아닌 것을 전제로 한 피어링 계약을 하되 대가를 주고 받는 것에 대해서는 paragraph 67 적용도 안 된다고 하고 있다.

한편 2017년 미국에서 망 중립성 규제가 폐지되자 2018년 캘리포니아 주에서는 망 중립성 규제를 담은 법안이 통과되었다.(SB No. 822 T.He 15 Internet Newtrality) 동법에는 "Delivering Internet traffic to, and carrying Internet traffic from, the Internet service provider's end

표 25. 미국 캘리포니아 망중립성 법 원문

Senate Bill No. 822 TITLE 15. Internet Neutrality
3101. (a) It shall be unlawful for a fixed Internet service provider, insofar as the
provider is engaged in providing fixed broadband Internet access service, to
engage in any of the following activities:
(3) Requiring consideration, monetary or otherwise, from an edge provider,
including, but not limited to, in exchange for any of the following:
(A) Delivering Internet traffic to, and carrying Internet traffic from, the Internet
service provider's end users.

출처: https://leginfo.legislature.ca.gov/faces/billNavClient.xhtml?bill_id=201720180SB822

users"라는 조항이 있다. 유선 ISP가 상기 표현에 해당하는 행위를 이
유로 유상을 요구하면 망 중립성 위반이라 하여 CP 과금불가의 근거
로 인용되고 있다. 사실 상기 표현은 착신 ISP가 이미 요금을 지불한
CP에게 자사 가입자에게 착신시켜 주는 것을 이유로 돈을 요구하면
안 된다는 의미로 요금 또는 access fee와는 무관한 조항이다.

이미 설명하였지만 한 가지 더 추가하면 FCC의 공문서를 통해서
도 확인 할 수 있다. 2015년 FCC의 망 중립성 명령서와 2016년 FCC
의 Charter 합병승인명령서를 살펴보면 망 중립성 규제와 CP 과금
간에는 상관이 없음은 더욱 확실히 알 수 있다. 2010년 제정한 망 중
립성 명령서가 법원에 의해 무효 결정이 났는데 그 주요 원인이 인
터넷에 대한 FCC의 관할권이 없어서였다.

이에 FCC는 2015년 개정 망 중립성 명령서를 발표할 때 망 중립성
규제 집행력 확보를 위해 관할권 문제를 원천적으로 해소할 방안으
로 ISP를 Common Carrier로 재분류하였다. 우리나라 전기통신사업
법 차원에서 해석하자면 초고속인터넷서비스를 기간통신역무로 재

표 26. 미국 FCC의 Charter 합병승인명령서 중 IP 상호접속관련 조건 원문(FY 2016)

456. Settlement-Free Interconnection and Related Disclosure Requirements. We find that New Charter's share of wired nationwide BIAS subscribers and its control of interconnection traffic will give it sufficient power in the interconnection market to raise prices, and to cause harm to video competition by impairing rival OVDs. To prevent harms and to protect OVD competition, we determine that conditions are necessary. We condition the transaction on a modified version of the Applicants' offer of settlement-free interconnection.

출처: FCC(2016)

분류한 것이다.

2015년 망 중립성 명령서는 ISP의 트래픽 차단, 트래픽 조절, 대가에 의한 특정 트래픽 우선처리 행위(이를 소위 3 Bright Rule이라고 칭한다)를 명백히 금지하였다. 그리고 2015년 망 중립성 명령서에는 CP, CDN, IBP, ISP가 연결하는 행위 즉 IP Interconnetion에는 망 중립성 명령서가 적용되지 않는다고 하여 ISP의 CP 과금과 망 중립성 규제가 양립할 수 있음을 명시하고 있다. 이런 맥락을 고려하면 Charter에 대한 합법승인조건 부과가 충분히 납득이 될 수 있다. 만일 망 중립성 규제에 따라 CP의 ISP에 대한 대가 지불이 금지될 수 있었다면, Charter 및 피인수 ISP들은 아예 망 이용대가를 CP, CDN에게 부과할 수 없었을 것이다. 따라서 FCC는 Charter에 대한 합병승인조건으로 "프로그래밍사업자(CP)에 대한 New Charter의 망 이용대가 부과 금지"를 제시할 이유가 없었을 것이다.

왜냐하면, 이미 망 중립성 명령에 따라 Charter가 CP에게 과금할 수 없기 때문이다. 그러나 실제 합병승인조건을 보면 FCC는 당시 Charter와 망 연동을 하고 있거나, 연동할 OTT/CDN사업자와 연동을 시행할 때 대가를 부과하지 못하도록 하는 소위 상호무정산 연동(Free-settlement Peering)을 인가조건으로 부과하였다.

당시 합병승인을 얻어내기 위해 FCC와 협의하던 Charter가 합병 승인을 얻기 위해 FCC와 협의할 때 Charter는 "합병조건으로 소송에 의해 무효가 될지 여부와 상관없이 3년간 망 중립성 규제 준수를 제시"하였다.

그러나 FCC는 2015년 망 중립성 규제 명령은 이미 발효 중이기 때문에 합병인가조건이 아니더라도 Charter가 준수해야 하는 것으로 합병인가 조건으로 부과하는데 의미가 없다고 판단한 것을 보면 망 중립성 규제가 ISP의 CP 과금을 금지하고 있지 않음을 방증해준다. 실제 이러한 조건을 부과한 것은 달리 말하면 이미 Charter 및 피인수 ISP들은 망 이용대가를 부과하고 있었다는 의미다. 또한, Charter 의 경쟁사업자인 DISH는 "Charter의 공약은 추가 비용, 제로레이팅, 데이터 상한, 망 연동 의무 준수에 국한"되기 때문에 망 이용대가와 무관함으로 적시 한 바 있다. Charter 사건은 망 중립성 규제가 CP의 망 이용대가 지불 불가의 법적, 제도적 근거라는 주장의 부당성을 보여주는 사건이라는 점에서 의의가 있다.[161]

망 중립성 규제가 대가와 관련하여 직접적으로 금지하는 것은 추가 대가를 받고 우선처리해주는 행위(Paid Prioritization)이다. 결국 소위 Access fee 또는 유상 피어링은 네트워크 용량 확대에 따른 대가

---

161 조대근. (2021). 인터넷 망 이용의 유상성에 대한 고찰-미국 인터넷 역사 및 Charter 합병승인조건 소송 중심으로. 인터넷정보학회논문지, 22(4), 123-134.

그림 63. 미국 인터넷 거래 방식의 진화(FY 1998 vs. 2014)

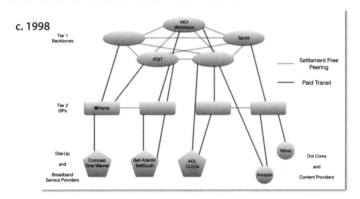

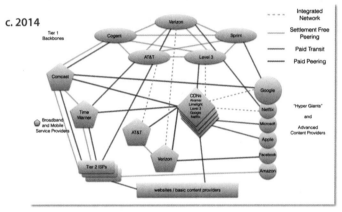

출처: BRET SWANSON(2014)

로 ISP-CP간 자율적으로 협상하여 그 수준을 결정하는 것 문제 없으나 Paid Prioritization은 ISP의 네트워크 조작 후 특정 CP 패킷을 우선 처리해주는 조건으로 추가 대가(Access fee 외)를 받는 것과는 구별하여야 한다. 그림 63에서 보듯이 1998년에는 ISP간에 Transit fee를, 2014년에는 CP, CDN이 ISP에게 Access fee 또는 유상 피어링을 다

표 27. 망 이용대가(요금)과 망 중립성 간의 무관함을 설명한 원문

Traffic discrimination practices are clearly not relevant to the recent paid—peering disputes. The former involve the intentional service degradation of a selected portion of Internet traffic. Peering disputes, on the other hand, represent market—based, content—agnostic disagreements about the price of providing dedicated capacity from one network to another.

출처: Constantine Dovrolis(2015)

수 행하고 있음을 볼 수 있다.

마지막으로 ISP가 CP에게 망 이용대가(요금)을 청구하는 행위는 트래픽을 차별하는 행위와 무관하다는 점에서 역시 망 중립성 원칙을 위배하지 않는다. 앞서 언급한 바와 같이 ISP가 CP에게 요금을 청구하는 것은 특정 트래픽에 우대를 해 주거나 차별하기 위한 의도가 있는 것이 아니다. 오히려 어떤 CP의 트래픽이든지 요금을 내면 공중인터넷 망에 연결을 해주겠다는 의미이기 때문에 그것이 어떤 트래픽인지 상관하지 않는다. 표 27은 조지아 공대 Constantine Dovrolis 교수가 Comcast-Netflix 분쟁 시 FCC에 제출한 보고서의 일부분으로 망 이용대가 부과가 망 중립성 원칙 위반이 무관함을 설명한 내용이다.

CP에게 과금하는 것은
이중과금인가?

그렇지 않다. 한 시민단체는 이중과금에 대해 이렇게 주장한다. "CP든 그 CP의 이용자든 인터넷접속의 구매자가 각자 돈을 내야 한다는 것은 맞지만 각자 자신의 소재지 망사업자에게 내면 되는 것이지 CP가 자신의 데이터가 뿌려지는 곳마다 각각 그 지역의 망사업자에게 돈을 내라는 것은 이중과금이 된다."[162]

다행스럽게도 최종이용자 및 CP는 ISP에게 인터넷접속 구매자가 된다는 점은 동의하고 있다. 이는 "요금(Access fee)를 내야 한다는 점에서는 동의한다"는 의미다.

그런데 CP가 자신의 데이터를 제공하는 곳마다 내면 안된다는 주장인데, 이는 오해하고 있는 부분이다. CP가 착신하는 지역 내 모든

---

162 Opennet, '망이용료' 논쟁 팩트체크 2.0, 2021.12.28.(https://www.opennet.or.kr/20414)

그림 64. 통상적인 CP–End User간 글로벌 차원의 트래픽 전달 과정과 참여자

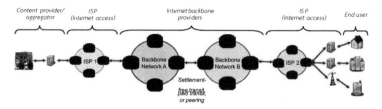

출처: Kende (2011)

ISP에게 요금을 내라는 것이 아니다. CP에게 요금을 내라고 하는 것은 CP가 최초로 접속(access)하는 ISP에게 요금을 내라는 것이다. 그럼 최종이용자는 최종이용자대로 CP는 CP대로 각자가 선택한 ISP에게 요금을 부담하면 된다. 이는 과거 초기인터넷시기에 정확하게 맞아 떨어지는 이용방식이다.

그런데 CDN이 등장하면서 혼란을 겪고 있는 듯하다. CDN은 전세계 특정 지역에 캐시서버(Cache server)를 설치해 두고 오리진 서버(Origin Server)로부터 데이터를 복제하여 저장해 둔다. CDN 사업자는 주기적으로 업데이트하여 이용자 최인근에서 해당 데이터를 제공할 수 있도록 한다. 이때 글로벌 CDN은 어떤 ISP와도 연결되지 않고 해당 국가의 ISP와 직접 접속(peering)을 한다. 이는 CP, CDN이 ISP에게 공중인터넷 망에 액세스하는 하는데 따른 Access fee를 요구받는 것이다. 트랜짓은 모든 사이트에 전달해주는 대신 품질과 대역에 한계가 있지만, CDN을 이용하면 현지 ISP를 통해 액세스하는 것에 따라 Access fee를 내는 것이다. 지불 방식을 CP가 달리 선택하는

그림 65. CDN 콘텐츠 전송 경로(Hot-potato, Cold-Potato, Direct access)

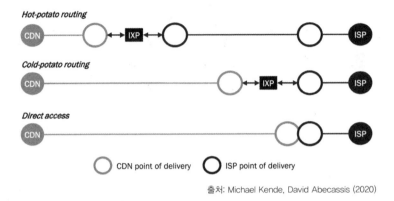

출처: Michael Kende, David Abecassis (2020)

것이지 Access fee를 지불하는 정산 원칙은 달라지지 않았다는 점에 주의할 필요가 있다.

그림 65를 보면 CDN이 Local ISP에 직접 액세스(Direct Access)하는 경우가 있는데 이때는 CDN이 CP의 오리진 서버가 위치한 국가의 ISP가 아닌 Local의 ISP와 처음 연결되므로 이때는 Access Fee를 납부하여 최종가입자로 트래픽을 착신시킬 수 있다.

이러한 연결 방식을 채택한 대표적인 사업자가 넷플릭스와 SKB이다. 넷플릭스의 OCA는 미국 내 어떤 ISP에게도 공중인터넷 망 연결을 이용하지 않고 우회하여 BBIX까지 전용 CDN을 통해 트래픽을 가져오고 거기서 SKB와 프라이빗 피어링을 하였다. 이 연결은 CP인 넷플릭스가 자사 전용 CDN인 OCA를 통해 BBIX에서 SKB와 직접 연결(즉 Access)를 하고 있는 상황이다. 특정 Local ISP의 망 내부에 캐시서버를 설치하는 On Net CDN 방식이 있는가 하면, 넷플릭스

그림 66. 넷플릭스 Open Connect 어플라이언스 개념도(Off-Net vs. On-Net CDN)

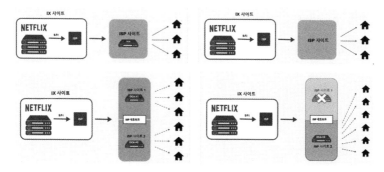

출처: 넷플릭스(2021)

의 캐시서버가 ISP 외부에서 연결되는 Off Net CDN 방식도 있다. 어
떠한 경우이든 Local ISP가 넷플릭스 CDN인 OCA(Open Connection
Appliance)[163]가 처음 만나는 ISP이다.[164]

요약하면 최종이용자와 CP가 각각 ISP에게 Access fee를 지불해야

---

163 Open Connect is the name of the global network that is responsible for delivering 넷
플릭스 TV shows and movies to our members world-wide. This type of network is typically
referred to as a "Content Delivery Network" or "CDN" because its job is to deliver internet-
based content (via HTTP/HTTPS) efficiently by bringing the content that people watch close to
where they're watching it. The Open Connect network shares some characteristics with other
CDNs, but also has some important differences. (출처: 넷플릭스, Open Connect Overview,
2019)

164 일부 주장과 같이 넷플릭스가 미국 ISP에게 Access fee를 내고 한국에는 CDN(OCA)를 거쳐왔기
때문에 Access fee를 이중으로 낼 수 없다는 주장은 설득력이 떨어진다. 왜냐하면 CDN은 트랜짓을
제공할 수 있는 Tier 1사업자를 우회하여 트랜짓 요금을 회피하는 것과 이용자 최인근에 서버를 설치
하여 품질을 제고하는 것이 목적인 네트워크 솔루션인데 미국에서 ISP에게 Access fee를 지불했다는
주장은 CDN의 기본 특성 내지 속성과 불일치하는 주장이기 때문이다. 그림 65(CDN 콘텐츠 전송 경
로)를 보면 착신을 위한 ISP가 접속하기 전 중간에 ISP가 있는 경우가 없다.

한다는 점에서는 이견이 없고 이때는 이중과금의 논란도 없다. 그리고 CDN을 이용하는 경우 Local ISP에게 지불하는 것은 통행세가 아니라 Access fee라는 점에서 이중과금 주장은 잘못된 것이다.

해외 CP에게 과금하면
우리나라 CP도
추가 대가를 내야 하는가?

그렇지 않다. 국내·외 CP는 공중인터넷 망에 접근하기 위해 첫 ISP 또는 CDN에게 1회 Access fee를 부담하는 것은 동일하다. 이를 위해 예를 들어 보자.

우선은 해외 CP가 국내 이용자에게 서비스를 제공할 때 트래픽을 전송할 수 있는 방법은 크게 3가지 정도를 생각할 수 있다.

첫째, CP가 자국 내 ISP에게 요금(access fee)을 지불하는 것이다. 이때 해외 CP가 가입한 ISP는 해외 CP의 트래픽을 계약 조건에 부합하게 전송하면 된다. 트랜짓을 계약하였으면 전 세계 연결성을 제공해야 하고 피어링 계약을 하였으면 해외 ISP가 보유한 라우팅 정보를 교환하면 된다. 이때는 해외 CP와 국내 ISP간의 직접적인 정산 과정이 불필요하다.

둘째, CP가 자국 내에서 영업하는 자국 또는 해외 글로벌

그림 67. 해외 CP의 우리나라 트래픽 전송 중심의 거래 개념도

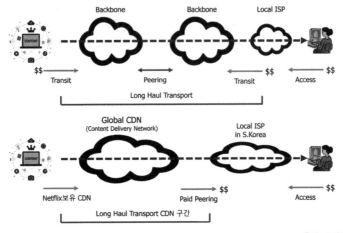

출처: 조대근(2022)

CDN(Akamai, dgio, Amazon CDN etc)에게 요금(access fee)을 지불한다. 그리고 해외 CP를 고객으로 유치한 자국/해외 CDN은 우리나라에 트래픽 착신시키기 위해 우리나라 Local ISP간 협의하여 정산을 하게 된다. 자국 CP로부터 받은 요금의 일부를 Local ISP에게 지불하는 것이다. 이 경우에도 해외 CP는 국내 ISP와의 정산에 참여할 필요가 없다.

마지막으로 해외 CP가 자체 CDN(구글의 GGC, 넷플릭스의 OCA 등)으로 자사 트래픽만을 처리하는 경우에는 해당 CDN이 국내 Local ISP와 직접 접속하게 되는데 이때는 CP이자 CDN 사업자인 해외 CP는 국내 ISP에게 요금(Access fee)을 지불한다. 이는 해외 CP가 국내 ISP와의 직접적인 정산 행위를 해야 한다는 의미다.

그런데 우리나라 CP가 해외로 트래픽을 전송하고자 할 때도 상기

3가지 경우와 동일한 경우를 상정해 볼 수 있다.

첫째, 우리나라 CP가 국내 ISP에게 요금(access fee)을 지불하는 것이다. 소위 인터넷전용회선을 이용하거나 ISP의 IDC 내에 서버를 두고 원하는 대역의 포트를 공중인터넷 망과 연결하는 방식이다. 현재 우리나라 ISP는 인터넷전용회선의 경우 국내 트래픽만을 처리해 주는데, 필요하다면 ISP를 통해 해외 트래픽도 처리를 요청할 수 있다. 이때는 국내 ISP가 전 세계에 우리나라 CP 트래픽을 처리해주어야 하며 해외 ISP와의 직접적인 정산 과정은 불필요하다.[165]

둘째, 우리나라 CP가 국내에서 영업하는 해외 글로벌 CDN(Akamai, Amazon CDN etc)에게 요금(Access fee)을 지불한다. 그리고 우리나라 CP를 고객으로 유치한 CDN 사업자는 해외에 트래픽 착신시키기 위해 각국의 Local ISP간 협의하여 정산을 하게 된다. 이 경우에도 우리나라 CP는 Local ISP와의 정산에 참여할 필요가 없다.

마지막으로 우리나라 CP가 자체 CDN으로 자사 트래픽을 처리하는 것을 상정할 수 있으나. 그러한 경우는 없다. 만일 그러한 경우가 있다면 해당 CP는 각국 ISP에게 Access fee를 지불해야 할 것이다 즉 우리나라 CP가 해외 Local ISP와의 직접적인 정산 행위를 해야 한다는 의미다.

결론적으로 양자의 경우(해외 CP의 국내 착신 시 정산 참여 여부, 국

---

165 다만 국내 CP들은 ISP에게 전 세계 연결성을 일괄 요청하는 경우는 적다. 비용이 높기 때문이다. 그래서 국내 이용자 착신을 위해 인터넷전용회선 등을 이용하며 해외로 나가는 트래픽에 대해서는 글로벌 CDN이나 글로벌 ISP, 해외 PoP(예: 미국의 산호세)에서의 퍼블릭 피어링을 이용하는 것으로 알려진다.

그림 68. 우리나라 CP의 해외 트래픽 전송 중심의 거래 개념도

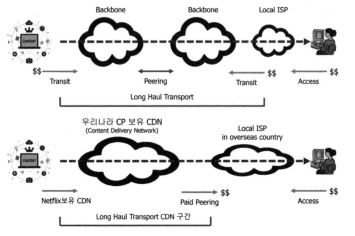

출처: 조대근(2022)

내 CP의 해외 착신 시 정산 참여 여부)가 다르지 않음을 알 수 있다. 우리나라 ISP가 해외 CP로부터 대가를 받는다고 하여 우리나라 CP가 그동안 대가를 지불하지 않다고 새로이 지불하는 경우가 생기는 것이 아니라. 우리나라 CP는 이미 해외에 트래픽을 전송하기 위해 다양한 방법을 사용하여 유상으로 처리하고 있으며 이 과정에서 대가를 지불하고 있기 때문에 해외 CP 과금이 현실화 된다고 하여 새로이 추가 부담을 할 여지는 적다.

10

결론 및
향후 논의 과제

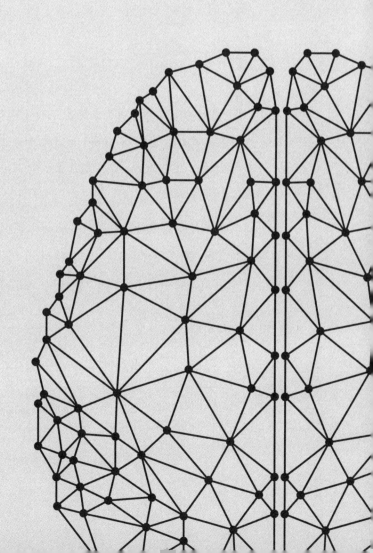

망 이용 대가
논란 및 결론

SKB와 넷플릭스간의 망 이용대가 분쟁은 초기 인터넷 생태계에서 현재의 그것으로 진화해 가는 과정에서 누적된 비용 분담의 불합리함이 표출된 것이라 할 수 있다. 이와 관련하여 몇 가지 결론을 생각해 볼 수 있다.

첫째, 인터넷을 처음 고안하였을 당시에는 상용 목적을 염두에 둔 것이 아니라 국방, 연구 목적용이었다는 점에서 망 이용대가에 대한 고려가 없었다. 따라서 인터넷이 처음 만들어질 때부터 무상이고 이것이 원칙이라는 주장은 성립할 수 없다. 오히려 상용화가 시작되었을 당시 전화사업자와의 경쟁에서 밀리지 않기 위해 ISP 사업자들은 세 불리기 목적으로 다수의 ISP 사업자 진입을 촉진할 필요가 있었다. 이를 위해 전략적으로 상호정산 과정을 생략함으로써 현재의 소위 상호무정산(Settlement Free)이 일반화된 것이다. 환언하면 인터넷 망을 이용하는 것이 무료가 아니라 전략적으로 정산의 과정을 생략하고 물물교환(Barter) 방식을 채택한 결과가 상호무정산이다. 더불어 "Free"라는 용어를 무료라고 해석하는 것은 잘못된 것이다.

둘째, SKB-넷플릭스 간 분쟁의 본질은 자신의 효용 또는 사업모델을 위해 타인의 자원을 이용한 것에 대한 반대급부를 인정하는지 여부이다. 이때 효용 또는 사업모델을 위해 타인의 자원을 이용하는 자가 양측의 최종이용자와 CP이고 자원을 제공하는 자가 ISP이며 자원은 네트워크이다. 양측의 최종이용자와 CP는 단대단 원칙(End-to-End principle)에 따라 지능적 활동이 가능하며 이들은 트래픽 전송을 의뢰하는 자로 요금(Access fee)을 지불해야 하는 이용자라고 할 수 있다.

셋째, 망 이용대가를 지불하는 것이 망 중립성 규칙을 위반한다는 주장은 망 중립성 원칙에서 금지하고 있는 패킷 우선처리를 이유로 하는 웃돈과 공중인터넷 망을 이용하기 위해 지불하는 요금을 구분하지 못하기 때문에 발생하는 오류라고 할 수 있다. 망 중립성 규제를 법률로 도입한 국가들 중에서 망을 이용하는 자가 대가를 지불하는 것을 금지하는 경우는 없으며 망 중립성 규칙 역시 이와는 무관한 규제이다.

넷째, 최종이용자가 요금을 지불하였으므로 CP에게 요금을 지불하도록 하는 것은 "이중 과금"이라는 주장은 공중통신망 액세스의 기본적인 거래 관계를 부정하는 주장이다. 이용자들은 통신서비스 이용을 위해 즉 공중인터넷 망을 이용하여 통신을 하기 위해 개별적으로 가입하고 요금을 지불한다. 상대방과의 통신을 위해 상대방의 요금을 대신 지불하지는 않는다. 또한 최종이용자가 CP의 콘텐츠를 가져오는 것이 아니라 각자 패킷을 보내는 행위(sending)를 하는 것이다. 이메일을 서로 주고 받을 때 일방이 다른 이가 보내지도 않은 이메일(임시 저장된 이메일)을 가져오지 못하는 것과 마찬가지다. 이는 패킷의 헤더에 도착지(Destination)와 출발지(Source) IP 주소가 있는 점을 고려하면 더욱 명확하다.

다섯째, 과거 인터넷 초기 트랜짓 사업자를 통해 트래픽을 처리할 때 지불하던 요금(Access fee)을 지금은 Local ISP에게 지불하게 된 이유는 대용량 트래픽을 유발하는 콘텐츠에도 불구하고 전송 품질을 유지하고 트랜짓 요금을 줄이고자 등장한 CDN으로 인한 것이다. 과거 CP가 트랜짓사업자에게 요금(Access fee)을 지불하였듯, 지금은 CDN이 Local ISP에게 요금(Access fee)을 내게 된 것으로 거래 당사자가 달라졌을 뿐 거래의 본질은 달라지지 않았다. 당사자간에 합의를 통해 정산을 하지 않을 수는 있어도 지불해야 하는 원칙이 달라지지는 않았다.

향후 논의
과제

CP의 망 이용대가 부담을 둘러싼 논쟁은 단순히 CP에게 망 이용에 따른 요금을 지불하는 것이 전부가 아니다. 오히려 더 중요한 아젠다는 네트워크 고도화와 지속가능성을 어떻게 담보해 나갈 수 있느냐하는 것이다.

향후 기대되는 신규서비스들은 더 많은 트래픽을 유발하는 것이 불가피해 보이고 이를 감당하기 위해서는 지속적이고 과감한 투자가 필요하고 그 재원 마련에도 관심을 갖지 않을 수 없다.

이런 차원에서 네트워크 고도화와 지속가능성을 위해 향후에도 몇 가지 아젠다를 두고 연구가 필요하다.

첫째, 누가 부담할 것인가? 최근까지 대부분의 ISP들은 최종이용자로부터 요금을 받아 네트워크 투자 재원을 마련해왔다. 그런데 최근 인터넷은 이전에는 생각지 않았던 참여자들이 인터넷 망을 이용하고 있다. 즉 다양한 산업에서 인터넷을 사용하게 되었는데 그 트래픽 수요가 결코 적지 않을뿐더러 계속 증가할 것으로 보인다. 예를 들면, 자동차 제조사들은 판매하는 차량 내 단말기의 업데이트나 정보 제공을 위해 인터넷을 이용하고 있다. 자율주행차가 확산되면 트래픽 수요는 더욱 증가할 것이다. 이는 예전에 없던 수요가 생겼다는 의미이고 새로운 이해관계자를 의미한다. 이처럼 기존 인터넷 망을 둘러싼 이해관계자가 최종이용자, CP 정도였다면 향후 인터넷 생태계에는 더 많은 산업(Vertical)내 플레이어들이 수요자로 참여할 것이고 이들도 네트워크 투자비 분담의 한 축으로 생각해 볼 수 있을 것이다. 그래서 그 범위가 어디까지 확장되어야 하는지에 대한 논의가 필요해 보인다.

둘째, 어떤 방식으로 부담할 것인가? 가장 바람직한 것은 망을 이용하는 자가 망을 제공하는 자에게 대가를 지불하는 방식이다. 이는 당사자간의 협상에 의해 결정되기 때문에 양측의 만족도가 가장 높을 뿐 아니라 투자에 따른 회수 비용을 가장 잘 알기 때문에 요금이 가장 적절히 설정될 가능성이 높다. 그러나 당사자간에 원만한 협상이 이루어지지 않는다면 대안을 검토해볼 필요가 있다.

이에 대해서는 다양한 방안이 제기되고 있다. 유럽이나 미국은 기금 방식을 제안한 것으로 알려진다. 우리나라는 당사자간의 협상을 강제하고 정당한 대가를 지불하도록 하는 법안도 나와 있는 상황이다. 이처럼 우선적으로 당사자간 협상을 장려하면서도 이 방안이 원활이 작동하지 않을 때 어떤 방식으로 분담토록 할 것인지에 대한 논의가 중요하다.

셋째, 동적 효율성[166]을 확보할 수 있는 방안은 무엇인가? ISP와 CP는 높은 기술력과, 자본을 보유한 사업자들이기 때문에 망을 제공 및 이용하는 과정에서 다양한 협력 모델을 창출할 수 있는 역량을 보유하고 있다. 이들이 새로운 사업모델을 만들어 내거나 신기술 개발을 통해서 이용자들에 이전에 없던 경험이나 서비스를 제공하는 것은 얼마든지 가능하다. CP가 망 이용대가를 부담하는 것을 전제로 양사가 다양한 정산방식, 협력 모델을 만들어 낼 수 있도록 하는 제도적 환경을 어떻게 조성할 수 있을 지에 대한 논의가 필요하다. 단순히 망 이용대가 지불 여부만을 두고 이 사안을 바라볼 것이 아니라 신규 사업모델 개발, 이용자 편익 제공을 도모하는 전략적 접근을 모색하고 논의할 필요가 있다.

넷째, 중소 CP의 부담을 줄여 주고 혁신을 촉진할 수 방안은 무엇인가? 이 사안은 ISP가 CP에게 망 이용대가 내지 요금을 받으려 할 때 가장 우려되는 사안이기도 하다. 망 이용대가를 부담하는 것은 불가피하지만 이로 인해 스타트업이나 재원이 부족한 CP에게는 망 이용대가가 부담일 수 있다는 것이다. 이는 결국 정부의 산업정책적 지원이나 제도적 안전장치를 마련하는 것이 필요하다. 사실 이미 중소 CP는 요금 즉 망 이용대가를 지불하고 있지만, 트래픽의 기하급수적 증가는 중소 CP에게는 원가 측면에서는 부담이 될 수 있다. 작은 CP

---

166 "새로운 기술의 도입과 혁신 등을 통해 달성되는 효율성이다. 새로운 기술의 도입을 통해 생산비용을 절감하고 기존의 서비스보다 향상된 서비스나 신규서비스를 제공함으로써 사회후생이 증가하고 효율성이 증대되는 것이다. 동태적 효율성을 가장 잘 달성할 수 있는 방법은 새로운 기술과 네트워크 등에 대한 투자를 높이는 것이다." (이상규. (2018). 이동전화 인위적 요금인하 규제에 대한 검토. 경제규제와 법, 11(2), 168–184.)

라고 하여 콘텐츠가 데이터가 적게 소모되는 것은 아니기 때문에 이에 대한 검토와 논의가 필요하다.

국내문헌

2020가합533643 채무부존재확인 판결 서울중앙지방법원 제20민사부, 2021.6.25.

(구)정보통신부 보도자료, " 인터넷 망상호접속제도마련", 2004.12.22.

강수미. (2014). 채무부존재확인의 소의 확인의이익에 관한 고찰. 민사소송, 18, 103-150.

고창열, 최선미, 이상우, 인터넷 망상호접속제도 현황과 개선방안, 2011 한국경영과학회/대한산업공학회 춘계공동학술대회 논문집, 2011

과학기술정보통신부 보도자료, 주요 부가통신서비스의 안정성 확보를 위한 2022년 의무 대상 사업자 지정, 2022.2.3.

곽정호 (2004). 초고속 인터넷의 기간화와 규제제도의 변화. 정보통신정책, 정보통신정책연구원.

곽희양, 넷플릭스, SK브로드밴드 상대로 소송, 또 '망 사용료' 갈등…누구 손 들어주나, 2020.4.14.

국회의안정보시스템(https://likms.assembly.go.kr/bill/main.do)

권하영, [망사용료 2R]⑦ 넷플릭스 "무정산 합의했다" SKB "안했다"…엇갈린 해석, 디지털데일리, 2022.5.19.

권하영, 넷플릭스 "우리도 통신사" vs. SKB "무리한 주장"…망사용료 공방, 디지털데일리, 2022.5.18.

김달훈, "2027년까지 CDN 시장 규모 345억 달러 전망", CIO Korea, 2022.7.4.

김득원, 김희수, 오기환. (2010). IP 네트워크 요금체계 연구. 기본연구 10 - 02, 정보통신정책연구원, 2010.12.

김문기, [초점]넷플릭스, 방통위 재정中 SKB 소송 강수…왜?, 2020.4.14.

김아름, 넷플릭스 승소땐 인터넷 속도 저하… 피해는 결국 이용자 몫 [공룡OTT 무임승차, 이대로 괜찮나], 2021.6.21.

김주현, 넷플릭스·SKB 갈등 소송전으로…방통위 손 뗀다, 머니투데이, 2020.4.14.

김주환, 망 사용료 부담됐나…트위치 "한국서 화질 720p로 제한", 연합뉴스, 2022.9.29.

김현경. (2020). 인터넷 접속통신료 정산방식의 국제관행 조화방안에 대한 소고. 성균관법학, 32(1), 129-169.

네이버 지식백과, 패킷교환 [packet switching] 첨단산업기술사전, 1992. 5. 1., 겸지사

노현섭, 법에도 없는 '전송' 개념 꺼낸 넷플릭스, 무리수될까 묘수될까, 서울경제, 2021.6.22.

녹색소비자연대, 인터넷관련 통신규제제도 개선방안, 2006.12.

뉴시스, 망사용료'法' 국회 첫 공청회 열렸지만…"해묵은 쟁점만 공회전", 2022.9.21.

뉴시스, SKB vs 넷플릭스, 법정서 5차 망 전쟁…'피어링' 두고 평행선, 2022.8.24.

두산백과 DHCP [Dynamic Host Configuration Protocol] (https://terms.naver.

com/entry.naver?docId=2835899&cid=40942&categoryId=32851)

로슬린 레이턴 박사(Dr.Roslyn Layton, 덴마크 Aalborg University), Transnational Activism in South Korea, 한국미디어정책학회, 사이버커뮤니케이션학회, 한국 방송학회, 망사용료 정책과 입법 : 이슈 담론화와 여론형성, 2022.10.20.

민법 [시행 2021. 1. 26.] [법률 제17905호, 2021. 1. 26., 일부개정]

박수현, 끝날 기미 없는 망 사용료 공방… 넷플릭스-SKB, 입장차만 재확인, 비즈 조선, 2022.5.19.

박지성, 美 의회, "빅테크 기업에 보편서비스 기금 부과", 전자신문, 2021.9.13.

방송통신위원회, 공정한 인터넷 망 이용계약에 관한 가이드라인, 2019.12.26.

방송통신위원회 보도자료, 방통위, SK브로드밴드-넷플릭스 간 망사용 협상 재정 개시, 2019.11.19.

백연식, '세기의 재판' SK브로드밴드 vs 넷플릭스 1심…쟁점은?, 디지털 투데이, 2021.6.25. (https://www.digitaltoday.co.kr/news/articleView. html?idxno=407170)

백연식, 넷플릭스 vs SKB 망이용료 2심, 핵심 쟁점은 '상호무정산', 디지털투데 이, 2021.12.24.

백연식, '무정산 합의' '프라이빗 피어링'·넷플릭스 vs SKB, 계속 '평행선', 디지 털투데이, 2022.8.24.

법무법인 세종, 서울중앙지방법원 2020가합533643호 사건 구두변론자료, 2020.10.30.

블로터, 최대 1000억원 배상? SKB '모른 척' 넷플릭스에 반소 제기, 2021.9.30.

상법 [시행 2020. 12. 29.] [법률 제17764호, 2020. 12. 29., 일부개정]

선모은, SK브로드밴드 vs 넷플릭스, '상호무정산' 원칙 두고 공방, 이코노미스트, 2022.5.19

심화영, SKB, 넷플릭스 항소심 5차변론 "CP 제공 인터넷접속서비스는 유상", e대한경제, 2022.8.24.

오픈넷(Opennet), '망이용료' 논쟁 팩트체크 2.0, 2021.12.28.(https://www.opennet.or.kr/20414)

윤은식, "망 사용료 못내" 넷플릭스 패소… '사용료 강제 사례 없다' 항소 여지 남겨, 쿠키뉴스, 2021.6.25.

이기범, '세기의 재판' 승기 잡은 SKB…뿌리깊은 '망 사용료' 갈등 짚어보니, 뉴스1, 2021.6.26. (https://www.news1.kr/articles/?4351541)

이상규. (2018). 이동전화 인위적 요금인하 규제에 대한 검토. 경제규제와 법, 11(2), 168-184.

이상우, 인터넷 망 상호접속 개념과 제도 현황, 2019

이윤정, 유튜브, "망사용료, 크리에이터에도 불이익…반대 서명해달라", 경향신문, 2022.9.21.

이종민, 권아름, 이경준, 심영재, 조성민, 강종렬. (2012). CDN과 Operator-CDN 기술 동향. Telecommunications Review, 22(5), 641-653.

인터넷, 네이버캐스트, 2011. 12. 13. (https://terms.naver.com/entry.naver?docId

=3573476&cid=59088&categoryId=59096)

인터넷상생협의회, 인터넷 상생 발전 협의회 결과보고서, 201812.13.

장우영. (2005). 이용자 정보통제권과 인터넷 기술규제 고찰: 인터넷 내용등급
제 기술 원리와 구조의 정치적 함의. 한국컴퓨터정보학회논문지, 10(1), 189-
199.

장우정, [단독] 공정위, 넷플릭스 우월적 지위 이용해 망 사용료 무임승차, 비즈
조선, 2021.12.22.

전기통신사업법 [시행 2022. 3. 15.] [법률 제18451호, 2021. 9. 14., 일부개정]

전석희, SK브로드밴드 vs 넷플릭스 2심…"무정산 연결" vs "유상 행위", 워크투데
이, 2022.5.18.

정보통신부, 통신시장 현황과 경쟁 정책 방향, 정보화사회, 9/10월호, 2003

조대곤, [2011.1] [미국] 컴캐스트와 레벨3의 망 중립성 분쟁, 2011.5.19.
(https://m.blog.naver.com/PostView.naver?isHttpsRedirect=true&blogId=med
ia_future&logNo=90113876289)

조대근 (2002). 인터넷網間 相互接續의 合理的 規制方案 研究. 소프트웨어 대학
원, 세종대학교: 74.

조대근. (2020). 상호접속료인가, 망 이용대가인가?-ISP-CP 간 망 연결 대가 분
쟁 중심으로. 인터넷정보학회논문지, 21(5), 9-20.

조대근. (2021). 인터넷 망 이용의 유상성에 대한 고찰-미국 인터넷 역사 및
Charter 합병승인조건 소송 중심으로. 인터넷정보학회논문지, 22(4), 123-134.

조대근. (2022) 국내·외 망 이용대가 논의 동향과 제도 개선 검토, 디지털대전
환 시대를 위한 연속 정책토론회 Ⅰ 망 이용대가 제도 문제 없나?, 국회의원
박완주·국회부의장 김영주 주최, 2022.9.26.

조대근. (2022) 망 이용대가를 둘러싼 몇 가지 궁금증들 – 인터넷의 시작, 원
칙, 거래의 진화를 중심으로 –, [서울대 공익산업법센터] 제84회 학술세미나,
2022.7.1.

조준혁, 넷플릭스 항소장 제출, '망사용료' 결투 2라운드 돌입, 미디어오늘,
2021.7.16.

조캐서드 저, 정용석 옮김, TCP/IP 교과서, 도서출판 길벗, 2020.12.28.

최민지, "다윗과 골리앗 싸움" 세기의 재판서 넷플릭스 이긴 SKB, 2021.6.25.
(https://www.ddaily.co.kr/news/article/?no=216887)

최진홍, 넷플릭스, 스스로를 정말 '한국' ISP로 봤을까?, 이코노믹리뷰, 2022.5.25.

한국지능정보사회진흥원(NIA), 한국인터넷백서 2020

해외문헌

ACM, IP interconnection in the Netherlands: a regulatory assessment, Oct. 2015

Alex Sherman, Edmund Lee and Cliff Edwards, Netflix Said to Agree to Pay
Comcast for Faster Web Access, bloomberg, 2014.2.24.

ARCEP, The state of the internet in France, 2021

Axon Partners Group, Europe's internet ecosystem: socio-economic benefits of a fairer balance between tech giants and telecom operators, May 2022

B. Zolfaghari, G. Srivastava, S. ROY, H. R. Nemati, F. Afghah, T. Koshiba, A. Razi, K. Bibak, P. Mitra & B. K. Rai (2020). Content delivery networks: State of the art, trends, and future roadmap. ACM Computing Surveys (CSUR), 53(2), 1-34. (https://doi.org/10.1145/3380613)

BEREC, An assessment of IP-interconnection in the context of Net Neutrality, Draft report for public consultation, 2012.5.12.

Bill Woodcock & Marco Frigino, 2016 Survey of Internet Carrier Interconnection Agreements, PCH, 2016.11.21.

Bret Swanson, (2014), How the Net Works: A Brief History of Internet Interconnection, ENTROPY ECONOMICS

Bridger Mitchell, Paul Paterson, Moya Dodd, Paul Reynolds, Astrid Jung, Peter Waters, Rob Nicholls, and Elise Ball, Economic study on IP interworking, CRA International & Gilbert + Tobin, 2007.3.2.

Charter Communications (2020), Charter to merge with Time Warner Cable and acquire Bright House Networks, SEC, 2015.5.26.

Cohen-Almagor, R.. Internet history. In Moral, ethical, and social dilemmas in the age of technology: Theories and practice, pp. 19-39. IGI Global., 2013.

Cukier, K. N. Peering and Fearing: ISP Interconnection and Regulatory Issues, 1997

Data Center Knowledge, Level 3 Acquires Savvis CDN Network, 2006.12.26. (https://www.datacenterknowledge.com/archives/2006/12/26/level-3-acquires-savvis-cdn-network)

Department of Justice Press Release (2016), Justice Department Allows Charter's Acquisition of Time Warner Cable and Bright House Networks to Proceed with Conditions, Conditions Prohibit Charter from Imposing Restrictions that Impede Online Video Distributor Access to Video Content, 2016.4.25.

Dovrolis, C. (2015). The evolution and economics of Internet interconnections. Submitted to Federal Communications Commission.

DrPeering, The 21st Century Internet Peering Ecosystem, 2012

Dr.Peering, What is Internet Transit?, (http://drpeering.net/core/ch2-Transit.html)

Economides, N. (2005). The economics of the Internet backbone. NYU, Law and Economics Research Paper, (04-033), 04-23.

European Electronic Communications Code and BEREC Regulation. EU. 2018

Featherly, Kevin. "ARPANET". Encyclopedia Britannica, 23 Mar. 2021, (https://www.britannica.com/topic/ARPANET)

FCC(2010), In the Matter of Preserving the Open Internet Broadband Industry Practices, Report and Order, GN Docket No. 09-191, 2010.12.23.

FCC (2015), Report and Order on Remand Declaratory Ruling, and Order (In the

Matter of Protecting and Promoting the Open Internet, 2015 Open Internet

Order), para. 198, FCC 15-24, 2015.3.12.

FCC(2016), In re Applications of Charter Communications, Inc., Time Warner

Cable Inc., And Advance/Newhouse Partnership For Consent to Assign or

Transfer Control of Licenses and Authorizations, Memorandum Opinion and

Order, 31 FCC Rcd 6327 (2016)

Foo Yun Chee, EU's Vestager assessing if tech giants should share telecoms

network costs, Reuters, 2022.5.2.

Francesco Altomare, Content Delivery Network Explained, GlobalDots, 2021.4.21.

G. Peng, (2004). CDN: Content distribution network. arXiv preprint cs/0411069.

2018.10.22.

Gans, J. S., & King, S. P. (2000). Using" bill and Keep" Interconnect

Arrangements to Soften Network Competition. RESEARCH PAPER-

UNIVERSITY OF MELBOURNE DEPARTMENT OF ECONOMICS.)

George Ou, Level 3 versus Comcast peering dispute, DigitalSocietyOrg, 2010.12.3.

(http://www.youtube.com/watch?v=tR1sLLOYxnY)

Gerald W.Brock. The Economics of Interconnection, Teleport Communication

Group, 1995.

Gregory Pankert, Andrea Faggiano, Karim Taga, (2014). The Future of the

Internet, Arthur D. Little

Group, B. I. T. A. (2014). Interconnection and Traffic Exchange on the Internet, Broadband Internet Technical Advisory Group.

Grzegorz Janoszka (Network Design Engineer), Peering basics: Public vs. private peering, October 24, 2012 (https://blog.leaseweb.com/2012/10/24/public-vs-private-peering-the-basics-part-1/)

Hjembo, J. Beyond the Hype. PTC 2019, TeleGeography. 2019

Internet Society, Who Makes the Internet Work: The Internet Ecosystem, 2014.2.3. (https://www.internetsociety.org/internet/who-makes-it-work/)

John L. Flynn (Jenner & Block LLP) etc & Elizabeth Andrion (Charter Communications, INC.), Petition of Charter Communications, INC., 2020.6.17.

Jon Brodkin, As ISPs seek payments from Big Tech, Google criticizes "sender-pays" model, Arstechnica, 2022.9.27.

Jon Brodkin, Charter can charge online video sites for network connections, court rules, arstechnica.com, 2020.8.15.

J. Scott Marcus and Alessandro Monti, Network operators and content providers: Who bears the cost?, wik, 2011

Karl-Heinz Neumann 외, Competitive conditions on transit and peering markets Implications for European digital sovereignty, WIK-Consult, 2022.2.28.

Kende, M. (2003). The digital handshake: Connecting Internet backbones. CommLaw Conspectus, 11, 45.

Kende, M. (2011). Overview of recent changes in the IP interconnection ecosystem, Analysys Mason.

Laura Kabelka, While internet value chain grows, telecom operators lag behind, Euractiv, 2022.5.17.)

Lee, R. S., & Wu, T. (2009). Subsidizing creativity through network design: Zero-pricing and net neutrality. Journal of Economic Perspectives, 23(3), 61-76.

Leiner Barry, M., et al. (2012). "Brief History of the Internet." Internet Hall of Fame (http://www. internethalloffame. org/brief-history-internet 31: 2017)

Leiner, B. M., et al. (2009). A brief history of the Internet. ACM SIGCOMM Computer Communication Review, 39(5), 22-31.

MacKie-Mason, J. K. and H. R. Varian (1995). "Pricing the internet." Public access to the Internet 269: 273.

Majumdar, S. K., Vogelsang, I., & Cave, M. (Eds.). (2005). Handbook of telecommunications economics volume 2. Technology Evolution and the Internet, North Holland.

Marcus, J. S., & Waldburger, M. (2015). Identifying harm to the best efforts Internet. Available at SSRN 2624604.

Mathieu Rosemain and Foo Yun Chee, EU to consult on making Big Tech contribute to telco network costs, Reuters, 2022.9.9.

Mattew Lasar - 2/26/2011Peers or not? Comcast and Level 3 slug it out at

FCC's doorstep, arstechnica, 2011.2.26. (https://arstechnica.com/tech-policy/2011/02/peers-or-not-comcast-and-level-3-slug-it-out-at-fccs-doorstep/)

Michael Kende, David Abecassis, IP interconnection on the internet: a white paper, Analysys Mason, 2020.5.21. (한국 번역본: Michael Kende, David Abecassis, 인터넷 IP 상호접속: 백서, Analysys Mason, 2020년 5월 21일)

National Science Foundation Network, Wikipedia (https://en.wikipedia.org/wiki/National_Science_Foundation_Network)

Netflix, Open Connect Overview, 2019

Nocton, IP Transit and the Tiers of Transit Providers, Apr 12, 2022 (https://www.noction.com/blog/ip-transit-providers)

OECD, 2004, Access Pricing in Telecommunications, OECD, Paris, Glossary of Terms. (https://stats.oecd.org/glossary/detail.asp?ID=6727)

Ofcom, IP Interconnection: trends and emerging issues, 2012.6.30.

P. Faratin etc, Complexity of Internet Interconnections: Technology, Incentives and Implications for Policy, 2007,

Rich Miller, Level 3 vs. Comcast: More Than A Peering Spat?, Nov 30, 2010

Report of the NRIC V Interoperability Focus Group, "Service Provider Interconnection for Internet Protocol Best Effort Service", 2001

Sandvine, Phenomena, 2022.1

Sara Perrott, Fabric Networking For Dummies®, Extreme Networks Special Edition, John Wiley & Sons, Inc., 2020.

Stallings, W. (2017). Data and computer communications, 8th Edition, Pearson Education, Inc

Subramanian, L., Padmanabhan, V. N., & Katz, R. H. (2002, June). Geographic Properties of Internet Routing. In USENIX Annual Technical Conference, General Track (pp. 243-259)

UNITED STATES DISTRICT COURT FOR THE DISTRICT OF COLUMBIA (2016), Final Judgment, Civil Action No.: 16-cv-00759, 2016.9.9.(https://www.justice.gov/atr/file/891506/download)

wik Consult, Final Report: The Future of IP Interconnection, 2008

Winther, M. Tier 1 ISPs: What They Are and Why They Are Important. 2006

Wu, T. (2003). Network neutrality, broadband discrimination. J. on Telecomm. & High Tech. L., 2, 141.

웹사이트

http://augustjackson.net/2010/12/04/the-level3-comcast-spat-is-not-about-net-neutrality/

https://aws.amazon.com/ko/cloudfront/

https://aws.amazon.com/ko/cloudfront/features/?whats-new-cloudfront.

sort-by=item.additionalFields.postDateTime&whats-new-cloudfront.sort-order=desc

https://blog.josephscott.org/2021/01/04/the-google-cdn/

https://blog.leaseweb.com/2012/10/24/public-vs-private-peering-the-basics-part-1/

https://commons.wikimedia.org/wiki/File:NdSFNET-backbone-56K.png

http://drpeering.net/core/ch2-Transit.html

http://drpeering.net/HTML_IPP/chapters/ch12-9-US-vs-European-Internet-Exchange-Point/ch12-9-US-vs-European-Internet-Exchange-Point.html

https://elec4.co.kr/article/articleView.asp?idx=24977

https://en.wikipedia.org/wiki/Digital_Realty

https://en.wikipedia.org/wiki/Hot-potato_and_cold-potato_routing

https://en.wikipedia.org/wiki/List_of_Internet_exchange_points_by_size

https://en.wikipedia.org/wiki/National_Science_Foundation_Network

https://en.wikipedia.org/wiki/Net_neutrality

https://en.wikipedia.org/wiki/SUNeVision

https://en.wikipedia.org/wiki/Tier_1_network

https://ja.wikipedia.org/wiki/BBIX

https://leginfo.legislature.ca.gov/faces/billNavClient.xhtml?bill_id=201720180SB822

https://networkencyclopedia.com/packet-switching/

https://now.k2base.re.kr/portal/issue/ovseaIssued/view.do?poliIsueId=ISUE_000
  000000000915&menuNo=200046&pageIndex=1

https://openconnect.netflix.com/ko_kr/#what-is-open-connect

https://peering.google.com/#/options/peering

http://word.tta.or.kr/dictionary/dictionaryView.do?word_seq=053241-1

http://word.tta.or.kr/dictionary/dictionaryView.do?word_seq=057596-1

https://www.bbix.net/service/ix/

https://www.britannica.com/topic/ARPANET

https://www.computerhope.com/jargon/p/packet.htm

http://www.cybertelecom.org/broadband/backbone3.htm#sfp

http://www.datacenterknowledge.com/archives/2010/11/29/level-3-vs-
  comcast-more-than-a-Peering-spat

https://www.digitalrealty.com/data-centers

https://www.digitalrealty.com/platform-digital

http://www.digitalsociety.org/2010/12/video-level-3-versus-comcast-Peering-
  dispute/

https://www.freecodecamp.org/news/an-introduction-to-the-akamai-content-
  delivery-network-806aa16d8781/

https://www.itu.int/en/wtpf-13/Documents/backgrounder-wtpf-13-ixps-en.pdf

https://www.kandutsch.com/glossary/online-video-distributor-or-ovd

https://www.megazone.com/about-aws/

https://www.opennet.or.kr/21641

https://www.peeringdb.com/

http://www.terms.co.kr/latency.htm

https://www.techtarget.com/searchnetworking/definition/circuit-switched

https://www.venturesquare.net/514020

https://www.wikiwand.com/en/End-to-end_principle

http://www.youtube.com/watch?v=tR1sLLOYxnY

https://xn--3e0bx5euxnjje69i70af08bea817g.xn--3e0b707e/jsp/resources/
asInfo.jsp

https://ys-cs17.tistory.com/58